GUY WAGNER

Bruder
Mozart

Freimaurer im Wien
des 18. Jahrhunderts

GUY WAGNER
Bruder Mozart

Freimaurer im Wien
des 18. Jahrhunderts

Mit 30 Abbildungen

Amalthea

© 1996 by Amalthea
in der F. A. Herbig Verlagsbuchhandlung GmbH,
Wien · München · Berlin
Alle Rechte vorbehalten
Umschlaggestaltung: Bernd und Christel Kaselow, München
Umschlagbild: AKG, Berlin
Herstellung: VerlagsService Dr. Helmut Neuberger
& Karl Schaumann GmbH, Heimstetten
Satz: Filmsatz Schröter GmbH, München
Gesetzt aus der 10,5/12,5 Punkt Lino-Walbaum
Druck und Binden: Wiener Verlag, Himberg bei Wien
Printed in Austria
ISBN 3-85002-377-X

Für Ariel,
Pamina meines Herzens

Für meine Schwestern
und Brüder im Geist

Inhalt

IV.
Der große Gesang *131*

V.
Mythen und Legenden *167*

Epilog *203*

Anmerkungen *205*

Anhang *221*

Prolog

Nach den 200. Todestag von Wolfgang Amadeus Mozart am 5. Dezember 1991, der wiederum eine Flut von Publikationen ausgelöst hatte, schien die Frage berechtigt, ob ein weiterer Beitrag zu Leben und Werk Mozarts, noch angebracht sei. Ich habe daher lange gezögert, der Öffentlichkeit meine Arbeit, die ein Essay sein möchte, vorzustellen. Wenn ich es dennoch tue, so aus der Überzeugung heraus, daß Mozarts Zugehörigkeit zur sogenannten »Königlichen Kunst«, wie die Freimaurerei bezeichnet wird, weiterhin zu wenig beachtet und bewertet wird, vor allem aber, daß auch jetzt noch viele Unwahrheiten über Mozarts Beziehung zum »Orden« verbreitet werden, der ein einzigartiges kulturelles, philosophisches, soziales und politisches Phänomen darstellt: Seit ihrer Entstehung wurden der Freimaurerei über 60000 Bücher gewidmet, und regelmäßig werden Neuerscheinungen und Neuauflagen von Standardwerken für und gegen sie angeboten.

Mein Ziel ist, die Fakten zum Themenkreis möglichst klar und präzis vorzustellen, sodann aufzuzeigen, was Wissenschaftler, Musik- und Geschichtsforscher, Schriftsteller und Philosophen, die auf diesen bedeutsamen Aspekt der geistigen Arbeit des Komponisten eingegangen sind, dazu zu sagen hatten, ihre Behauptungen und Thesen zu vergleichen oder zu widerlegen und so zu einem authentischeren Bilde Mozarts in seiner Zeit beizutragen.

Dazu möchte ich zuerst die Geschichte der Freimaurerei im Zusammenhang mit der K. K. Monarchie kurz aufrollen und die Daten und Fakten zu Mozarts Mitgliedschaft in den Wiener Logen für sich reden lassen. Sie machen die geistige Dimension seines maurerischen Engagements deutlich und ermöglichen gleichzeitig, eine Anzahl von Mythen und Legenden zu zerstören, die sich um die sieben letzten Lebensjahre ranken, während denen Mozart für die Freimaurerei wirkte, und die besonders das Ende seines so kurzen Erdendaseins auf eigenartige Weise beleuchten. Weil die Brüderlichkeit eine der Grundlagen ihres Wirkens darstellt, begrüßen sich die Freimaurer weltweit als »Brüder«. Für sie ist Mozart zudem der berühmteste ihrer Brüder. Mozart ist aber ein geistiger Bruder für all jene, die, auf welche Art auch immer, an sich weiterarbeiten und ihre Bemühungen fortsetzen, am Aufbau einer besseren Welt im Interesse der Gemeinschaft der Menschen mitzuwirken.

Aus diesen Gründen gab ich meiner Arbeit den Titel »Bruder Mozart«.

Im September 1995   Guy Wagner

I.
Die Freimaurerei im
XVIII. Jahrhundert

Das Siegel der Großen Landesloge von Österreich, 1784

Joseph v. Sonnenfels

O. H. Frhr. v. Gemmingen

Kaiser Joseph II (1741–1790)

Franz J. Graf Thun

Ignaz v. Born

Valentin Adamberger

Zur Geschichte der Freimaurerei

In Lexika oder Enzyklopädien, kann man Definitionen der Maurerei finden, die sich im wesentlichen an folgenden Charakteristiken orientiert:

»Die Freimaurerei ist eine in ihrem Wesen philanthropische, philosophische und fortschrittorientierte Vereinigung, welche Wahrheitsfindung, moralische Wertvorstellungen und die Ausübung der Solidarität zum Ziele hat. Sie arbeitet an der materiellen und moralischen Verbesserung des Menschen und an der intellektuellen und sozialen Vervollkommnung der Menschheit. Ihre obersten Prinzipien sind gegenseitige Toleranz, Respekt vor dem Nächsten und vor sich selbst, sowie Gewissensfreiheit. Sie hat die Verpflichtung, die brüderlichen Bande, die die Freimaurer auf der ganzen Erdoberfläche verknüpfen, auf alle Mitglieder der menschlichen Gemeinschaft auszuweiten.«

Geschichtlich gesehen, ist die Freimaurerei eine Körperschaft, die auf den frühen operativen Vereinigungen fußt. Sie stellt sozusagen eine harmonische Fortsetzung, aber gleichzeitig auch eine abgeänderte Weiterführung der Handwerksinnungen und Zünfte des Mittelalters und der Renaissance dar, in denen sich das Spekulative über das Operative durchgesetzt hatte.

Die ältesten Texte, in denen die Rede geht von »Freimaurern«, stammen aus England. Der Begriff taucht dort schon 1376 als »ffreemasons«[1] auf. In England auch fand die Freimaurerei, so wie sie noch heute praktiziert wird, ihren Ursprung.

Man kann feststellen, daß es seit vielen Jahrhunderten Maurer gibt, daß sich die Institution auf eine tausendjährige Tradition berufen kann, ohne daß man aber immer unterscheiden kann, was an dieser Tradition Legende oder Mythos darstellt und was historisch überprüft ist. Es gibt ein unumstößliches Dokument, das die spekulative Freimaurerei im 17. Jahrhundert belegt: das Tagebuch eines bekannten Antiquars jener Zeit namens Elias Ashmole (1617–1692), in das er am 16. Oktober 1646 einschreibt, daß er an diesem Tage als Freimaurer in Warrington (Lancashire) aufgenommen wurde. Anfang des XVIII. Jahrhunderts gab es allein in London sieben Logen. Vier davon vereinten sich im Sankt Johannisfeste, dem 24. Juni 1717, um eine föderale Struktur zu schaffen, die den Namen Großloge erhielt, mit einem Großmeister an ihrer Spitze: Dies ist die Geburtsstunde der heutigen Freimaurerei. Sechs Jahre später, im Januar 1723, veröffentlichte die Großloge das von Reverend James Anderson (1680–1739), einem presbyterianischen Pfarrer, verfaßte neue Grundgesetz in ihrem Konstitutionenbuch, das seitdem die »Charta der universalen Maurerei[2] darstellt. Ein Jahr später wurden die drei blauen Grade – Lehrling, Geselle, Meister – eingeführt, nachdem es anfangs nur zwei gegeben hatte.[3]

Das XVIII. Jahrhundert wurde das große Zeitalter der Freimaurerei, die sich mit ungeahnter Schnelligkeit in Europa und in den britischen Kolonien Nordamerikas, den späteren Vereinigten Staaten, ausbreitete. Es heißt, daß fünfzig von sechsundfünfzig Unterzeichner der Unabhängigkeitserklärung von 1776 Freimaurer waren. George Washington, erster US-Präsident, trug bei Amtsantritt und bei der Grundsteinlegung zum Kapitol volle maurerische Bekleidung und legte den Eid auf die Bibel ab, die 1752 bei seiner Aufnahme als Maurer aufgelegen hatte. Sie dient seitdem weiter für den Amtseid der amerikanischen Präsidenten.

Eine große Begeisterung für die Freimaurerei ergriff die Besten aus allen Gesellschaftsschichten für die Ideen und Ideale der »Königlichen Kunst« und für die Verpflichtungen des Freimaurers, die sich so vorstellen: »In profaner Gesellschaft muß er frei sein aber nicht zuchtlos, großmütig aber nicht hochmütig, bescheiden aber nicht kriecherisch; in maurerischer Gesellschaft muß er standhaft aber nicht hartnäckig, streng aber nicht unbeugsam, unterwürfig aber nicht untertänig sein: immer aber muß er gerecht und mutig sein; er muß den Unterdrückten verteidigen und den Unschuldigen schützen, nie darf er seine Wohltaten und Hilfeleistungen in Rechnung stellen.«[4]

Die Freimaurerei griff rasch auf den Kontinent über. Logen entstanden 1725 in Irland, 1728 in Madrid, 1732 in Frankreich; 1735 wurde eine Loge, die in englischer Sprache arbeitete, in Rom, sozusagen im Herzen der Cattolica, eröffnet.[5] 1731 wurde Franz Stephan von Lothringen, Sohn von Herzog Leopold, der seit zehn Jahren am Wiener Hof lebte, in einer eigens dafür eingerichteten Loge in Den Haag durch eine besondere Deputation der englischen Großloge unter Anführung des dritten Großmeisters, Jean Theophile Desaguliers (1683–1739), in die Freimaurerei aufgenommen und zum Gesellen erhoben. Ein Jahr später wurde der künftige Großherzog von Toskanien Freimaurermeister in einer Londoner Loge.[6]

1736 heiraten Franz Stephan von Lothringen und Maria Theresia von Österreich, die von 1740 bis 1780 regieren wird. Die Kaiserin wird ihn 1745 zum Kaiser an ihrer Seite ernennen. Maria Theresia war äußerst bigott, hielt aber auf ihre kaiserlichen Vorrechte. Deshalb weigerte sie sich, die vatikanischen Verurteilungen der Freimaurerei in ihrem Reiche verbreiten zu lassen. Schon am 28. April 1738 nämlich hatte die Kirche Roms erstmals die neue Institution mittels einer Apostolischen Verfassung, genannt

»Bulle« verurteilt. Sie trug den Titel:»In eminenti apostolatus specula«. Die Verurteilung erfolgte laut Papst Klemens XII. aus drei wesentlichen Gründen:

1. Die Freimaurerei nahm in ihren Reihen Männer aller Religionen und Sekten auf.

2. Die Freimaurer verpflichteten sich, durch einen Eid auf die Heilige Schrift, Schweigen zu bewahren über das, was in ihren Tempeln vorging,

3. »aus andern gerechten, vernünftigen, Uns bekannten Gründen«, (Aliisque de justis ac rationabilibus causis Nobis notis), die aber geheimgehalten wurden.

Kaum ein Jahr später, am 14. Januar 1739, veröffentlichte Kardinal Firrao, Staatssekretär im Vatikan, auf Bitte der Kongregation des Heiligen Uffiziums, der direkten Erbin der Inquisition, ein Edikt, das es jeder Person verbot,»ob kirchlich, weltlich oder ordentlich, gleich welcher Einrichtung sie anhinge, gleich welchen Rang und welche Würde sie habe, gleich welche Privilegien sie genieße«, es auch nur zu wagen,»unter den Auspizien der schon erwähnten Gesellschaft oder Vereinigung der Liberi muratori oder Freimaurer an gleich welchem Orte sich zu treffen, zu vereinigen oder zusammenzuschließen, oder an solchen Zusammenkünften und Tagungen, teilzunehmen. Sie verfielen damit der Todesstrafe und des Einzugs ihrer Güter, unwiderruflich und ohne Hoffnung auf Vergebung«.[7]

Im ganzen prasselte ein Dutzend päpstlicher Verurteilungen auf die Freimaurer nieder. Der Haß der katholischen Kirche gegen sie ging so weit, daß Benedikt XIV. in seiner Bulle»Providas« von 1751 die weltliche Justiz und die Hilfe der»Prinzen und der Mächtigen« anrief[8].

Die Freimaurerei in Österreich

Maria Theresia weigerte sich, die päpstlichen Verbote der Freimaurerei anzuerkennen, nicht weil sie der Maurerei wohlgesinnt gewesen wäre, im Gegenteil, sondern weil sie diese Verbote als eine Einmischung in die inneren Angelegenheiten des Kaiserreichs ansah. Die Frage bleibt, inwieweit ihr kaiserlicher freimaurerischer Gemahl diese Weigerung beeinflußt haben konnte.

Es muß zudem festgestellt werden, daß sich die Königliche Kunst erst bei der Thronbesteigung der Kaiserin in Österreich zu etablieren begann. In anderen Reichsgebieten war sie zu diesem Zeitpunkt schon solide verankert: in Prag seit 1735, in den Österreichischen Niederlanden seit Anfang der dreißiger Jahre. Es ist sogar die Rede von einer Logengründung (»La parfaite Union«[9]), die 1721 in Mons stattgefunden haben soll, deren Gründungsdatum aber umstritten ist.

Sachsen und Preußen waren Österreich ebenfalls zuvorgekommen. In Dresden gab es 1738 drei Logengründungen: »Aux trois Aigles blancs«, »Aux trois Epées« und »Aux trois Cygnes«. Friedrich II. von Preußen wurde 1738 in den Orden aufgenommen. Unter seiner Schirmherrschaft wurde 1741 die Berliner Loge »Aux Trois Globes« gegründet, die später den deutschen Titel »Zu den drei Weltkugeln« annahm. 1744 war der König Großmeister.

Berlin förderte gleichzeitig die Gründung der Loge »Aux Trois Squelettes« in Breslau, das damals zum Herzogtum Schlesien gehörte, das seinerseits dem Kaiserreich Österreich einverleibt war. So wird verständlich, daß diese Loge ihre Wirkung nach Wien ausbreiten konnte. Hier gründe-

ten der Reichsgraf Albrecht Joseph von Hoditz, der Weih-
bischof Sigismund Graf Gondola und der Jude Jacques
Pallard, der aus Genf gekommen war, am 17. September
1742 die Loge »Aux Trois Canons«, deren französischer
Name mehr als wahrscheinlich eine Anspielung auf die
»Richtlinien des Instruktionssystems der drei symbolischen Grade: Lehrling, Geselle, Meister«[9] war.

Dieser bedeutenden Loge gehörten unter anderem an:
Jacob Dunin, polnischer Botschafter, Czernichev, Sekretär
des russischen Botschafters, Blair, ein französischer Diplomat, Jean de Vigneau, Sekretär des englischen Botschafters, Nils van der Rööck, schwedischer Botschafter, Gabriel
Graf Bethlen, Wenzel Johann Joseph Graf Paar, der am
22. September 1742 als einer der ersten österreichischen
Adeligen aufgenommen wurde, sowie Prinz Constantin
von Hessen-Rheinfels-Rothenburg.

Am 7. März 1743, gerade als eine Aufnahmezeremonie in
der Loge stattfand, drang die Polizei, auf Befehl der Kaiserin, in den Tempel ein und verhaftete alle Anwesenden. Sie
wurde einige Tage später auf das Eingreifen und die
persönliche Anordnung »Ihrer Majestät, des herausragendsten Maurers in Europa«, ihres Gatten Franz Stephan, wieder auf freien Fuß gesetzt. Die Loge wurde zwar
offiziell geschlossen, ihre Mitglieder aber arbeiteten insge-
heim so eifrig weiter, daß, so heißt es jedenfalls, der Kaiser
in seinem Todesjahre 1765, Meister vom Stuhl gewesen
sein soll. Das Vertrauen zwischen den kaiserlichen Ehe-
gatten muß groß gewesen sein…

Zwischen 1750 und 1760 wurden die Hochgrade in Österreich eingeführt, zuerst im Rahmen des »Clermontschen
Systems«, mit anfangs zwei, dann vier Hochgraden, die auf
die drei symbolischen folgten, sodann durch die »Strikte
Observanz« (oder »Höherer Orden der Ritter des geweih-
ten Tempels von Jerusalem«), die 1756 von Karl-Gotthelf,

Baron von Hund und Alten-Grotkau gegründet worden war. Er verwendete das Ritual des Systems von Clermont und führte einen der mystischen und legendären Ursprünge der Maurerei, so wie er sie auffaßte, auf den 1312 vernichteten Templerorden zurück.[10]

Die »Strikte Observanz« erhielt ihren Titel durch die Tatsache, daß die Lehrlinge sich durch einen Eid zu unbedingtem Gehorsam gegenüber den Oberen verpflichteten. Das von Hund erdachte System umfaßte sieben Grade, deren höchster die Bezeichnung »Ritter« trug, woher denn auch die Tradition stammte, den Degen in der Loge zu tragen. Ab 1770 gelang es dieser Struktur, »erstmals fast alle österreichischen und deutschen Logen in einem geeinten maurerischen System«[11] zu vereinen.

Auf dem Konvent von Wilhelmsbad von 1782, angeregt durch Ferdinand von Braunschweig, seit 1772 Großmeister der »Strikten Observanz«, kam es dann aber, hauptsächlich durch den Anstoß der Illuminaten und ihres Vertreters Freiherr von Knigge, zu einer Widerlegung der These einer direkten Abstammung der Freimaurer von den Templern. Dies war der Anfang vom Ende des Ritus, auch wenn er weiterhin im Wien der 80er Jahre neben dem »Zinnendorfschen System« praktiziert wurde. Später löste er sich im »Rektifizierten« Schottischen Ritus der »Wohlthätigen Ritter der Heiligen Stadt« des Maurers J. B. Willermoz aus Lyon auf.

Das Zinnendorfsche System trägt seinen Namen nach J. W. Kellner von Zinnendorf, der es Mitte der 60er Jahre des Jahrhunderts gestaltete. Es umfaßte zuerst sieben, dann in den 70er Jahren, elf Grade. Es bestand aus einer Mischung von Ideen, die der Freimaurerei, den Rosenkreuzern und dem Christentum entnommen waren. Seine Anhänger betrachteten sich als »Ritter«, die im Dienste ihres unsichtbaren Großmeisters, Christus selbst, standen.

Inzwischen waren mehrere andere Logen in der Hauptstadt des Kaiserreichs gegründet worden, deren Bedeutung für die Entwicklung der Königlichen Kunst nicht hoch genug eingeschätzt werden kann.

1754 entstand die Loge: »Aux Trois Cœurs« als Deputationsloge der Loge »Friedrich« aus Hannover, der u. a. Persönlichkeiten wie John Hobart Esq., Sohn von Lord Buckingham, Raban von Spörcke, dänischer Kammerjunker, Heinrich Balduin Freiherr von Schenck von Neudeck, Johann Ferdinand von Nagel, Johann Joseph Graf Kinsky oder Leutnant Karl Albrecht, Sohn des österreichischen Botschafters am portugiesischen Hof, angehörten.

Um 1763 wurde in Wien eine weitere Loge: »Die Freigebigen« gegründet, der Ferdinand Johann Graf Kueffstein, Franz Joseph Graf Thun und Anton Stephan Ritter von Rieger angehörten. Sie »deckte« im Jahre 1770, als von acht »Schottischen Meistern« die Bauhütte »Zur Hoffnung« gegründet wurde, die sich mit der Regensburger Loge: »Zu den drei Schlüsseln« verbündete: sie sollte später Emanuel Schikaneder einweihen. Ab 1776 nahm sie den Namen »Zur gekrönten Hoffnung« an. Sie arbeitet mit der Loge: »Zur Beständigkeit« sowie mit den Wiener Zwillingslogen: »Zu den drei Adlern« und »Zum Palmbaum« zusammen.[12]

Diese vielfältigen Aktivitäten geschahen um so heimlicher, als 1764 alle Logen auf dem Reichsgebiet geschlossen worden waren.

Ein Jahr später starb Franz Stephan. Im selben Jahr wurde sein Eidam, Herzog Albert von Sachsen-Teschen, in Dresden in den Orden aufgenommen, nach dem Ritus der Strikten Observanz.

Beim Tode des Kaisers wurde sein Sohn Joseph Co-Regent und teilte die Herrschaft mit seiner Mutter bis zu deren Tod im Jahre 1780.

Kaum regierte Joseph II. allein, begann er, seine Ideen eines »aufgeklärten Despoten« mit den sich daraus ergebenden Reformen in die Tat umzusetzen. Nun konnten die Freimaurer ihre Tätigkeiten in aller Öffentlichkeit ausüben und dem Kaiser ihre Unterstützung zu seinen Plänen geben. Joseph II. sah es aber sehr ungern, daß das österreichische Maurertum noch von preußischen Logen abhing, dies vor allem, weil er die Bayerischen Erbfolgekriege von 1778/79 nicht verdaut hatte.

Am 26. März 1781 verbot er deshalb allen geistigen und weltlichen Orden, sich einer fremden Autorität zu unterwerfen. Sein Dekret richtete sich nicht nur gegen das Freimaurertum, sondern auch gegen alle religiösen Orden, insbesondere die Jesuiten, die unerbittlichsten Widersacher der Maurerei.

Infolge dieses Dekrets wurden die Beziehungen zwischen der damaligen »Österreichischen Provinzialloge« und der »Großen Landesloge« aus Berlin abgebrochen.

Die »Große Landesloge Wien« (Nationalloge) wurde am 22. April 1784 gegründet, acht Monate vor Mozarts Aufnahme. Sie umfaßte ein Jahr später 59 Logen, die sich auf sieben Provinziallogen aufteilten:

1. Die Provinzialloge in Böhmen mit sieben Logen:
In Brünn:
– »Zu den (wahren) vereinigten Freunden« und
– »Zur aufgehenden Sonne«
In Klattau:
– »Zur Aufrichtigkeit«
In Prag:
– »Zu den drei gekrönten Säulen«, der Ignaz von Born zuerst angehört hatte.
– »Zu den drei gekrönten Sternen (und Redlichkeit)«, schon 1742 gegründet.

- »Zur Union«
- »Zur Wahrheit und Einigkeit«, die große progressive
Loge in Prag!

2. *Die Provinzialloge in Galizien* mit vier Logen:
In Tarnow:
- »Zu den drey rothen Bändern«
In Temesvar:
- »Zu den drey weißen Lilien«
In Lemberg:
- »Zur aufrichtigen Freundschaft« und
- »(Phoenix) zur runden Tafel«.
Den Lemberger Logen war 1774 die Loge »Zu den drei
Standarten« vorangegangen. 1785 erfolgte dann noch die
Gründung der Loge »Zum Biedermann«, einer bedeutsamen Reformloge. Erwähnt werden sollte ebenfalls, daß der
Pionier der Freimaurerei in Galizien, Martin Johann Clemens, Oberleutnant im Regiment Ferraris war, der 1740 in
Luxemburg geboren wurde.

3. *Die Provinzialloge der Österreichischen Lombardei* mit
zwei Logen:
In Cremona:
- »St. Paul Céleste«
In Mailand:
- »A la Concordia«

4. *Die Provinzialloge in Siebenbürgen* mit drei Logen:
In Hermannstadt:
- »Andres zu den 3 Seeblättern«
- »Zum geheiligten (heiligen) Eifer«
In St. Philippen in der Bukowina:
- »Zu den tugendhaften Weltbürgern«

5. Die Provinzialloge in Ungarn mit zehn Logen:
In Agram:
— »Zur Klugheit«
In Karlstadt:
— »Zur Tapferkeit«
In Eberau:
— »Zum goldenen Rad«
In Eperies (Eperjes):
— »Zu den tugendhaften Reisenden«
In E(l)segg:
— »Zur Wachsamkeit«
In Gyarmath:
— »Zum tugendhaften Cosmopoliten«
In Pest:
— »Zur Großmuth«
— »Zur Sicherheit«
1791, als der Druck auf die Freimaurerei schon sehr stark wurde, erfolgte eine Logenneugründung unter dem Namen: »Zu den 7 Sternen«. Mit Bewilligung Franz' II. wurden die Pester Logen unter »Zu den 7 Sternen« zusammengeführt, bevor die Königliche Kunst ganz verboten wurde.
In Preßburg:
— »Zur Verschwiegenheit«, nachdem es dort schon 1740 eine Logengründung gegeben hatte.
In Warasdin:
— »Zum guthen Rathe«

6. Die Provinzialloge der Österreichischen Niederlande mit 16 Logen:
In Aalst:
— »La discrète Impériale«
In Antwerpen:
— »La Concorde universelle«

In Brügge:
- »La parfaite Egalité«

In Brüssel:
- »L'Union«
- »La constante Union«
- »Les vrais Amis de l'Union«

In Gent:
- »La Bienfaisante«
- »La Félicité«
- »La parfaite Union au Régiment de Huray«, einer Militärloge

In Mecheln (Malines):
- »La constante Fidélité«

In Marche en Famenne:
- »La Constante«

In Mons (Bergen):
- »La vraie et parfaite Harmonie«
- »La parfaite Union«

In Namur:
- »La bonne Amitié«

In Ostende:
- »Les trois Niveaux«

In Tournai:
- »Les Frères réunis« [13]

Diese Provinzialloge bildete eine unabhängige Großloge, um auch so den vorherrschenden Willen einer politischen Trennung mit der österreichischen Monarchie zum Ausdruck zu bringen.

7. Die Provinzialloge in Österreich selbst bestand aus 17 Logen:

In Freiburg i. Breisgau:
- »Zur Edlen Aussicht«, deren Meister vom Stuhl Johann Georg Schlosser, der Schwager Goethes, wurde.

In Görz:
- »Zur Freymüthigkeit«

In Graz:
- »Zu den vereinigten Herzen«

In Klagenfurt:
- »Zur wohlthätigen Marianna«

In Innsbruck:
- »Zu den drey Bergen (Flammen?)«
- »Zum Symbolischen Cylinder«

In Linz:
- »Zu den Sieben Weisen«

In Passau:
- »Zu den drey vereinigten Wässern«

In Triest:
- »Zur Harmonie und allgemeinen Eintracht«

sowie den Wiener Logen.

Die Lage der Maurerei zur Zeit ihrer Hochblüte in Wien muß etwas detaillierter aufgezeigt werden, stellt sie doch ein einzigartiges politisches, soziales und kulturelles Phänomen dar, gerade auch im Zusammenhang mit den wichtigsten josephinischen Reformen.

In der Hauptstadt des Kaiserreichs gab es zu diesem Zeitpunkt acht Logen mit etwa 1000 Maurern.

Frühere Logen hatten sich aufgelöst. Die Freimaurerei erlebte auch, weil sie dauernd unter Druck stand, wenn nicht gerade verfolgt wurde, einen tiefen Wandel, ohne daß sie aber in ihrem geistigen Kern gelitten hätte.

Problematischer waren eher schon die vielen Tendenzen und Strömungen, denen sie gerade in den 70er Jahren ausgesetzt war und die das Logenleben sehr stark bestimmten. Auf sie muß später noch genauer eingegangen werden.

Die Loge: »Zu den drei Adlern« war 1770 von Prag aus gegründet worden. Es war eine Schottenloge, die nach dem Ritus der Strikten Observanz arbeitete. Ihr gehörten Friedrich Wilhelm Freiherr von Schmidburg als Begründer, Georg August von Mecklenburg-Strelitz, zu dessen Ehre Mozarts »Maurerische Trauermusik« am 7. Dezember 1785 erklingen wird, Major Wilhelm Graf Auersperg, Adam Fürst Batthyany-Strattmann, Johann Wenzel Graf Ugarte, Michael Puchberg, Mozarts »guter Geist«, und Johann Thomas von Trattner an.

Die beiden letzteren waren ebenfalls Mitglieder der im gleichen Jahre gegründeten Schwesternloge »Zum Palmbaum«, da eine Doppelmitgliedschaft zu keinem Zeitpunkt ausgeschlossen war. Auch diese Loge benutzte das Ritual der Strikten Observanz. Heinrich Friedrich Füger, Karl Freiherr von Güntherode, ein Servitenmönch, Jakob Ignaz Just, Johann Pezzl und der Industrielle Peter Freiherr von Braun zählten zu ihren prominentesten Mitgliedern.

Die Loge »Zur gekrönten Hoffnung« arbeitete ab 1776 nach dem Zinnendorfschen System und war eine der bekanntesten in Wien. Sie war sozusagen das Gegenstück der Loge »Zur wahren Eintracht«, da ihre Grundlage viel symbolischer, zum Teil sogar rosenkreuzerisch war. Zu ihren berühmtesten Mitgliedern zählten Carl Graf von Dietrichstein, Bernhard Samuel von Matolay, Ignaz Fischer, Aufseher und Deputierter Meister, Johann Graf Esterházy, Franz Graf Montecuccoli, Franz Graf Saint Julien, Johann Baptist Schloißnigg sowie Wenzel Epstein und Carl Hieronymus Graf Pálffy, die den Asiatischen Brüdern verbunden waren, des weiteren Franz Petran, Textdichter der von Mozart vertonten Kantate »Die Maurerfreude«, Tobias Freiherr von Gebler und der Verleger Pasquale Artaria.

Die 1771 von Karl Ludwig Schmidt, einem bekannten Opernsänger, gegründete Loge: »Zum heiligen Joseph«

arbeitete ebenfalls nach dem Zinnendorfschen System. Ihr gehörten Anhänger mit alchimistischer Neigung an wie Johann Christian Thomas Bacciochi und Freiherr von Linden, aber auch Persönlichkeiten wie Martin Joseph Prandstetter, Johann Nepomuk Gußmann sowie die Schriftsteller Lorenz Leopold Haschka (Mozart vertont von ihm »Dir Seele des Weltalls«) und Johann Baptist Alxinger, der sich durch seine Schriften gegen den Renegaten Leopold Aloys Hoffmann auszeichnen sollte. Die berühmteste Wiener Loge dieser Zeit war aber zweifellos die am 12. März 1781 als Tochterloge der »Gekrönten Hoffnung« gegründete Loge: »Zur wahren Eintracht«, die auch nach dem Zinnendorfschen System arbeitete. Erster Meister vom Stuhl war der Hofchirurg Ignaz Fischer, doch als am 9. März 1782 Ignaz von Born dieses Amt übernahm, begann eine für die Freimaurerei fast unglaublich erscheinende Tätigkeit, deren Wirkung in allen Kreisen der Bevölkerung zu spüren war. Diese Loge wurde das geistige Zentrum des Illuminismus. Alles, was Rang und Namen hatte, fand sich dort zu intensiver Maurerarbeit wieder. Oberstkanzler Leopold Graf Kollowrat-Krakowsky traf hier Franz von Zeiller, den Vollender des Allgemeinen Bürgerlichen Gesetzbuches; Joseph von Sonnenfels, der Universitätslehrer, diskutierte da mit Joseph v. Barth, dem Ophthalmologen und Professor für Anatomie. Georg Graf Festetics »arbeitete am großen Gebäude« mit seinen Landsleuten Leopold Graf Pálffy oder Anton Graf von Apponyi. Die Veröffentlichungen der Loge, wie die »Physikalischen Arbeiten der einträchtigen Freunde in Wien«, die »Musikalischen Unterhaltungen der einträchtigen Freunde in Wien«, oder vor allem der berühmte »Wiener Musenalmanach« wurden zu den meistgelesenen Büchern ihrer Zeit und sorgten immer wieder für Gesprächsstoff im nachrichtenhungrigen Wien.[14]

Die Loge »Zur Beständigkeit« ging im März 1782 aus einer zwei Jahre zuvor von der Provinzialloge gegründeten Loge »Zu den sieben Himmeln« hervor. Sie war alchimistisch-rosenkreuzerisch beeinflußt. Ihr erster Meister vom Stuhl war Otto von Gemmingen, der ein Jahr später zu den Begründern von »Zur Wohlthätigkeit« zählte. Der Loge gehörten ebenfalls Johann Joseph Lange, Mozarts Schwager, der Bassist Fischer, der erste Osmin, sowie der Verleger Torricella an.

»Zur Wohlthätigkeit« war eine der kleinsten Logen in Wien, machte aber ihrem Namen alle Ehre. Sie wurde am 2. Februar 1783 gegründet von Otto Freiherr von Gemmingen-Hornberg (Meister vom Stuhl), Ferdinand Georg Edler von Mitis (Deputierter Meister), Carl Escherich (Erster Aufseher), Johann Baptist von Lang (Zweiter Aufseher), Ignaz Hille (Sekretär), Leopold von Plenciz, Johann Baptist von Schloißnigg, Johann Heinrich Wenzel von Wallenfeld, Christian Friedrich Wappler, Martin Joseph Prandstetter, Theodor Joseph von Nattorp. Sie arbeitete eng mit »Zur wahren Eintracht« zusammen. Beide benutzten denselben Logentempel und die gleichen Rituale. Diese sind erhalten geblieben. Im Juli des gleichen Jahres entstand ebenfalls die Loge: »Zu den drey Feuern«, die nach dem Clermontschen System arbeitete und den Hochgraden und Rittergraden besondere Aufmerksamkeit schenkte.

Die Wiener Freimaurer mieteten für ihre Arbeit noble Häuser oder Etagenräume in Wien und teilten die Miete unter ihren Logen auf.

Das Haus: »Zum silbernen Hut« des Freiherrn von Moser am Bauernmarkt beherbergte folgende Logen:
— Zu den 3 Adlern, bis 1782
— Zum Palmbaum, bis 1782
— Zur Wahren Eintracht, bis 1782

Das Mosersche Haus in der Landskrongasse gab Aufnahme für die Logen:
- Zu den 3 Adlern, 1782–1785
- Zum Palmbaum, 1782–1785
- Zur Beständigkeit, 1783–1785
- Zur gekrönten Hoffnung, ab 1782
- Zur neugekrönten Hoffnung, ab 1786

Im Haus Nr. 464: »Zum rothen Krebsen« des Joseph Edler von Weinbrenner am Kienmarkt 464, wirkten
- Zur Wahren Eintracht, ab 1783
- Zur Wohlthätigkeit, ab 1783
- Zur Wahrheit, 1786–29. 9. 1787

Das Haus: »Zu den sieben Schwerden auf der Hohen Brucken«, 1. Stock, heute: Schwertgasse 3, war folgender Loge vorbehalten:
- Zu den drei Feuern, doch auch andere Logen waren hier zu Gast.

In der Schottenbastei »hinter dem Klepperstall auf den Schnitten gelegen« (heute Ecke Heßgasse) arbeiteten die Logen
- Zum hl. Joseph
- Zur Wahren Eintracht (zu Anfang)

Außerdem gab es noch eine Loge im Kleinen Uhlefeldschen Haus »Hinter den Minoriten gegen die Bastey« (1. Stock, heute Abraham-a-Sancta-Clara-Gasse, Ecke Metastasiogasse).

Die *Provinzialloge von Österreich* wurde von bedeutenden Persönlichkeiten geführt. Großmeister war Johann von Dietrichstein-Proskau, ein Rosenkreuzer, Deputierte Großmeister waren Christian Bernhard von Isenflamm und Carl Hieronymus Graf Pálffy von Erdöd, Großsekretär und Erster Großaufseher war Ignaz von Born, und als Provinzial-Großsekretär fungierte Otto von Gemmingen.

Die Provinzialloge hatte als Untergliederung zwei Distrikt-
logen. Die erste trug den Namen: *»Zur Wohlthätigen Eintracht«*.
Ihr Großmeister war Joseph von Sonnenfels, Born war
Mitglied. In ihr waren vertreten die Logen: »Zur Wahren
Eintracht«, »Zur Wohlthätigkeit«, »Zur Wohlthätigen
Marianna« aus Klagenfurt, »Zu den Sieben Weisen« aus
Linz und »La belle Etoile« aus Bataszek. Die zweite Di-
striktloge hieß: *»Zum neuen Bund«*. Ihr Großmeister war
Tobias Philipp Freiherr von Gebler.
Zudem soll es noch eine Bezirksloge: *»Zur dreifachen
Vereinigung«*, gegeben haben.
Schon allein diese Auflistung der Logen und der Struktur
der Freimaurerei im Österreich Josephs II. zeigt, welche
außerordentliche Bedeutung die Königliche Kunst im Kai-
serreich gewonnen hatte.

Das Edikt Josephs II.

Diese rasche Entwicklung und ihr Einfluß auf das politische und geistige Leben Wiens und Österreichs beunruhigte den Kaiser, der stets auf seine Prärogativen, die alleinigen Vorrechte des Herrschers, bedacht war und allen Anregungen mißtraute, die nicht von ihm selbst stammten. Am 11. Dezember 1785 verfaßte er sein berühmt gewordenes »Handbillet«, das am 21. Dezember in der amtlichen »Wiener Zeitung« veröffentlicht wurde. Durch sein Edikt zwang er die Wiener Logen, sich auf höchstens drei zu verringern, deren Mitgliederzahlen nicht größer als jeweils 180 sein durften. Fast die Hälfte der Wiener Maurer verloren so auf einen Schlag ihre Logenzugehörigkeit. Die Logen selbst mußten sich innerhalb kürzester Zeit zusammenschließen. Daraus ergaben sich unzählige Probleme und Verwechslungen, die auch die späteren Forscher immer wieder in Verwirrung brachten. Schlimmer noch: Es kam sehr schnell zu einer dramatischen Verschlechterung der Freimaurerei in der ganzen K. K. Monarchie. Die Logen standen unter Zugzwang. Eile war angebracht. Am 24. Dezember 1785 beschlossen die Deputierten der Wiener Freimaurer in einer eigens einberufenen Versammlung der Landesloge, in Gegenwart des Landes- und der Provinzialgroßmeister und der Repräsentanten der Provinzlogen, daß es in der Hauptstadt nur mehr zwei Logen geben sollte. Die erste, die den Namen »Zur Wahrheit« erhalten sollte, würde die Brüder der Logen »Zu den drei Adlern«, »Zum Palmbaum«, »Zur wahren Eintracht« und »Zu den drei Feuern« aufnehmen. Die Fusion sollte am 28. Dezember 1785 stattfinden.

Die neue Loge nahm am 6. Januar 1786 ihre Arbeit auf. Ignaz von Born, seit dem 9. März 1782 Meister vom Stuhl der Loge »Zur wahren Eintracht« wurde an ihre Spitze gewählt. Er gab sein Amt aber im September 1786 wegen interner Unstimmigkeiten und Auseinandersetzungen, aber auch aus gesundheitlichen Gründen ab. Die Loge selbst »deckte« bereits am 8. Juli 1787 und wurde im April 1789 aufgelöst. Sie sollte nie die Bedeutung haben, die vorher der »Wahren Eintracht« zugekommen war.[15] Die Logen »Zur gekrönten Hoffnung«, »Zum hl. Joseph«, »Zur Beständigkeit« und »Zur Wohlthätigkeit«, Mozarts Loge, sollten sich zur Sammelloge »Zur neugekrönten Hoffnung« gemäß Beschluß vom 24. Dezember zusammenschließen. Tobias Freiherr von Gebler (1726–1786) wurde Meister vom Stuhl und somit Nachfolger von Gemmingen, der regelrecht ausgebootet worden war, was er nie so recht verkraften konnte. 1787, nach Geblers Rücktritt und seinem kurz drauf erfolgten Tode, wurde Johann Bourgois, Auditor der K. K.-adeligdeutschen Leibgarde, mit der Leitung der Loge beauftragt[16], und 1790 war Graf Johann Esterházy Meister vom Stuhl.[17] Ab etwa 1788, nach Auflösung der Nationalloge und Neuangliederung an die Großloge von Berlin, wurde das »neu« im Logentitel abgeschafft. Diese trug damit den Namen der Loge: »Zur gekrönten Hoffnung«, die Ende 1785 in ihr aufgegangen war, die aber in ihrer Struktur, ihrer Orientierung und ihrer Zusammenstellung grundverschieden war. Mozart, beispielsweise, war 1784 und 1785 nicht Mitglied der »Gekrönten Hoffnung«, trat aber nach der Logenfusion der »Neugekrönten Hoffnung« bei, die dann wieder »Gekrönte Hoffnung« heißen sollte. Das führt zu dauernden Verwechslungen bei Mozarts Biographen, sofern sie das Thema wahrgenommen haben.

Die Loge »Zum heiligen Joseph«, die im Gegensatz zu dem, was immer noch behauptet wird, nicht aufgelöst, sondern in der Loge »Zur Wahrheit« aufgegangen war, sollte sich nochmals 1790 kurz verselbständigen und nach dem Zinnendorfschen System arbeiten. Auch eine andere Loge »Zur Liebe und Wahrheit«, mit rosenkreuzerischer Orientierung, bildete sich im gleichen Jahre 1790, man weiß aber sehr wenig über ihre Tätigkeiten.

»Man ist sich heute einig in der Annahme, daß die Reformen Josephs II. die Krönung und der Abschluß einer sehr langen Entwicklung waren, bei der die Persönlichkeit des Kaisers hinter den Gesetzen der politischen, administrativen und religiösen Konjunktur verschwand, die damals in Europa vorherrschte.«[18]

Es ist nicht erwiesen, daß Joseph II. beabsichtigt hatte, gerade den Freimaurerlogen den Kampf anzusagen. Er war aufgeklärt, trotzdem war er ein Despot und wollte genau wissen, was in seinem unruhigen Reiche vor sich ging, in dem sich neben den bedeutenden Vertretern ernsthafter Vereinigungen initiatorischen Charakters auch Scharlatane, Verschwörer und Fanatiker aller Schattierungen breitmachten, so wie alle jene, die meinten, es gehörte zum guten Tone, einer Geheimgesellschaft anzugehören.

Es kann allerdings auch nicht behauptet werden, daß Joseph II. den Freimaurern besonders gewogen war, obwohl er gerade die Unterstützung ihrer bedeutendsten Vertreter benötigte, denn sie zählten zu den besten und aufgeschlossensten Köpfen ihrer Zeit und setzten sich am stärksten für den Reformprozeß ein, den er in Bewegung gebracht hatte, um seinen Staat mit den neuen Ansprüchen in Gleichklang zu bringen »gegenüber einer Gesellschaft, deren Glück er wollte, die ihn aber nicht liebte.«[19]

Es muß auch gesagt werden, daß das berühmte »Handbillet« vom 11. Dezember 1785 anfangs sehr wohlwollend von den Wiener Freimaurern aufgenommen wurde, die den Kaiser seit seiner Thronbesteigung als ihren Beschützer, ja ihren »ält'sten Sohn« ansahen.[20] Liest man allerdings den einleitenden Text zum kaiserlichen Dekret, so muß man sich doch Fragen stellen zur inneren Einstellung Josephs II. gegenüber den Freimaurern:

»Die sogenannte Freymäurer Geselschaften deren Geheimniße mir ebenso unbewußt sind als Ich deren Gaukeleyen zu erfahren wenig vorwitzig jemals war, vermehren und erstrecken sich itzo auch schon auf alle kleinsten Städte (Regimenter und Corps). Diese Versammlungen, wenn sie sich selbst überlassen und unter keiner Leitung sind, können in Ausschweifungen, die für Religion, Ordnung und Sitten allerdings verderblich seyn können, besonders aber durch eine Fanatische enge Verknüpfung bey Oberen in nicht ganz vollkommene Billigkeit gegen ihre untergebenen, die nicht in der nemlichen Geselschaftlichen Verbindung mit ihnen stehen, ganz wohl ausarten, oder doch wenigstens zu einer Geldschneiderey dienen. Vormals und in anderen Ländern verbot und bestrafte man die Freymäurer und zerstörte ihre in den Logen abgehaltenen Versamlungen, blos weil man von ihren Geheimniß nicht unterrichtet war; mir, obschon es mir eben so unbekannt ist, ist genug zu wissen, daß von diesen Freymaurer Versamlungen dennoch einiges Gutes wirklich für den Nächsten und für die Armuth und Erziehung schon ist geleistet worden, um mehr für sie, als je in einem Lande geschehen ist hiemit zu verordnen, nemlich: daß selbe, auch unwißend ihrer Gesetzen und Verhandlungen, dennoch, so lange sie guts wirken unter dem Schutz und der Obhut des Staats zu nehmen, und also ihre Versammlungen förmlich zu gestatten sind ...«[21]

Also: Zuckerbrot und Peitsche... Dies ging ganz besonders aus den Zusatzbestimmungen zum Dekret hervor. Sie
griffen zwar die Substanz des Ordens nicht an, bestimmten
aber, daß nur in Städten mit Regierungsämtern Logen
errichtet werden durften, nicht aber auf dem Lande und
nicht auf Adelssitzen; daß die Daten der Logenarbeiten
den Behörden mitgeteilt und jährlich die Listen der Lo-
genmitglieder und der Würdenträger neu eingereicht werden mußten. Zwar mußten die Maurergrade der Logenbrüder nicht angegeben werden, auch hatten die Behörden
nicht das Recht, weitere Nachforschungen anzustellen,
nicht anerkannte Logen und sogenannte Winkellogen
aber wurden verboten, und in keiner Stadt durfte es mehr
als drei Logen geben und, wie bereits gesagt, in keiner
Loge mehr als 180 Mitglieder.

Wenige Freimaurer ahnten die verheerende Wirkung des
Josephinischen Handbillets voraus, ja die Wiener Logenbrüder gingen mit neuem Mut an ihre Arbeit. Dies wird vor
allem durch das berühmte »Journal für Freymaurer« belegt, das noch 1786 wichtige Projekte der Loge »Zur
neugekrönten Hoffnung« ankündigte, insbesondere die
Errichtung eines Museums der Freimaurerei, um damit zu
beweisen, daß »Resignation nicht die Konsequenz kaiserlichen Schutzes der Freimaurerei darstellt[22].«
Sehr schnell jedoch wurden die Bestimmungen des Dekre-
tes, die an den Grundlagen selbst der Freimaurerei rüttel-
ten, in ihrer ganzen Schädlichkeit deutlich. Mit den Logen
im Kaiserreich ging es rasch bergab. Viele Maurer konnten
nur noch als »Besuchende Brüder« an den Logensitzungen
teilnehmen. Eine große Anzahl war einfach durch die neue
Struktur des Logenwesens dazu verurteilt, als »Abwesende
Brüder« zu gelten, und viele als »Anwesende Brüder«
geltende Mitglieder waren dann doch nicht mehr bereit,

tatsächlich anwesend zu sein, weil sie nicht wollten, daß ihre Namen weiterhin in den Logenlisten auftauchten, die nun als besondere Register bei den Behörden hinterlegt werden mußten – jenen Behörden aus denen die Geheimpolizei hervorging, die unter Metternich das Sagen erhielt. Diese Register wurden die berüchtigten »Vertraulichen Akte«, die nun im »Haus-, Hof- und Staatsarchiv« in Wien hinterlegt sind und schon seit 1919 der Forschung zugänglich sind.

Was als Denunziations- und Repressionsmittel gedacht war, wurde somit in diesem Jahrhundert zu einer unschätzbaren Hilfe für die Forschung, die leider aber noch zu wenig ausgewertet wird.

Vor allem aber machten innere Streitigkeiten, speziell was die Orientierung der Freimaurerei betraf, den Logen schwer zu schaffen. Die verschiedenen Strömungen bekämpften sich vehement, die progressiven Richtungen wurden verleumdet und verfemt, Resignation ergriff die berühmtesten Maurer, andere wurden zu Verrätern am Orden und zu seinen heftigsten Gegnern. Zu ihnen zählten Leopold Alois Hoffmann (»Zur Wolthätigkeit«), Polizeiminister Franz Graf Saurau (»Zur wahren Eintracht«) und Cagliostro. Die Verleumdungskampagne gegen die Königliche Kunst erreichte ihren Höhepunkt in der These der Verschwörung der Freimaurer gegen die Institutionen des Staates, im berüchtigten »Jakobinerkomplott«, wonach die österreichischen Freimaurer den Import der Französischen Revolution in der K. K. Monarchie vorbereiteten, was schon durch die Tatsache belegt schien, daß die Ideale der Freimaurerei: Freiheit, Gleichheit, Brüderlichkeit zur Devise des revolutionären Frankreichs wurden.

Die These des Jakobinerkomplotts gewann rasch an Boden und beschleunigte noch den Verfall des Ordens. Zudem wurden seine finanziellen Probleme so groß, daß eine besondere Deputation aller Logen eingesetzt werden mußte, um sie zu lösen, ohne daß ihr dies jedoch geglückt wäre. Joseph II. starb am 20. Februar 1790. Sein Bruder bestieg den Thron unter dem Namen Leopold II. Die Meinungen zu seiner Haltung gegenüber der Freimaurerei gehen auseinander. Sicher ist nur, daß er sie »in den Dienst seiner eigenen politischen Ziele stellen wollte, um zu verhindern, daß sie eine Oppositionshaltung gegenüber seiner Regierung einnahm. Diese Versuche müssen im Zusammenhang mit der leopoldinischen Politik gesehen werden, die durch die Hinzunahme geheimer Mitarbeiter eine neue Dimension erhielt.«[23] Leopold II. versuchte, auf ausdrückliche Anfrage des Ordens, eine Reorganisierung der Freimaurerei auf dem Reichsgebiet.[24] Sie kam so wenig zur Ausführung wie andere Initiativen, die vom Kaiser geplant waren: Leopold starb schon 1792.

Franz II., sein Sohn und Nachfolger, drehte fast sofort das Rad zurück und unterdrückte alle fortschrittlichen Kräfte und revolutionären Gedanken. Seine Abneigung gegen das, was in Frankreich geschah und was Europa zu verändern begann, schlug um in einen blinden Haß gegen den Geist der Aufklärung und gegen jeden Reformwillen. Die Freimaurerei wurde zum Staatsfeind Nummer eins, insbesondere, weil Franz II. genau wußte, daß die Verteidiger eines aufklärerischen Humanismus in den Logen einen modellhaften Arbeitsplatz gefunden hatten, um an sich selbst zu arbeiten und das Ideal von Freiheit, Gleichheit, Brüderlichkeit und Solidarität zu verwirklichen, das sie sich zum Ziel gesetzt hatten. Die Freimaurerei war »durch ihre Zielsetzungen und durch die Tatsache, daß in den Logen jede Rangordnung abgeschafft war, ganz sicher wichtig für die Jakobinerbewegung gewesen. Durch die Toleranz, die sie in den intellektuellen Diskussionen zeigte, durch ihre Bemühungen, die Allgemeinbildung zu heben sowie die gesellschaftlichen Vorurteile und Ungerechtigkeiten abzuschaffen, näherte sie sich eindeutig der ersten Phase der französischen Revolution.«[25] Die Politik Franz' II. zwang die freien Geister seiner Zeit dazu, entweder ihre Überzeugungen zu verbergen und sich außerhalb des Gesetzes zu stellen, oder sie zu verraten.

Eines der prominentesten Opfer dieser systematischen »Hexenjagd« wurde Martin Joseph Prandstetter (1760–1798), Ratsprotokollist beim Stadtmagistrat, Mitglied der Logen »Zum hl. Joseph« und »Zur wahren Eintracht«, besuchender Bruder der »Wohlthätigkeit« und, nach der Logenfusion, Mitglied der Sammelloge »Zur Wahrheit« sowie Herausgeber des »Wiener Musenalmanachs«. Er wurde von seinem Logenbruder aus »Zur wahren Eintracht«, Graf Saurau, in den Jakobinerprozeß von 1794 verwickelt und zu dreißig Jahren Haft verurteilt. Er überlebte die schreckliche Behandlung nicht und starb im Gefängnis von Munkacs in Ungarn.[26]

Zu den bekannten Freimaurern, die Opfer der systematischen Verfolgung durch Franz II. und seiner Gefolgsleute wurden, zählen ebenfalls Ignaz Martinovics, der Illuminat Friedrich Münter, Bischof von Kopenhagen, Karl Friedrich Barth, Johann Baptist von Alxinger, der ein furchtloser Ankläger des Verräters Leopold Alois Hoffmann war und ebenfalls im Jakobinerprozeß von 1794 verurteilt wurde, sowie Siegfried Freiherr von Taufferer, der der Verschwörung gegen den Staat überführt wurde und, weil er zum Militär gehörte, am 26. Mai 1796 als Hochverräter hingerichtet wurde.

Die Logen, soweit sie noch bestanden, hatten nach und nach ihre Arbeiten eingestellt. Am 2. Dezember 1793 kamen die Brüder der »Gekrönten Hoffnung« zum letzten Male zusammen und verfaßten ein Schreiben an den Kaiser, daß sie ihre Arbeiten einstellten, weil die Loge ihre Aufgabe nicht mehr erfüllen könne und es immer unmöglicher werde, »den schönen Zweck der Freimaurerey mit jener umwölkten Heiterkeit des Geistes, die zum segensvollen Anbaue nothwendig ist, und in dem Umfange zu errichten, als es die Regel des Institutes, das Beste des Staates und der Menschheit, und die eigene Zufriedenheit der Arbeiter erfordert«.[27]

Am 15. Januar 1794 schrieb die Loge »Zum hl. Joseph«, daß sie ihre Tätigkeiten eingestellt habe. Ab diesem Zeitpunkt gab es keine Logensitzungen mehr in Wien. Vierzig Jahre hatte es gedauert, ehe die Freimaurer ihre Tätigkeit ungehindert in der K. K. Monarchie entfalten konnten. Nur kaum sieben Jahre dauerte die Blütezeit des Ordens, aber diese Zeit genügte, um es dem berühmtesten, wenn nicht größten der Brüder, Wolfgang Amadé Mozart, zu ermöglichen, den hohen maurerischen Zielen gültigsten Ausdruck zu verleihen. Acht Jahre später, vier Jahre nach Mozarts Tod, wurde das Verbot der Freimaurerei für das gesamte Gebiet des Kaiserreichs ausgesprochen. Die »Hochmitternacht« hatte begonnen. Sie sollte 123 Jahre andauern, mit nur einer ganz kurzen Unterbrechung im Revolutionsjahre 1848[28], doch die Reaktion siegte, und erst 1918, Ende des Ersten Weltkrieges, wurde das Verbot aufgehoben. Zwanzig Jahre später sollte dann der Naziterror über die Freimaurerei hereinbrechen.

Strömungen, Richtungen und Richtungskämpfe

Die wahre »Sturmflut, die die Geschichte der Freimaurerei des XVIII. Jahrhunderts darstellt, ist eines jener unvermeidbaren und periodischen Phänomene, die notwendigerweise als Kompensation für den moralischen Zusammenbruch der großen traditionellen geistigen Werte auftreten.«[29]

Die Kirchen erlebten zu jener Zeit eine einschneidende moralische Krise. Die katholische zuerst, die protestantischen – ob calvinistisch oder lutheranisch – kurz nachher. Alle hatten nach der dramatischen Spaltung der Reformation und den Greuel des Dreißigjährigen Krieges Halt und Autorität verloren, und weder die mystische Efferveszenz des Barocks noch die asketische Verinnerlichung des Protestantismus konnte sie ihnen bei den gebildeten Menschen, bei den geistigen Eliten der Zeit wiederbringen, dies um so weniger, als die Kirchen vor allem auf ihr Überleben in dieser Welt bedacht waren und sich um so krampfhafter an einer politischen Macht festhielten, als ihre geistigen Dimensionen in Frage gestellt waren.

In diese Leere drang die Freimaurerei ein, und sei es nur durch die Tatsache, daß sie ihren Mitgliedern die Freiheit der Glaubenswahl zugestand. Sie begnügte sich, dazu eine Grundlage zu bieten, die sich auf ein dogmatisches Minimum beschränkte, den Glauben an einen Schöpfer-Gott, den »Großen Baumeister der Welt«, ganz gleich welche Form er für jeden einzelnen annahm.

Entscheidend für die maurerische Geisteshaltung war und bleibt die Arbeit an sich selbst und zum Wohle des Nächsten, die Verwirklichung von Idealen, die die Lebensbedingungen der Menschen verbessern sollen, und der ständige Einsatz für eine Menschheit, die gerechter, brüderlicher, toleranter und solidarischer wäre. Sie kommt aus der maurerischen Grundüberzeugung heraus, daß der Mensch die Kraft aufzubringen imstande ist, sich selbst zu bessern und zu verbessern:»Der maurerische Glaube besteht in der Überzeugung, daß es eine Kunst gibt, eine bessere Welt zu errichten, und daß es möglich ist, diese Kunst zu pflegen.«[30]

Um sein geistiges Ziel zu erreichen, verwendet der Freimaurer Riten und Symbole. Diese haben eine gemeinsame Grundlage, ihre Interpretation ändert sich jedoch je nach den Gegebenheiten, Zeiträumen, Epochen, Örtlichkeiten und den betroffenen Menschen. Ihr Hermetismus, die Vielzahl der Sinngebungen, die sich damit verbinden und die Traditionen, von denen man sie herleitet, haben dazu geführt, daß von Anfang an ihre fundamentale Einheit eine Vielfalt von praktischen Anwendungen mit sich gebracht hat.

Weniger als 50 Jahre nach ihrer Gründung kannte die Freimaurerei schon eine erschreckende Anzahl an Strömungen und Interpretationen, und die zu einer Modeerscheinung gewordene Begeisterung der Zeit für Institutionen mit initiatorischem Charakter hatte nicht nur zu einer raschen Zunahme der Mitglieder der Freimaurerlogen geführt, sondern auch zu einem Wildwuchs von Menschen, die hofften, aus der Dummheit und Naivität zahlreicher Leichtgläubiger Kapital schlagen zu können.

So kam es, daß es neben Logen, die ernsthafte Arbeit am »Bau des idealen Tempels« leisteten, eine große Anzahl von pseudogeheimen Gesellschaften und geheimen Pseudogesellschaften gab.

Was nun die Freimaurerei selbst angeht, so gab es in den 80er Jahren des XVIII. Jahrhunderts, zur Blütezeit des Ordens in der K.K. Monarchie, zwei gegensätzliche Hauptströmungen, die sich ursprünglich außerhalb der Maurerei gebildet hatten, sich später aber in die Logen integrierten und ihre Entwicklung bestimmten: die »Bruderschaft der Rosenkreuzer« und der »Bund der Illuminaten«.

Die Rosenkreuzer-Bewegung war aus der traditionellen Strömung des Hermetismus hervorgegangen, hatte die Symbolik der Alchimisten systematisiert und begründete ihre mythischen Ursprünge auf dem Templerorden. Ihre geistigen Väter waren einerseits Vaughan und Elias Ashmole in England, andrerseits Michael Maier (1568–1622), Jakob Boehme (1575–1624) und Johann Valentin Andreae (1586–1654), der durch seinen Roman »Chymische Hochzeit Christian Rosenkreuz« den Namen und die Orientierung des Ordens bestimmt hatte. Seine Anhänger versuchten eine Synthese zwischen mystischer Alchimie, Kabbala und Okkultismus herzustellen, um solcherart den »Stein der Weisen« zu finden.

Den Rosenkreuzern geistig verwandt waren die »Asiatischen Brüder«, die sich ebenfalls in Esoterismus, Gnostizismus und eine eigenartige Christo-Kabbalistik hineinversenkten. Sie wurden 1780 in Berlin durch Hans Heinrich Freiherr von Ecker und Eckhoffen (1750–1790) gegründet und fanden rasch Verbreitung in einigen Wiener Logen, insbesondere in der Bauhütte »Zur Beständigkeit«, deren Mitbegründer Ecker gewesen war. Die Tatsache, daß Ecker für die Gleichberechtigung der Juden und ihre Aufnahme in die Freimaurerei plädierte, zog ihm den blinden Haß der Rosenkreuzer zu. Ecker wußte sich mit zwei berühmt gewordenen Schriften: »Der Rosenkreuzer in seiner Blöße« von 1782 und »Recapitulation und Instruktion des hochwürdigsten und weisen Ordens der Ritter und Brüder St. Johann des Evangelisten aus Asien in Europa« von 1786 zu wehren. Otto von Gemmingen, Meister vom Stuhl in Mozarts Loge »Zur Wohlthätigkeit«, hatte geistige Affinitäten zu den »Asiatischen Brüdern« und, nachdem er sich mit Ignaz von Born verkracht hatte, bekannte er sich öffentlich zu ihnen.

Die von Hund gegründete »Strikte Observanz« und das »Zinnendorfsche System«, die schon Erwähnung fanden, die »Clercs Templiers« sowie das mystische und pietistische Hochgradsystem der »Brüder des Kreuzes« (oder »Gemeinschaft der Vertrauten Sankt Johannis«), von Graf Christian August von Haugwitz 1780 gegründet, waren andere esoterische Richtungen, deren Einfluß in dieser turbulenten Zeit beachtlich war.[31]

Ihr Gegenpol war der »Orden der Illuminaten«, 1776 vom Dekan der Fakultät für Rechtswissenschaft in Ingolstadt, Adam Weishaupt (1748–1830), gegründet. Weishaupt war ein ehemaliger Zögling der Jesuiten, die er bis zum Ende seines Lebens unerbittlich haßte. Er war ein großer Bewunderer des Freimaurers Helvetius und war 1777 in einer Loge der »Strikten Observanz« in München eingeweiht worden. Er wandte die Praktiken der Maurerei auf den Orden der Illuminaten an. Im Freimaurer, Schriftsteller und Komponisten Adolf Franz Friedrich Freiherr von Knigge (1752–1796), dem berühmten Autor eines Breviers guter Sitten, fand Weishaupt den erwünschten Mitarbeiter.

Beide träumten von einer völligen Umstrukturierung der Freimaurerei mit neuer Zielgebung. Sie sollte sich einsetzen gegen politischen Despotismus und religiöse Mystifizierung, gegen Hermetismus und Verdummung, sie sollte kämpfen gegen die Tyrannei der Kirchen und für die freie Entfaltung der menschlichen Vernunft, »die allein ›Gottes

Reich auf Erden‹ herbeiführen kann, nämlich Freiheit,
Gleichheit und Brüderlichkeit«.[32] So wurde bei der Aufnahme eines Prinzen, »der Kandidat vorerst angekettet, ist
er doch ein Sklave auf der Flucht, der um seine Befreiung
bittet, geknechtet durch Gesellschaft, Staat und Kirche.
Doch nun wird er würdig, frei zu werden, denn er macht
keinen Unterschied mehr zwischen Königen, Adligen und
Bettlern, er kennt keine Kasten mehr, er kennt nur noch
den Menschen.«[33]
Der Illuminismus verbreitete sich mit ungeahnter Schnelligkeit und zählte sehr bald zu seinen Anhängern die
berühmtesten Persönlichkeiten jener Zeit: Goethe, Herder, Pestalozzi, Nicolai, Dalberg, den bischöflichen Koad-
jutor von Mainz, Bode, den Verleger Lessings, den Philosophen Jacobi, Stolberg, Montgelas, Sonnenfels, Born,
van Swieten . . .
Mozart ist wohl kaum den Illuminaten beigetreten, es ist
aber sicher, daß er die Ideen der Bewegung teilte. Er hatte
aber auch Sympathien für die »Asiatischen Brüder«, sowohl wegen der liberalen und revolutionären Ideen, die von
einigen Vorkämpfern der Bewegung um Carl Graf Pálffy
von Erdöd in der Loge »Zur neugekrönten Hoffnung«
verteidigt wurden, als wegen seiner eigenen ausgeprägten
Begeisterung für die Mathematik und die Zahlensymbolik
und -mystik, die eine ihrer Arbeitsgrundlagen war.
Auch die Illuminaten mußten sehr schnell gegen große
Schwierigkeiten ankämpfen. Sie waren zuerst innerer Art.
Eine brutale persönliche Rivalität entstand 1783, ein Jahr
nach dem Triumph des Illuminismus auf dem Konvent von
Wilhelmsbad, zwischen Weishaupt und Knigge. Sie bezog
sich sowohl auf charakterielle Gegensätze als auf Mei-
nungsverschiedenheiten über die Ausrichtung des Ordens.
Weishaupt warf Knigge eine zu große Freizügigkeit gegenüber den mystischen Strömungen und sogar Verrat an

einflußreichen Mitgliedern vor, Knigge klagte Weishaupt des politischen und antireligiösen Sektarismus an.

Der Illuminismus verkörperte somit in sich die Problematik der initiatorischen Gesellschaften jener Zeit, denn jede Tendenz bekämpfte alle andern, und für alle ging es um Macht und Einfluß.

Diese Richtungskämpfe hatten, wie schon erwähnt, ihren Höhepunkt 1782 auf dem Konvent von Wilhelmsbad erreicht, vor allem, weil hier den esoterischen Strömungen ein Dämpfer aufgesetzt worden war, dadurch daß ihre mythische Abstammung vom Templerorden in Abrede gestellt wurde. Das hatte die Rosenkreuzer zu den geschworenen Feinden der Illuminaten werden lassen. Sie ließen denn auch keine Gelegenheit aus, um diese als revolutionäre Geister und Atheisten zu beschuldigen und ihnen insbesondere vorzuwerfen,»die christliche Religion auszuhöhlen und aus der Freimaurerei ein politisches System zu machen«.[34]

Andrerseits wurden die Illuminaten in den preußischen Staaten als austrophil angegriffen. Dies machte sie auch zur Zielscheibe des Kurfürsten Karl Theodor von Bayern. Karl Theodor war vorher pfälzischer Kurfürst mit Residenzen in Schwetzingen und Mannheim gewesen. Dort hatte Mozart ihn kennengelernt und für ihn die Oper»Idomeneo« 1780 komponiert.

Angestachelt durch seinen Beichtvater, einen Jesuiten namens Frank, und einen Renegaten des Ordens namens Utzenschneider[35], schlug der Kurfürst zu: Am 24. Juni 1784 verbot er alle geheimen Gesellschaften, und ein Jahr später veröffentlichte er ein Edikt, das die Freimaurer und die Illuminaten namentlich anführte: Es folgten Bespitzelungen, Untersuchungen, Durchsuchungen, Verhaftungen und alle Feinde der Freisinnigen, besonders die geistlichen Herren, hatten alle Hände voll zu tun.

Aus Protest reichte Ignaz von Born am 2. September 1785 seine Kündigung als Mitglied der kurfürstlichen Akademie der Wissenschaften in München ein, gleichzeitig mit einem Brief, in dem es hieß, daß er den Prozeß gegen die sogenannten »Häretiker« als ein Urteil von Kannibalen ohne Eingeweide betrachte und daß er der geschworene Feind der unwissenden Mönche sei, die er als die Pest des Menschengeschlechts betrachte, daß ihnen nie die Erziehung junger Menschen anvertraut werden dürfe, daß für ihn Jesuitismus und Fanatismus dieselbe Bedeutung hätten wie Bosheit und Ignoranz, Abergläubigkeit und Dummheit, daß, in einem Wort, seine Denkweise das genaue Gegenteil von der sei, für die Bayern berühmt sei...[36]

Wegen ihrer starken Verzweigungen fanden die Illuminaten Zuflucht in Österreich. Joseph II. wollte sie benutzen, um eine seiner wesentlichen politischen Zielsetzungen zu erreichen: den Austausch der Österreichischen Niederlande gegen Bayern. Als dieser Plan scheiterte, sah der Kaiser keinen Sinn mehr darin, die Tätigkeiten von Vereinigungen zuzulassen, die nicht bereit waren, sich der Kontrolle des Staates zu unterwerfen. Das Handbillett von 1785 war das Ergebnis. »Zweifellos haben die verschiedenen Auseinandersetzungen der damaligen Geheimgesellschaften die Entscheidung Josephs II. gefördert. Aber die Spaltungen und Richtungskämpfe waren sicher nur ein Aspekt dieser komplexen Problematik.«[37]

Man muß sich anhand neuer Forschungsergebnisse sogar die Frage stellen, ob Born und seine Anhänger nicht Schuld am Edikt von Joseph II. waren oder es sogar angeregt hatten.[38]

Die Lage war um so komplexer als eine große Anzahl von Scharlatanen, Spinnern, Schwindlern und regelrechten Gaunern von der Begeisterung der Zeit für Vereinigungen, die eine Aufnahme mit einer Einweihung verbanden, profitierten, um sogenannte »geheime« Gesellschaften nach dem freimaurerischen Modell ins Leben zu rufen.

Hier muß Emmanuel Swedenborg (1688–1772) erwähnt werden, der verkündete, magische Beziehungen zu Gott und den Engeln zu haben, die ihm seherische Fähigkeiten verliehen hätten. Fähigkeiten, die er seinen Anhängern nach ihrer Aufnahme aufgrund eines Rituals, das von der Freimaurerei herstammte, weitervermitteln konnte. Einer seiner Getreuen, Martinez Paschalis, nutzte die Ideen Swedenborgs auf eigene Rechnung aus und gründete den »Tempel der schottischen Auserwählten« mit einer Hierarchie von neun Graden. Dieses System wurde später von einem Bewunderer Paschalis, Louis Claude Marquis de Saint-Martin (1743–1803) der durch seine schriftstellerische Begabung beeindruckte, nochmals abgeändert.[39]

Großen Eindruck machte zu jener Zeit auch der Arzt Franz-Anton Mesmer (1734–1815), Freimaurer, Lehrer an der Universität von Wien. In seiner Thesenarbeit »De planetarum influxu« wies er auf den Einfluß der Himmelskörper auf die Körper der Lebewesen hin, und 1780 verkündete er als neue Lehre, daß der tierische Magnetismus das Lebensprinzip aller organischen Wesen überhaupt darstelle.

Aufgrund von Versuchen aber kam man zum Ergebnis, daß das magnetische Fluidum in Wirklichkeit gar nicht existierte, daß aber die Wirkungen, die man ihm zuschrieb, Menschen eigen war, die andern geistig überlegen waren. Daraus schlußfolgerte man, daß man Menschen von großer Geistigkeit auswählen müsse, um den Magnetismus mit Hilfe des Willen und des Glaubens betreiben zu können...

Hierdurch kam es zu einem neuen Schisma in der Maurerei und, im Jahre 1783, zur Gründung einer Vereinigung maurerischen Charakters unter der Bezeichnung »Ordre de l'Harmonie Universelle« in Paris. In ihr sollten Anhänger, »gereinigt durch die Einweihung«, die Fähigkeit erlangen, den Mesmerismus auszuüben und zu verbreiten.[40] Wenn auch Mesmers System als reiner Bluff betrachtet werden muß, so kommen ihm selbst unbestreitbare wissenschaftliche Verdienste zu. Heute wird Mesmer als einer der Väter der Psychotherapie anerkannt. Mozart hat ihn gekannt. Mesmer hatte in seinem herrschaftlichen Hause die Aufführung von »Bastien et Bastienne« veranstaltet, und in »Cosi fan tutte« wendet Despina auf parodistische Art den Magnetismus an den beiden »Toten« Ferrando und Guglielmo an.

Mesmer war gleichzeitig in Verbindung und in Konflikt mit Joseph Balsamo, genannt Cagliostro (1743–1795). Dieser hatte als bewundertes Vorbild den »Comte de Saint-Germain« (1707?–1784), von dem man weder den wahren Namen noch den Ursprung kennt. Er gründete seinen außergewöhnlichen Ruhm auf der Tatsache, daß er behauptete, mehr als 4000 Jahre alt zu sein, Jesus und die Apostel gekannt zu haben und ein Lebenselixier zu besitzen!

Cagliostro selbst war in einer Londoner Loge 1777 initiiert worden. Nach Frankreich kam er mit dem Ruhme eines Magiers und eines freimaurerischen Großmeisters. In Lyon, wo der Mesmerismus, der Swedenborgismus und andere -ismen Hochkonjunktur hatten, gründete er eine neue Loge und war schnell als Wahrsager und Wunderheiler berühmt. In Straßburg bekam er einen geradezu unheilvollen Einfluß auf Kardinal Louis de Rohan, einen leidenschaftlicher Anhänger der Alchimie, der ihm ungeheure Summen zukommen ließ. Durch Cagliostro wurde der Kardinal in die berüchtigte »Affaire du Collier« verwickelt. 1784 gründete Cagliostro sein eigenes maureri-

sches System – mit 90 Graden! – unter dem Titel: »Ägypti-
scher Ritus«. Es war offen für männliche und weibliche
Logen, was originell war, mit magischen, spiritistischen,
alchimistischen Riten, was wiederum weniger originell
war, dafür aber um so attraktiver. Ein Jahr später brach
Cagliostro mit der regulären Freimaurerei, und wurde
einer ihrer größten Verleumder. Seine Behauptungen sollten eine verheerende Wirkung haben. In der Tat, 1789
wagte sich Cagliostro in die Höhle des Löwen, nach Rom,
wo er von den Häschern des Heiligen Offiziums verhaftet
wurde. Sein Prozeß begann 1790, und die römische Kurie
veröffentlichte sein »Geständnis« unter dem Titel: »Com-
pendio della vita e delle gesti di Giuseppe Balsamo che si è
stratto del processo contro de lui formato in Roma l'anno
1790 e che si può servire di scorta per conoscere l'indole
della setta dei libri muratori. In Roma 1791 nella Stampe-
ria della rev. Camera apostolica.«[41] Cagliostro sagte darin
aus, daß die zwölf großen Geheimoberen des Illuminismus
den Beschluß gefaßt hätten, die Weltrevolution auszulö-
sen, beginnend mit Frankreich. Diesen Beschluß hätten
sie sogar mit ihrem Blut unterzeichnet![42]

Schließlich gab es noch Frauenlogen, die sogenannten
»Adoptionslogen«. Bekanntlich war die Freimaurerei ursprünglich ein reiner Männerbund. Die Verfassung An-
dersons beschränkt in Artikel 3 die Aufnahme in den
Orden auf »Männer guten Rufes« und schließt Sklaven,
Frauen, unmoralische und ehrlose Menschen ausdrücklich aus. Vorbehalte eines Teiles der Freimaurer gegenüber »Schwestern« und einer gemischten Maurerei dauern
auch heute noch an: »Die sogenannte Unfähigkeit der
Frauen, Geheimnisse bewahren zu können, ist pure Ab-
surdität, nicht aber ihre Schwierigkeit, unter sich eine
soziale Gleichstellung anzunehmen, auch nicht eine Sen-

sibilität, die viel stärker ist als die der Männer. In einer in sich abgeschlossenen Welt, wo diese bloßliegt, wäre die Lebhaftigkeit gewisser weiblicher Reaktionen um ein Vielfaches gesteigert, was auf Kosten des Geistes der Brüderlichkeit ginge. Man hat auch die allzu schnelle Feindseligkeit geltend gemacht, die Frauen untereinander hegen können, besonders wenn sie verschiedenen Alters sind, sowie die unbestreitbare Gefahr, der der Geist der Brüderlichkeit durch eventuelle Ehebrüche ausgesetzt wäre, nicht zu vergessen die Hahnenkämpfe, die so beliebt bei ›allumeuses‹ sind.«[43]

Die Adoptionslogen wurden vielfach als »liebenswerte Kleinigkeit« oder »Schäfermaurerei« angesehen. Ihre Entwicklung begann in Frankreich in den 60er Jahren des XVIII. Jahrhunderts und in Wien zu Anfang der 80er Jahre. Ihre Tolerierung, zum Beispiel durch den »Grand Orient de France«, war aber keine »de jure«-Anerkennung. Die Adoptionslogen waren auf dem Muster der sogenannten »Blauen Logen« aufgebaut, es gab also nur Zeremonien für die drei ersten Grade, die ein eigenes Ritual hatten.[44] Zudem wurden sie unter die Aufsicht der männlichen Maurer gestellt, die ihnen vorstanden, ja sie zum Teil sogar leiteten.[45]

So gesehen stellt die Initiation Paminas in der »Zauberflöte« eine echte geistige, soziale und kulturelle Revolution dar: »Ein Weib, das Nacht und Tod nicht scheut,/ist würdig und wird eingeweiht«. Da mußten den Traditionalisten doch die Haare zu Berge stehen!

Wiener Freimaurer der 80er Jahre

ADAMBERGER, JOHANN VALENTIN (1743–1804)
(Johann) Valentin, der erste Belmonte der »Entführung aus dem Serail«, war in München geboren und hatte in Italien und in England (King's Theatre, London) gesungen. Auf Einladung Josephs II. kam er 1780 nach Wien. Adamsberger wurde 1784 Mitglied der Loge »Zur gekrönten Hoffnung«. Er wurde Mozarts Freund. Dieser schrieb für ihn: »Per pietà«, KV 420, »Misero«, KV 425 b/430 und die Tenorpartien des »Davidde penitente«, KV 469, und des »Schauspieldirektors«, KV 486. Die Solopartien der Maurerischen Kantaten, KV 471 und KV 623, sind ihm ausdrücklich gewidmet.

ALBERTI, IGNAZ († 1802)
Drucker, Verleger, zu Anfang Mitglied der Loge »Zum heiligen Joseph«, trat Alberti nach 1785 der Loge »Zur neugekrönten Hoffnung« bei. Von Mozart druckte er die drei Lieder »Sehnsucht nach dem Frühling«, KV 596, »Erwacht zum neuen Leben«, KV 597, »Das Kinderspiel«, KV 598. Vor allem aber gab er 1791 das Textbuch der »Zauberflöte« heraus. Dazu schuf er selbst die Deckelradierung, deren maurerischer Gehalt unverkennbar ist. 1792 veröffentlichte er zugunsten von Constanze und ihren Kindern die »Maurerrede auf Mozarts Tod«, die von Karl Friedrich Hensler (1759–1825) in der Loge »Zur gekrönten Hoffnung« gehalten worden war.

APPONYI, ANTON GEORG GRAF VON (1751–1817)
Nach seinen Studien wurde Apponyi 1779 als Regierungs-
rat für Galizien nach Fiume benannt. Er war einer der
Promotoren der Erbauung eines Kanals zwischen Donau
und Theiß. Als großer Musikliebhaber organisierte er mit
seiner »Gesellschaft der associierten Cavaliers« öffentliche
Oratorienaufführungen, zu denen Mozart ab 1788 eingeladen wurde. Apponyi war 1784 in der Loge »Zur wahren
Eintracht« aufgenommen worden und sprach sich zugunsten der Aufnahmen in die Freimaurerei von Haydn auf,
der ihm seine Quartette op. 71 und 74 widmete. Apponyi
wurde 1812 Gründungsmitglied der »Gesellschaft der
Musikfreunde«, der er ab 1814 bis zu seinem Tode vor-
stand.

ARTARIA, PASQUALE (1755–1785)
In Norditalien geboren, kam Pasquale Artaria 1770 nach
Wien, um dort einen Kunsthandel zu eröffnen. 1780 erhielt er zudem die Erlaubnis, ein Verlagshaus damit zu
verbinden. Artaria verlegte Werke von Haydn, Mozart,
Beethoven, Pleyel, Hummel und machte sich ebenfalls um
die Verbreitung bedeutender Architekturprojekte verdient.
1783 wurde er in die Loge »Zur gekrönten Hoffnung«
aufgenommen. 1786 trat er der Sammelloge »Zur neugekrönten Hoffnung« bei.

BAUERNJÖPEL, JOSEPH ANTON VON (1738–1801)
Bauernjöpel war Mitglied der Böhmischen Kanzlei und
wurde als Komponist maurerischer Lieder bekannt. Zur
Zeit der Aufnahme Mozarts in die Freimaurerei war er
Mitglied der Loge »Zur wahren Eintracht«. 1790 war er
Erster Aufseher in der Loge »Zur gekrönten Hoffnung«.

BLUMAUER, ALOYS (1755–1798)
Blumauer war Jesuitenzögling gewesen. 1782 wurde er in die »Wahre Eintracht« aufgenommen. Er war einer der engagiertesten Verfechter des Illuminismus und gehörte zu den bedeutendsten Vertretern der Aufklärung in Österreich. Bekannt wurde er auch als einer der hauptsächlichen Mitarbeiter des »Journals für Freymaurer« und durch seine unzähligen maurerischen Lieder und Kantaten. Internationale Berühmtheit erhielt er durch eine Nachdichtung der »Äneide«.

BORN, IGNAZ VON (1743–1791)
Herausragender Wissenschaftler, Mineraloge, Schriftsteller, geboren in Karlsburg (Siebenbürgen), Zögling der Jesuiten, 1760 sogar Mitglied des Ordens. Er wurde einer der schärfsten Gegner des Mönchwesens. Sein Buch »Specimen monachologiae« (1783) ist eine bitterböse Satire gegen das Klosterleben, in der er die verschiedenen Orden einteilt nach den von Linné auf die Tierwelt angewandten Klassifizierungen und sie mit Ungezieferarten vergleicht. Er war der Hauptvertreter der Aufklärung und Leitfigur der Wiener Freimaurerei zu Mozarts Zeit. Ab März 1782 war er Meister vom Stuhl der Loge »Zur wahren Eintracht«, in die er dank Angelo Soliman aufgenommen worden war, und gab ihr eine Orientierung im Geiste des Illuminismus. Er nahm die Gesellenaufnahme von Vater und Sohn Mozart vor. Mozart schrieb für ihn die Kantate: »Die Maurerfreude« KV 471. Born wurde auch noch Meister vom Stuhl der Loge »Zur Wahrheit« bei ihrer Einsetzung, gab aber alle Maurerwürden im September 1786 auf, sowohl aus Gesundheitsgründen als auch aus Protest gegen die von den führenden Maurern eingeschlagene Neuorientierung, die einherging mit einer zunehmenden Unterdrückung des Illuminismus und einem Wiederer-

starken esoterischer Tendenzen. Obschon sein Abgang einer verbitterten Resignation gleichkam, bekannte er sich bis zu seinem Lebensende zu einer fortschrittsorientierten Freimaurerei. Bedeutsam sind in dieser Hinsicht der berühmt gewordene Brief an die bayerische Hofkanzlei und die Veröffentlichung einer Geschichte des Illuminismus in Bayern, die viel Aufsehen erregte. Die meisten Kommentatoren der »Zauberflöte« sehen in ihm das Vorbild der Figur des Sarastro.[46]

COBENZL, JOHANN PHILIPP GRAF (1741–1810)
Hofkanzler Cobenzl war eine der einflußreichsten Persönlichkeiten des Reiches. Er war ein glühender Verfechter des Illuminismus, wie sein Bruder *Ludwig*. Als geschickter Diplomat und begabter Politiker hatte er im Mai 1779 durch den Frieden von Teschen den bayerischen Erbfolgekrieg zwischen Österreich und Preußen beendet, wodurch er ein außergewöhnliches Prestige errang. Mozart war bei ihm zum Diner eingeladen worden, wie er stolz in einem Brief an den Vater vom 24. 3. 1781 vermeldete, und hatte auch in seinem Waldhaus gastiert, wo ihn die von Cobenzl angelegte künstliche Grotte besonders fasziniert hatte. (Brief vom 13. 7. 1781).[47]

ESTERHÁZY VON GALÁNTHA, NIKOLAUS II. FÜRST
(1714–1790)
Genannt »der Prächtige«, war Nikolaus von Esterházy einer der großen Herren seiner Zeit. Ab 1763 arbeitete er an der Vollendung des Schlosses Esterháza in Süttör (heute Fertöd) bei Ödenburg (heute Sopron in Ungarn), an dem Haydn während dreißig Jahren als Kapellmeister wirkte und über 160 Werke schrieb. Mozart begegnete ihm in der Loge »Zur gekrönten Hoffnung«, in der er 1790 als Zeremonienmeister wirkte. Seinen Vetter, *Franz Graf*

Esterházy von Galántha (1715–1785), genannt »Quin-
quin« (Hofmannsthal wird sich an ihn bei der Niederschrift
des Librettos zum »Rosenkavalier« erinnern), wurde zu
seinem Tode in der ursprünglichen Loge »Zur gekrönten
Hoffnung« eine Trauerzeremonie zuteil, während der die
»Maurerische Trauermusik« erklang. Sein Sohn, *Franz
Seraphim* (1758–1815), war Kämmerer und Privatrat an
der Kaiserlichen Kanzelei in Siebenbürgen. Auch er gehörte der »Gekrönten Hoffnung« an, ebenso wie sein Neffe
Johann Baptist (1748–1800), genannt »der Rothaarige«,
einer der großen Förderer Mozarts während dessen Wiener Jahren. Er war Gast bei mehreren Konzerten Mozarts;
speziell festgehalten ist seine Präsenz bei der Aufführung
von Mozarts Arrangement des »Messias« von Händel.
Johann Baptist Esterházy unterhielt selbst ein Orchester,
das von Paul Wranitzky geleitet wurde. Schließlich gab es
ein anderes Logenmitglied der Familie Esterházy mit Vornamen *Johann*, dessen zweiter Vorname aber *Nepomuk*
war (1754–1840). Er gehörte einem andern Zweig an und
machte seine Laufbahn als Verwalter in Hermannstadt
(Siebenbürgen).[48]

FESTETICS, GEORG GRAF (1756–1819)

Georg Graf Festetics gehörte einer alten ungarischen
Adelsfamilie an und war ein glühender Patriot. Er besaß
ein prachtvolles Schloß in Keszthely am Plattensee (Bala-
ton), auf dem er jährlich ein Symposium, genannt »Heli-
con«, abhielt, zu dem die ungarischen Schriftsteller und
Wissenschaftler eingeladen waren. Anno 1790 verfaßte er
eine Petition zugunsten des Gebrauches der ungarischen
Sprache in der Armee. 1797 gründete er eine Schule für
Agronomie, genannt »Georgicon«, die die erste dieser Art
in der österreichisch-ungarischen Monarchie war. Er trat
1782 der Loge »Zur wahren Eintracht« bei.

FORSTER, JOHANN GEORG (1754–1794)
Forster war bei Danzig geboren und wurde Naturwissenschaftler. Er hatte seinen Vater bei dessen Weltreise auf den Schiffen von Cook zwischen 1772 und 1775 und danach Alexander von Humboldt während dessen Europareise von 1790 begleitet. Georg Forster wurde zum Begründer der literarischen Reiseerzählung. Weil er sich 1792 für einen Anschluß des Rheinlandes an das republikanische Frankreich ausgesprochen hatte, wurde er mit dem Reichsbann belegt. Er blieb im Dienste der französischen Regierung bis zu seinem Tode in Paris im Jahre 1794. Er war Mitglied der berühmten Pariser Loge »Aux neuf Sœurs«. Auf einer Reise nach Vilnius, wo er einen Lehrstuhl an der Universität erhalten hatte, hielt er sich längere Zeit in Wien auf. Hier wurde er den Logen »Zur wahren Eintracht« und »Zur Wohlthätigkeit« angegliedert, wovon ein eindrucksvolles Dankesschreiben Zeugnis ablegt.

GEBLER, TOBIAS PHILIPP FREIHERR VON (1726–1786)
Gebler war Vizekanzler der Böhmischen Kanzlei in Wien. Er setzte sich für die Ernennung des Freimaurers Lessing als Leiter des geplanten Nationaltheaters in Wien ein. Sein Drama »Thamos«, 1773 veröffentlicht, kündigt den Geist und die Ideen der »Zauberflöte« an. Mozart schreibt dafür eine Musik, die eine bedeutsame Etappe in der Entwicklung des Komponisten darstellt. Gebler war Großmeister der zweiten Distriktloge »Zum neuen Bund« im Rahmen der Großen Landesloge und 1786 erster Meister vom Stuhl der Loge »Zur neugekrönten Hoffnung«.

GEMMINGEN-HORNBERG, OTTO HEINRICH FREIHERR VON (1755–1836)
In Heilbronn geboren, war Gemmingen ein zu seiner Zeit hochgeschätzter Theaterautor. Er stand zuerst im Dienst

des Hofes von Mannheim, bevor er nach Wien umzog. Im Jahre 1779 hatte er seine »Mannheimer Dramaturgie« veröffentlicht, die internationale Beachtung fand. Ein Jahr zuvor hatte er für Mozart das Libretto zu »Semiramide« geschrieben. Text und Musik des Werkes sind leider verlorengegangen. Von 1784 bis 1785 veröffentlichte er »Das Magazin für Wissenschaft und Kunst«. Gemmingen war gleichzeitig Anhänger des Illuminismus und der Asiatischen Brüder. Er war 1782 Meister vom Stuhl der Loge »Zur Beständigkeit«, gehörte auch der Loge »Zur gekrönten Hoffnung« an und wurde 1783 Mitbegründer und Meister vom Stuhl der Loge »Zur Wohlthätigkeit«. Noch am 21. März 1786, als die Loge schon seit drei Monaten aufgelöst und in die »Neugekrönte Hoffnung« übergegangen war, schrieb er sich als solcher ins Stammbuch von Kronauer ein. Er hat Mozart zum Eintritt in die Freimaurerei bewegt und als Meister vom Stuhl auch seine Aufnahme in die Loge »Zur Wohlthätigkeit« vollzogen.

GIESE(C)KE, KARL LUDWIG (1761–1833)
Sein wahrer Name war Johann Georg Metzler. Geboren in Augsburg, war er von Beruf Mineralogist. 1783 begann er mit einigem Erfolg Theaterstücke zu schreiben und als Schauspieler aufzutreten. Er schrieb auch die beachtenswerte deutsche Fassung der Libretti von »Le Nozze di Figaro« und »Cosi fan tutte«. Im Jahre 1789 trat er Schikaneders Truppe bei. Er schrieb für ihn das Libretto zu »Oberon« nach der Märchensammlung »Dschinnistan« des Freimaurers Christoph Martin Wieland (1733–1813). 1801 verzichtete er auf seine Künstlerlaufbahn und widmete sich ganz der Wissenschaft und dem Unterricht. 1814 wurde er zum Professor der Mineralogie an der Universität von Dublin ernannt. 1818 kehrte er nach Wien zurück und

behauptete, der Verfasser des Textbuches zur »Zauberflöte« zu sein. Ob er an dessen Erarbeitung beteiligt war, bleibt eines der kontroversesten Themen der Mozartforschung. Gieseke wird 1790 als »anwesender Bruder« der Loge »Zur gekrönten Hoffnung« aufgeführt.

GLUCK, CHRISTOPH WILLIBALD (1714–1787)
Der bedeutende Komponist und Erneuerer der Oper war eine der großen Musikerpersönlichkeiten seiner Zeit. Das Datum seiner Aufnahme in die Maurerei ist nicht bekannt, auch ist seine Zugehörigkeit zum Orden nicht völlig abgesichert. Mozart stand in enger Verbindung mit ihm seit seiner Niederlassung in Wien. Er nahm an den Proben und Aufführungen von »Iphigenie« und »Alceste« teil. Auf Initiative von Gluck wurde Mozarts Oper »Die Entführung aus dem Serail« 1782 wieder auf den Spielplan gesetzt. Im selben Jahre luden sich Gluck und Mozart gegenseitig ein. 1783 improvisierte Mozart über eine Arie aus »Die unvorhergesehene Begegnung« von Gluck, und diese Improvisation diente als Grundlage für die Klavier-Variationen KV 455 von 1784. Eine Arie aus »Alceste«: »Non vi turbate« steht am Ursprung des Andantino für Klavier KV 236/588b und Glucks Ballett »Don Juan« von 1761 wird von Mozart in den »Nozze« zitiert.

GREINER, FRANZ SALES, HOFRAT VON (1730–1798)
Hofrat Greiner war der Protégé von Maria Theresia. 1717 wurde er als Hofkriegssekretär geadelt. Zwei Jahre später wurde er zum Wirklichen Hofrat ernannt. Er schuf den Frondienst in Böhmen ab. Als Anhänger der Aufklärung und Mitglied der sogenannten »Studiengesellschaft« wurde ihm die Verantwortung für die Organisation des Schulsystems anvertraut. Sein gastfreundliches Haus und sein »Salon« wurden von vielen Persönlichkeiten dieser

Zeit, darunter Mozart und Haydn, besucht. Seine Tochter, Caroline Pichler, war Dichterin und Journalistin. Ihr verdanken wir eine Anzahl von Anekdoten zu Mozarts Leben und Benehmen.

HASCHKA, LORENZ LEOPOLD (1749–1827)
Dichter, Sekretär von Greiner, Mitglied der Loge »Zum heiligen Joseph«, Autor der Kantate »Dir Seele des Weltalls« und, auf Anregung Haydns, des Textes der »Kaiserhymne«: »Gott erhalte Franz den Kaiser«, die erstmals am 12. Februar 1797, dem Geburtstag des Herrschers, gesungen wurde. Sie war Haydn derart lieb, daß er sie als Thema und Variationen in seinem Quartett C-Dur, op. 76/3, verwandte, das dadurch als »Kaiserquartett« berühmt wurde.

HAYDN, FRANZ JOSEPH (1732–1809)
Als zweiter Sohn eines Wagners begann Haydn seine Musiklaufbahn als Sängerknabe des Stephansdoms. Nach einer kurzen Verpflichtung bei Graf Morzin bei Pilsen wurde Haydn zum Kapellmeister auf Schloß Esterháza ernannt. Er blieb während dreißig Jahren im Dienste des Fürsten. Man weiß nicht, wann Mozart und er sich kennenlernten, aber in den Jugendsymphonien und den Divertimenti Mozarts spürt man den Einfluß, den Haydn auf den jungen Komponisten ausübte, ein Einfluß, der entscheidend wurde für die Entwicklung des klassischen Streichquartetts. Mozart schrieb seinen Komplex von sechs Quartetten, die er dem verehrten Meister widmete, unter dem Schock, den Haydns sechs »Russische Quartette« bei ihm ausgelöst hatten. Die Freundschaft zwischen den beiden großen Musikern bestätigte und verstärkte sich nach Haydns Logeneintritt. Haydn blieb zeit seines Lebens Freimaurerlehrling. Mozart und Haydn sahen sich zum letzten Male am 14. 12. 1790, vor Haydns Abfahrt nach

London, auf Einladung von Johann Peter Salomon, der Mozart denselben Vorschlag gemacht hatte. Sehr betroffen vom Tode seines Freundes, wird Haydn für dessen Kinder sorgen.

HOFDEMEL, FRANZ (1755?–1791)
Hofdemel war Beamter am Wiener Gerichtshof und wurde Mitglied der Loge »Zur neugekrönten Hoffnung«. Mozart hatte bei ihm 100 Gulden im März 1789 ausgeliehen, wahrscheinlich, um die geplante Reise nach Norddeutschland und Berlin zu finanzieren. Seine Gattin, Maria Magdalena, geborene Pokorny (1766–1804?), nahm Klavierunterricht bei Mozart. Am Tage nach Mozarts Tod versuchte Hofdemel seine schwangere Frau zu verstümmeln und tötete sich dann selbst. Diese »Affäre« wirbelte viel Staub in Wien auf und wurde mit Mozart in Zusammenhang gebracht: Bevor er seine Wahnsinnstat beging, hätte Hofdemel Mozart vergiftet, weil dieser der Liebhaber Magdalenas gewesen sei.[49]

HOFFMANN, LEOPOLD ALOIS (ALOYS) (1748–1806)
Professor für deutsche Sprache und Literatur zuerst in Bude, dann in Wien, Sekretär von Gemmingen, später Sekretär der Loge »Zur Wohlthätigkeit«, war Hoffmann auch Mitglied des Orden der Illuminaten, in dem er den Beinamen Sulpicius trug. Anläßlich der Überschwemmungskatastrophe vom März 1784 hatte er ein Gedicht drucken und in den Zeitungen zugunsten der Opfer und der Notleidenden anbieten lassen: Der Reinertrag betrug 4184 Gulden, die seine Loge »Zur Wohlthätigkeit« dem Armeninstitut zur Verfügung stellte.[50] Er trat noch der Loge »Zur neugekrönten Hoffnung« bei, als er schon anonyme Pamphlete gegen die Freimaurerei veröffentlichte: »Briefe eines Biedermanns an einen Biedermann

über die Freymäurer in Wien«, in München 1786 herausgegeben. Als Lohn für seine Judasarbeit wurde er zum Professor an der Universität Wien ernannt. In der von ihm veröffentlichten »Wiener Zeitschrift« mit dem Untertitel: »zur Verbannung der schlechten Aufklärung und des Revolutionsschwindels in allen Ländern« startete er die entscheidende Kampagne gegen seine »Brüder«, indem er sie als Anstifter und Anführer des »Jakobinerkomplottes« in mehreren Pamphleten angriff: »Höchst wichtige Erinnerungen zur rechten Zeit über einige der allerernsthaftesten Angelegenheiten dieses Zeitalters«, »Aktenmäßige Darstellung der Deutschen Union und ihrer Verbindung mit den Illuminaten-, Freimaurer- und Rosenkreutzerorden«, Wien, und »Die zwo Schwestern P... und W... oder neu entdecktes Freymaurer- und Revolutionssystem. Ganz Deutschland, besonders aber Österreich aus Originalfreimaurerschriften vorgelegt«, Wien (Anmerkung: P... und W... sind Paris und Wien.)

JACQUIN, GOTTFRIED VON (1763–1792)
Mitglied der Böhmischen Kanzlei, Schüler, engster Freund und Logenbruder von Mozart. Er war der Sohn von *Nikolaus Joseph von Jacquin* (1727–1817), Botanist, Professor an der Wiener Universität, dessen gastfreundliches Haus für Mozart ab 1783 eine Zufluchtsstätte wurde. Mozart befreundete sich ebenfalls mit Gottfrieds Geschwistern: *Joseph Franz* (1766–839), Botanist wie sein Vater, dem er den Doppelkanon KV 228 (515b) ins Stammbuch schrieb, und *Franziska* (1763–1853), die seine Schülerin wurde und für die er die Klaviersonate für vier Hände in C-Dur KV 521 und den Klavierpart des »Kegelstatt«-Trios, KV 498 schrieb. Mit *Gottfried* aber hatte Mozart die engsten Beziehungen. Ihm teilte er als erstem den Tod seines Vaters mit (29. Mai 1787), ihm überließ er einige seiner

Kompositionen, die unter Jacquins Namen veröffentlicht wurden. Gottfried schrieb in Mozarts Stammbuch:»Liebe, Liebe, Liebe: das ist die Seele des Genies!«[51]

KRONAUER VOM WALDECK, JOHANN GEORG (1743–1799)
Privater Sprachlehrer, besonders fürs Französische. Mitglied der Sammelloge »Zur Neugekrönten Hoffnung«. In sein Stammbuch schrieben sich mehr als 70 bekannte Freimaurer, oft mit Zeichnungen und für Initiierte vertrauten Symbolen, ein. So Mozart, der am 30. März 1787 als »wahrer aufrichtiger Freund und O(rdens):. Br(uder):. Wolfgang Amadé Mozart, Mitglied der Sehr E(hrwürdigen): ☐ Zur Neugekrönten Hoffnung im O(rient):. v(on):. W(ien):.« zeichnet und mit zwei Dreiecken in Spiegelung sich als Sympathisant, wenn nicht Anhänger der Asiatischen Brüder ausweist.[52]

LANGE, JOHANN JOSEPH (1751–1831)
Geboren in Würzburg, war Joseph Lange ein vielseitig begabter Mensch. Er war Maler, Pianist, Porträtist. Berühmt aber wurde er als Schauspieler. Von 1770 bis 1810 war er Mitglied des Burgtheaters. Er wurde der erste Wiener »Hamlet«. In zweiter Ehe heiratete er Aloysia Weber und wurde so Mozarts Schwager. Er malte dessen berühmtes unvollendetes Portrait. Seit 1781 gehörte er der rosenkreuzerischen Loge »Zu den sieben Himmeln« an, die als Loge »Zur Beständigkeit« weitergeführt wurde. 1790 trat er der neuerweckten Loge »Zum heiligen Joseph« bei.

LICHNOWSKY, KARL VON (1756–1814)
Lichnowsky war der Eidam der Gräfin von Thun, der großen Förderin Mozarts. Er war anfangs Mitglied der Loge »Zur gekrönten Hoffnung«, sodann von Mozarts

Loge »Zur Wohlthätigkeit«. Als Mozarts Schüler begleitete er ihn 1789 auf dessen Reise nach Norddeutschland,
brach aber die Reise ab, nicht ohne noch Geld von Mozart
geborgt zu haben. Er wurde berühmt als Beschützer des
jungen Beethoven in Wien, verkrachte sich aber mit ihm
1806. Sein jüngerer Bruder, *Moritz* (1771–1837), war
ebenfalls Schüler Mozarts und blieb Beethovens Freund.

PAAR, WENZEL JOHANN JOSEPH FÜRST (1719–1792)
Paar hatte die Erzherzogin Marie-Antoinette 1770 nach
Frankreich zu ihrer Heirat mit dem späteren Louis XVI.
begleitet. Er zählte zu den ersten österreichischen Freimaurern: Schon 1742 wurde er in die Loge »Aux trois
Canons« aufgenommen. 1784 trat er Borns Loge »Zur
wahren Eintracht« bei. Sein Sohn Wenzel war auch Meister vom Stuhl der »Neugekrönten Hoffnung«.[53]

PÁLFFY, CARL HIERONYMUS GRAF (1735–1816)
Der ungarische Graf war Patriot und Nationalist. Er zählte
zu den glühendsten Verehrern Mozarts. Er hatte ihn als
sechsjährigen Wunderknaben in Linz gehört und trug viel
dazu bei, seinen Ruhm in Wien zu fördern. Nannerl und
Wolfgang spielten ebenfalls in seinem Hause, am 16. Oktober 1762. Pálffy trat 1782 der Loge »Zur gekrönten
Hoffnung« bei. Er war als Anhänger der Asiatischen Brüder bekannt. Er war Großmeister der ungarischen Logen
und trat nach dem Logenzusammenschluß der »Neugekrönten Hoffnung« bei, in deren Verzeichnis er als erster
auf der Liste der »Ehren-Mitglieder und Besuchenden
Brüder« steht.

PUCHBERG, JOHANN MICHAEL (1731–1822)
Geschäftsmann, Mitbesitzer des Textilgeschäftes Michael
Salliet auf dem »Hohen Markt«. Puchberg war Mitglied

der Schwesterlogen »Zu den drei Adlern« und »Zum Palmbaum«. Nach dem Edikt Josephs II. trat er der Loge »Zur Wahrheit« bei, in der er bis zu deren Deckung am 8. Juli 1787 als Schatzmeister wirkte. Mozart wandte sich mehrmals an ihn, als er mit seinen Geldnöten nicht fertig wurde, und Puchberg lieh ihm mindestens 1415 Gulden, was heute fast 50 000 DM entspräche. Mozart widmete ihm das Streichtrio Es-Dur KV 563. Ironie des Schicksals: Puchberg starb selbst in der Verarmung.[54]

RIESBECK, JOHANN CASPAR
Riesbeck ist der Autor eines zu seiner Zeit berühmten Buches: »Briefe eines reisenden Franzosen« (1783), das nach dem Modell der »Lettres Persanes« von Montesquieu, auf äußerst kritische und böse Art, die Arroganz der Adeligen und ihren Umgang mit den ihnen Untergebenen angreift.

SCHIKANEDER, EMANUEL JOHANNES JOSEPHUS (1751–1812)
Schikaneder wurde in Straubing geboren und kam 1773 in Regensburg zum Theater. 1778 machte er sich unabhängig. 1780 traf er Mozart in Salzburg. 1789 übernahm er das Wiener »Theater auf der Wieden«, das ihn unsterblich machte, besonders durch die Schöpfung der »Zauberflöte«, in der er selbst die Rolle des Papageno spielte. Von 1807 bis 1809 leitete er das Theater von Brünn (Brno). Er starb in geistiger Umnachtung. Als Pionier eines neuen Musiktheaters, als Autor von mehr als 50 Stücken und 40 Opernlibretti kündete er Nestroy und Raimund an. Schikaneder war in Regensburg Freimaurer geworden, doch hatte ihn seine Loge »Karl zu den drei Schlüsseln«[55] »wegen seines sittlichen Benehmens« für sechs Monate »eingeschläfert«. Schikaneder scheint den Gesellengrad nicht überschritten zu haben. Es ist nicht bewiesen, daß er

nach seiner Ankunft in Wien 1789 einer Loge beigetreten ist. Es kann aber nicht ausgeschlossen werden, daß er als »Besuchender Bruder« an Logenarbeiten, etwa gemeinsam mit Mozart, teilgenommen hat. Sein maurerisches Engagement ist jedenfalls nicht zu leugnen, wie seine Zusammenarbeit mit Mozart 1790/91 an der »Zauberflöte« beweist. Daß er ebenfalls der Textautor der Kantate KV 623 war, ist nicht erwiesen, ist sogar zweifelhaft. Diese muß eher Gieseke zugeschrieben werden.

SOLIMAN, ANGELO (1726–1796)
Nach der Legende war er der Sohn eines afrikanischen Fürsten, der im Alter von sieben Jahren geraubt worden war. Er wurde Johann Georg Christian Fürst Lobkowitz zum Geschenk gemacht und begleitete ihn während zwanzig Jahren auf seinen Schlachtzügen. 1753 wurde er dem Prinzen Joseph Liechtenstein »weitervermittelt«. Er wurde dessen Kämmerer und errang die Gunst Josephs II. 1781 wurde er in die Loge »Zur wahren Eintracht« aufgenommen, was die Vorwürfe von Rassismus, die den Maurern gemacht wurden, doch beträchtlich abschwächt. Dort bekleidete er den Posten des »Frère terrible« (Fürchterlichen Bruders)[56] bei den Einweihungsritualen und den des Zeremonienmeisters. Er veranlaßte bekanntlich am 14. November 1781 die Aufnahme von Born in seine Loge, wo er auch Mozart als »Besuchenden Bruder« kennenlernte. Nach seinem Tode wurde er, auf Befehl von Kaiser Franz II., ausgestopft und als Kuriosität ausgestellt. Diesem Trauerspiel machte während der Revolution von 1848, ein Kanonenschuß der das »Naturkundliche Kabinett« zerstörte, ein Ende.

SONNENFELS, JOSEPH REICHSFREIHERR VON
(1732 oder 1733–1817)
Als Theaterdirektor, Vorsitzender der Akademie der Schönen Künste und enger Freund Lessings, war Sonnenfels an der Schaffung einer neuen deutschen Oper interessiert, und seine Ideen standen denen von Mozart sehr nahe. Beide sollten sich in der Freimaurerei wiederfinden. Sonnenfels war Großmeister der ersten Distriktloge »Zur wohlthätigen Eintracht« der Großen Landesloge und mitverantwortlich für die Herausgabe des »Journals für Freymaurer«. Sein Zerwürfnis mit Born über die Orientierung der Freimaurerei nach dem Handbillet Josephs II. ist einer der Hauptgründe für die Probleme der Loge »Zur Wahrheit« und ihre Auflösung nach nur anderthalb Jahren.

STADION, JOHANN PHILIPP REICHSGRAF (1763–1824)
Stadion war in einer Münchener Loge aufgenommen worden und wurde zum Meister in der »Wahren Eintracht« erhoben. Er war Botschafter in Stockholm, London, Berlin, Sankt Petersburg und machte eine glänzende diplomatische Karriere, bevor er Graf Cobenzls Nachfolger wurde, um die Außenpolitik des Reiches zu leiten. Nach der österreichischen Niederlage von 1809 gegen Napoleon mußte er zurücktreten. 1813 gelang es ihm aber, die Allianz zwischen Österreich, Preußen und Rußland gegen den französischen Kaiser zu schmieden. Sein Bruder *Friedrich Lothar*, Kurfürst von Mainz, war bekannt als Anhänger des Illuminismus.[57]

STADLER, ANTON PAUL (1753–1812)
STADLER, JOHANN NEPOMUK FRANZ (1755–1804)
Die beiden Brüder waren Mitglieder der kaiserlichen Hofkapelle. Beide spielten Klarinette und Bassetthorn. Mozart hat für Anton Stadler, der 1785 in die Loge »Zum Palm-

baum« aufgenommen worden war[58], das Klarinettenquintett KV581, das Klarinettenkonzert KV622, die Fragmente KV516c, d, e sowie die Solopartien für Klarinette der Oper »La Clemenza di Tito« komponiert, die Stadler bei der Uraufführung des Werkes in Prag spielte. Im Jahre 1800 verfaßte Anton Stadler auf Wunsch von Graf Georg Festetics den »Musick Plan« für eine Musikschule in Keszthely.

SWIETEN, GOTTFRIED VAN
(1733–1803)
Geboren in Leiden (Niederlande), war er der Sohn des künftigen Hofarztes der Kaiserin Maria Theresia. Er begann seine diplomatische Laufbahn 1755 in Wien. Von 1770 bis 1777 war er Botschafter Österreichs am Hofe Friedrichs II. von Preußen. Dort entdeckte er die Musik von Bach und Händel, die er in Wien in seinen sonntäglichen »Hausmusiken« bekannt machte. Wolfgang nahm mit Begeisterung an diesen Konzerten teil. Gottfried van Swieten war der Freund Mozarts, Haydns und Beethovens: Er war der einzige, der 1789 noch für eine Subskriptionsliste Mozarts unterzeichnete.[59] Er regte diesen auch zur Neuinstrumentierung der Oratorien von Händel an; für Haydn schrieb er die freimaurerisch inspirierten Libretti zu »Die Schöpfung« und »Die Jahreszeiten«, Beethoven widmete ihm seine erste Symphonie. Selbst Komponist von Symphonien und eines zu seiner Zeit berühmten Vaudevilles: »Les talents à la mode«, verdient Gottfried van Swieten besser bekannt zu werden. H. C. Robbins Landon verneint, daß er Freimaurer gewesen sei[60], sein Name steht aber auf dem »Verzeichnis einiger berühmter Illuminaten« des »Haus-, Hof- und Staatsarchivs«[61]. Diese Zugehörigkeit führte dazu, daß er am Todestage Mozarts seine offiziellen Ämter verlor.

THUN-HOHENSTEIN, JOHANN JOSEPH ANTON VON
(1711–1788)
THUN, FRANZ DE PAULA JOSEPH VON (1734–1800)
Als Mitglied einer alten österreichischen Adelsfamilie
stand *Johann Joseph Anton* (1711–1788) an der Spitze der
böhmischen Linie dieser Familie. Er residierte abwech-
selnd in Linz und in Prag, wo er ein eigenes Theater
unterhielt. Die Familie Thun stand seit den Jahren 1762/
63 in Beziehung mit der Familie Mozart. 1783 empfing
Fürst Johann Joseph Anton von Thun Mozart in Linz und
bot ihm seine Gastfreundschaft an. Mozart revanchierte
sich, indem er ihm seine Symphonie C-Dur KV 425, die
sogenannte »Linzer«, widmete. 1787 war Mozart ebenfalls
sein Gast in Prag und verbrachte dort eine der glücklich-
sten Zeiten seines Lebens. Eines der elf Kinder des Fürsten, sein Sohn *Franz de Paula Joseph*, war, wie er selbst,
Mitglied der Loge »Zur wahren Eintracht«, deren Deputierter Meister er wurde. Er hatte in Wien ein ebenso
gastfreundliches Haus wie sein Vater. Franz de Paula
Joseph war Anhänger der Asiatischen Brüder und des
Mesmerismus, ein Mystiker und großer Musik- und
Kunstkenner. Seine Gattin *Maria Wilhelmine von Uhlfeld*
(1747–1800) unterhielt den berühmtesten »Salon« Wiens,
der nur eine Konkurrenz hatte, den »Salon« der Gräfin
Pergen, der Gattin des Polizeichefs, in dem sich der kon-
servative Adel traf. Die Gräfin Thun empfing regelmäßig
die Freimaurer, darunter Mozart. Sie war eine seiner bedeutendsten Beschützerinnen. Sie regte u. a. die Komposition der »Entführung aus dem Serail« KV 384 an. Das Paar
hatte drei Töchter, die wegen ihrer Schönheit die »Drei
Grazien« genannt wurden: Elisabeth (1764–1806), die
1788 Fürst Andreas Rasumowsky, den russischen Botschafter in Wien und zukünftigen Gönner Beethovens
heiratete, Christine (1765–1841), die ebenfalls 1788 Fürst

Carl von Lichnowsky heiratete, und Maria Karoline
(1769–1800), die 1793 die Gattin von Richard Meade, Earl
of Clanwilliam, britischer Botschafter in Wien, wurde. Die
Schwester der Gräfin, Maria Elisabeth (1747–1791), hatte
1765 Graf Georg von Waldstein und Wartenberg
(1743–1791) geheiratet, der 1784 für Mozarts Akademien
subskribiert hatte.

TINTI, ANTON FREIHERR VON (1737–1800)
TINTI, BARTHOLOMÄUS FREIHERR VON (1736–1792)
Hofräte, Violonisten, Logenbrüder und Freunde Mozarts.
Sie sind in seiner Biographie bekannt geworden, weil sie
am 12. Februar 1785 mit Leopold und Wolfgang die drei
letzten der sechs Haydn gewidmeten Quartette in Mozarts
Wohnung zu Ehren seiner Logenaufnahme spielten. Sie
haben wahrscheinlich auch das berühmte Gemälde in
Auftrag gegeben, das die Loge »Zur gekrönten Hoffnung«
darstellt und ein Schlüsselwerk für das Verständnis der
Freimaurerei in Wien zur Ära Josephs II. ist. Es wurde von
ihrem Nachfahren Rudolf von Tinti dem Historischen
Museum in Wien vermacht.

TRATTNER, JOHANN THOMAS EDLER VON (1717–1798)
Trattner war Hof- und Universitätsdrucker und be-
herrschte das Wiener Verlagswesen fast 50 Jahre lang.
1783 in die Loge »Zu den drei Adlern« aufgenommen, war
er 1784 und 1785 Schatzmeister der Loge »Zum Palmbaum«. Zwischen 1773 und 1777 hatte er den »Trattner-
hof« errichten lassen, eine der repräsentativsten baulichen
Leistungen der Josephinischen Zeit. Die Mozarts haben
dort von Januar bis September 1784 gelebt, und Wolfgang
unterrichtete seit 1781 die zweite Frau des Buchhänd-
lers, *Maria Theresa von Trattner, geborene von Nagel*
(1758–1793), die mit 18 Jahren Trattner, damals 59jährig,

geheiratet hatte. Welcher Art war die Beziehung zwischen dem Komponisten und seiner Schülerin, die nur zwei Jahre jünger war als er? Man wird es wohl nie wissen, weil ihr Briefwechsel verschwunden ist. Immerhin zählen die beiden Werke, die Mozart Maria Theresa gewidmet hat die Klaviersonate C-Moll KV 457 und die Fantasie für Klavier C-Moll KV 475, zu seinen persönlichsten, tiefsten und eindringlichsten überhaupt.

WATTEROTH, HEINRICH JOSEPH (1756–1819)

Professor am Theresianum und an der Universität Wien, wo er den Lehrstuhl der Politwissenschaften von Sonnenfels übernommen hatte. Watteroth war Mitglied der Loge »Zur wahren Eintracht«. Als ferventer Anhänger Voltaires schrieb er ein Traktat über die Toleranz, das den Zorn des Wiener Kardinals Migazzi hervorrief. Migazzis Haß auf die Freimaurerei war so groß wie sein Konservatismus und seine Engstirnigkeit. Nach 1790 verbündete sich Watteroth mit Leopold Alois Hoffmann im Kampf gegen seine vormaligen Logenbrüder. Das brachte ihm die Ehre ein, die Verordnungen von Leopold II. verfassen zu dürfen.

WRANITZKY, PAUL (1756–1808)

Hochgeschätzt als Violonist, Orchesterleiter und Komponist war Wranitzky 1784 in der Loge »Zur gekrönten Hoffnung« aufgenommen worden. Er war der Freund Haydns und dirigierte 1799 die erste öffentliche Aufführung der »Schöpfung«. Er gewann auch die Freundschaft Beethovens. Für Schikaneder komponierte er, auf das Libretto von Gieseke, »Oberon« nach Wieland. Der Freimaurer Goethe hatte sich 1796 an Wranitzky gewandt, um die Musik zu einer von ihm konzipierten Fortsetzung der »Zauberflöte« zu schreiben. 1799 war Wranitzky Mittelsmann zwischen Constanze Mozart und dem Verleger Johann Anton André für den Verkauf des handschriftlichen Nachlasses von Mozart.

ZAUNER, FRANZ ANTON VON (1745–1822)

Zauner war Bildhauer und Dozent an der Akademie der Schönen Künste. Er wurde berühmt durch das Reiterstandbild Josephs II., das er zwischen 1795 und 1807 verwirklichte. Im September 1784 trat er in die Loge »Zur wahren Eintracht« ein. Als großer Bewunderer von Born, dem er seine Skulptur »Genius Bornii« gewidmet hatte, folgte er diesem in die Sammelloge »Zur Wahrheit«.

ZEILLER, FRANZ ANTON VON (1751–1828)

Zeiller war Jurist und wurde 1778 zum Dozenten für Naturrecht an der Wiener Universität ernannt. Er war einer der typischsten Vertreter des Josephinismus'. Im September 1782 wurde er in die Loge »Zur wahren Eintracht« aufgenommen, wo er sich durch regen Logenbesuch auszeichnete. Seine größte Leistung ist das Allgemeine Bürgerliche Gesetzbuch, das er 1811 vollendete.

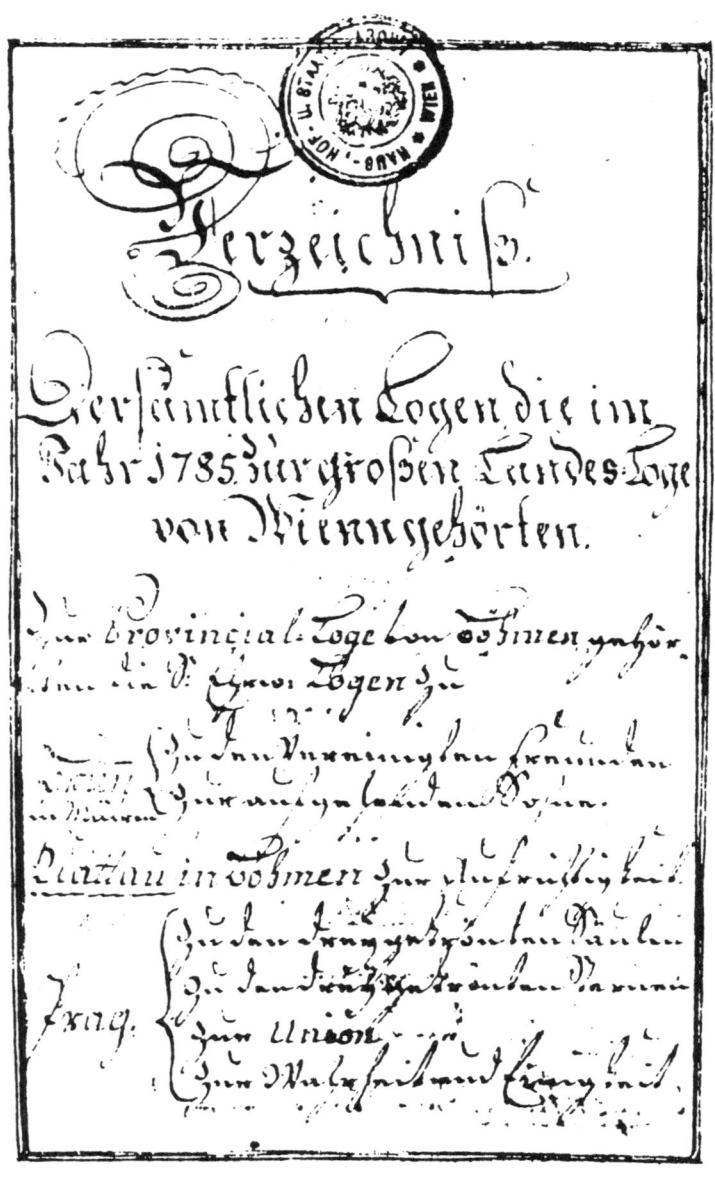

Verzeichniß.

Der sämtlichen Logen die im Jahr 1785 zur großen Landes-Loge von Wienn gehörten.

Zur Provincial-Loge von Böhmen gehörten die St. Johannis Logen zu

Plattau in Böhmen zur Aufrichtigkeit

Prag.
{ Zu den drey gekrönten Säulen
{ Zu den drey gekrönten Sternen
{ Zur Union
{ Zur Wahrheit und Einigkeit

II.
Mozart als Freimaurer

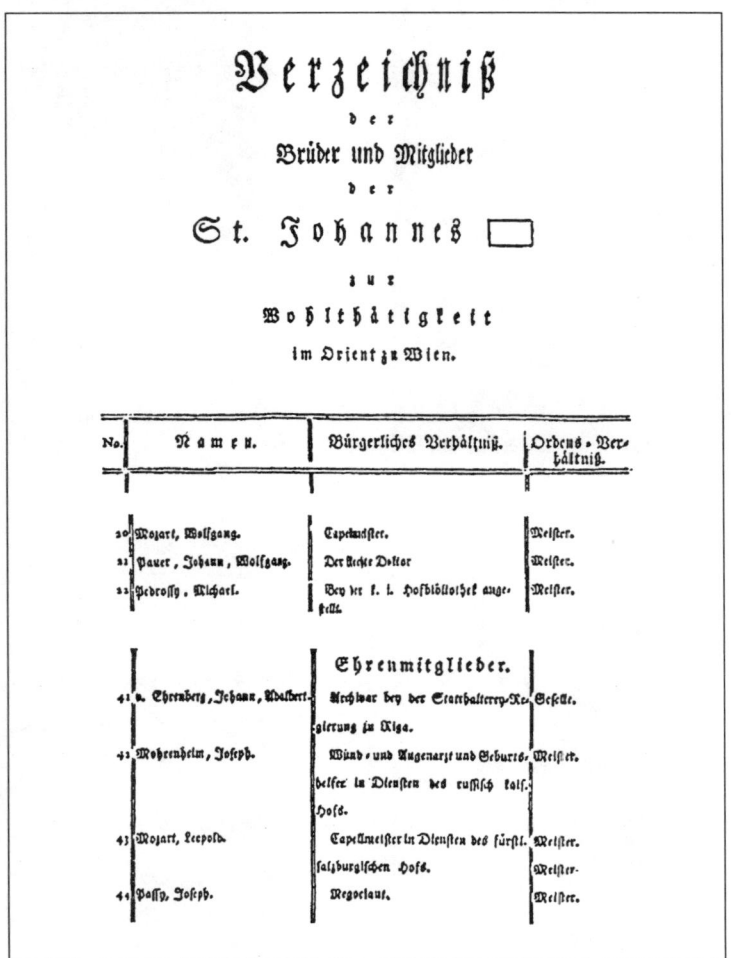

Titelseite des Mitgliederverzeichnisses von 1785

Franz Graf Esterházy v. Galántha

Bruder Mozart (rechts) in der Loge
»Zur gekrönten Hoffnung«

Leopold Mozart

Aus dem Präsenzbuch »Zur wahren
Eintracht«

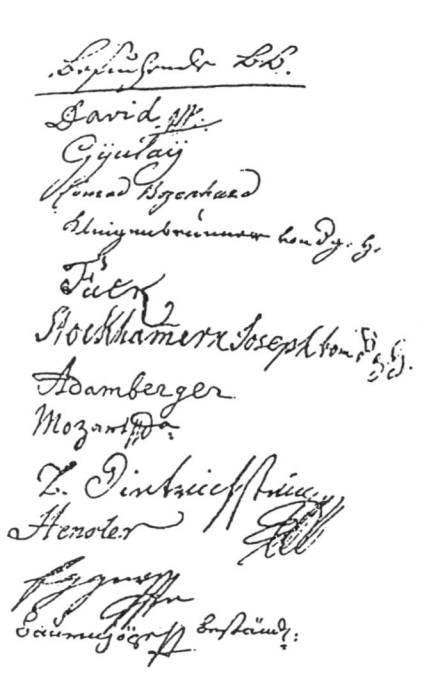

Mozarts Einweihung

Zu einem für ihn bedeutsamen Zeitpunkt seines Lebens und in einer Zeit reger kultureller Tätigkeit in Wien klopfte Wolfgang Gottlieb Mozart an die Pforten des Logentempels an und bat, als Freimaurer in der Loge »Zur Wohlthätigkeit« aufgenommen zu werden. Dies geschah am Dienstag, den 14. Dezember 1784 um halb sieben im Hause »Zum rothen Krebsen« Nr. 464 am Kienmarkt.

In der bescheidenen Loge waren jeweils etwa 50 Brüder zur Maurerarbeit im Tempel zugegen. Er befand sich im zweiten Stock des Weinbrenner-Hauses, das die Mitglieder der Loge »Zur wahren Eintracht« für 900 Gulden jährlich gemietet hatten – eine beträchtliche Summe, die heute etwa 31 500 DM ausmachen würde. Dieser Tempel wurde, nach schriftlicher Vereinbarung, ebenfalls von der am 2. Februar 1783 gegründeten Loge »Zur Wohlthätigkeit« benutzt gegen einen jährlichen Mietbeitrag von 250 Gulden, was heutigen 730 DM Monatsmiete entspricht.[62]

Gemeinsam mit einem gewissen Wenzel Summer, Kaplan in Erdberg[63], (was die Wirkungslosigkeit der päpstlichen Bullen auf dem Gebiet der K. K. Monarchie beweist!) und gemäß dem von der Strikten Observanz festgelegten Ritual, so wie es beide Logen »Zur wahren Eintracht« und »Zur Wohlthätigkeit« anwandten, wurde Mozart als Freimaurerlehrling aufgenommen.

Die Art und Weise, wie Mozarts Aufnahme vollzogen wurde, kann anhand des Rituals beschrieben werden. Eine solche Beschreibung aber sagt rein gar nichts aus über den Charakter der Einweihungen und vor allem, sie kann nicht die Art, wie sie erlebt wurde und wird, nachvollziehen.

»In der Tat kann nichts, von dem was niedergeschrieben ist, Profanen etwas Wesentliches und Entscheidendes mitteilen, denn das ›maurerische Geheimnis‹ läßt sich nicht in den Büchern oder durch irgendeine mitteilbare Formel ergründen. Es offenbart sich allein durch die existenzielle und unmittelbare Erfahrung der Initiation selbst.(...) Deshalb ist dieses Geheimnis, das man Eingeweihten vorwirft und dessen man die Freimaurer anklagt, nur die unvermeidliche und logische Konsequenz ihrer Achtung vor der rein erlebnishaften Wahrheit der Initiation als solchen.«[64] Oder, wie Konfuzius sagte: »Der Geist kann wohl voranschreiten, er kommt nie so weit wie das Herz.«

Eines steht fest: Mozart hat seine Aufnahme in die Gemeinschaft der Freimaurer sehr intensiv erlebt, und ihre Bedeutung schlug sich nicht nur in seinen eigentlichen maurerischen Kompositionen nieder, sondern in einer ganzen Reihe von Werken, die in ihrer ganzen Sinnfülle nur verständlich werden, wenn man weiß, daß sie sich auf die Maurerei beziehen.

Die Freimaurerei wurde zum Bestandteil seines künstlerischen Schaffens, und ihre Sinndeutung fand ihren Höhepunkt in der »Zauberflöte«, der einzigartigen Darstellung des Weges des Profanen zum Licht.

Seit langem lebte Mozart in einer maurerischen Umgebung, aber erst am 5. Dezember 1784 ließ die Loge »Zur Wohlthätigkeit« folgendes Dokument in den Logen bekanntgeben:

»Vorgeschlagen Kapellmeister Mozart. – Unser abgegangener Secr: Br: Hoffmann vergaß diesen vorgeschlagenen bey den sehr ehrw: Schwester auszuschreiben, er ist schon vor 4 Wochen bey der hochw: Districts angesagt, und wir wollten daher kommende

Woche zu seiner Aufnahme schreiten wenn die sehr
ehrw: Schwester nichts gegen ihn einzuwenden hätten.

W. i. O. (Wien im Orient)

$57 \frac{5}{XII} 84$ Schwankhardt: Secr:«[65]

Es ist kein Geheimnis, daß Mozart seit langen Jahren enge
Beziehungen zu Freimaurern hatte und daß er ihre Ideen
zur Kunst und Gesellschaft teilte. Sein Eintritt in die
Freimaurerei wird für ihn um so bedeutsamer, als er sich
dort als gleichwertiger Partner mit der Elite seiner Zeit
trifft und als er von Freunden auf seinem maurerischen
Wege geleitet wird, die für ihn Brüder werden.

Es ist aber bemerkenswert, daß er nicht um Aufnahme in
der Loge »Zur wahren Eintracht«, der Wiener Prestige-
Loge, angefragt hat, sondern in der viel kleineren und
bescheideneren Loge »Zur Wohlthätigkeit«. Wir wissen
aber, daß es zwischen den beiden Bauhütten enge Verbin-
dungen und zahlreiche gemeinsame Arbeiten und maurerische Feiern gab, so etwa das jährliche Johannisfest zur
Sommersonnenwende. In der Loge »Zur Wohlthätigkeit«
fand Mozart als Meister vom Stuhl Otto von Gemmingen
wieder, der 1778 sein Förderer in Mannheim gewesen war
und durch den er im gleichen Jahre in Paris den Komponisten und Freimaurer Le Gros und seine Freunde kennenlernte.

1784 hatte Mozart Krisen verschiedener Art durchlebt:
psychologische, philosophische, affektive. Insbesondere
die Trennung von Theresa von Trattner, unter deren Dach
die Mozarts gewohnt hatten und zu der Wolfgang eine tiefe
Bindung hatte, muß ihn sehr geschmerzt haben. Ende
September 1784 hatte er diese Wohnung verlassen; im
Oktober widmete er Theresa die Sonate KV 457 und im
Mai 1785 die Fantaisie KV 475. Man kann im Vergleich

der beiden Meisterwerke die Läuterung nachvollziehen, die Mozart seit seiner Aufnahme in die Maurerei mitgemacht hatte.

Darüber hinaus war Mozart seit mehreren Jahren ein Anhänger des »Sturms und Drangs« und der Ideale der Aufklärung und zeigte Sympathien für den Geist des Illuminismus, »ein progressistischer, antimystischer, irreligiöser, rationalistischer Geist, der sozial und politisch prärevolutionär war« [66], und der den Zielsetzungen seiner Reifejahre vollkommen entsprach.

Voraussetzungen

Dank zahlreicher Freunde und Bekannte war Mozart das maurerische Milieu seit langem vertraut. Schon im Alter von elf Jahren hatte er einen ersten Kontakt zu ihm. Von einem Fleckfieber geheilt, widmete er Dr. Joseph Wolff aus Olmütz, der ihn gepflegt hatte, ein Lied mit dem Titel: »An die Freude« in F-Dur KV 53. Man muß von der Annahme ausgehen, daß der Arzt dazu selbst den Text von Johann Peter Uz vorgeschlagen hatte. Es besteht nun aber kein Zweifel, daß Gehalt und Bedeutung des Textes maurerisch sind. Auch Schiller widmet seinen freimaurerischen Freunden eine »Ode an die Freude«. Man darf deshalb hier den ersten Kontakt Mozarts zur Freimaurerei ansetzen, auch wenn weder er noch sein Vater verstanden haben, um was es ging.

Man ging lange von der Annahme aus, daß Mozart mit sechzehn Jahren das Lied »O heiliges Band« KV 148, nach L. F. Lenz komponierte, dessen Text einer ausdrücklich als freimaurerisch vorgestellten Sammlung entstammt. Das Lied hat keine Klavierbegleitung, nur eine einfache Baßstimme, deren Verwandtschaft mit »O Isis und Osiris« aus der »Zauberflöte« erstaunlich ist. Es erscheint daher richtiger anzunehmen, daß es kurz nach dem Eintritt Mozarts in den Brüderbund geschrieben wurde, ohne daß es hierfür aber einen formellen Beweis gäbe.

Zwischen 1773 und 1779 komponierte und revidierte Mozart die Musik zu »Thamos« KV 345, auf das Textbuch von Gebler. Durch seinen hohen Geist, seine Würde und Tiefe ist das Werk ein Vorläufer der »Zauberflöte« und Ausdruck maurerischer Überzeugung, auch wenn der Komponist noch nicht fähig war, die damit verbundenen Symbole in Musik zu übertragen, aus dem einfachen Grunde, weil er sie nur schlecht oder überhaupt nicht kannte.

Im November/Dezember 1778 hatte Mozart in Mannheim Wolfgang Herbert von Dalberg, Staatsminister und Theaterintendant, Bruder von Karl Theodor, dem zukünftigen Bischofskoadjutor von Mainz kennengelernt. Auf seine Anregung hin komponierte er »Semiramide«, auf das Textbuch Otto von Gemmingens, nach einem Drama des Maurers Voltaire.

Man kann daher behaupten, daß Mozart, »ein Maurer ohne Schurz« war, ein Mensch, der sich einsetzte für »Freiheit, Gleichheit und Brüderlichkeit, der überzeugt war von der Notwendigkeit des Gedankenaustausches und einer gemeinsamen Arbeit zum Fortschritt der Menschheit und zur Förderung von Kunst und Wissenschaft. Durch seinen Eintritt in die Freimaurerei engagiert er sich tiefer und weitsichtiger in diese Arbeit, während er gleichzeitig eine geistige Erleuchtung – zumindest eine vermeintliche – erhält und die Wärme brüderlicher Freundschaft. In diesem Sinn darf man behaupten, daß er durch sein maurerisches Engagement gleichzeitig seine Selbstfindung abschloß.« [67]

In den Wiener Archiven, besonders im Haus-, Hof- und Staatsarchiv, gibt es eine Anzahl von Dokumenten, die kostbare Hinweise zu Mozarts Logenarbeit geben und die Ernsthaftigkeit seiner maurerischen Praxis und die Vielzahl seiner Logenbesuche belegen. Sie machen deutlich, daß die Freimaurerei ihn begeisterte, selbst wenn er keine Hochgrade und keine Ämter in den Logen angestrebt hat. Auch wenn fast alle Briefe Mozarts verschwunden sind, die auf seine Beziehungen zur Königlichen Kunst hätten hinweisen können, so hinterließ Mozart doch ein viel bedeutsameres Zeugnis seiner Verbundenheit mit dem Orden:

seine Musik. Sie verdeutlicht sein maurerisches Engagement und legt Rechenschaft ab über die Arbeit an sich selbst, die ihm die Symbolik der Freimaurerei ermöglicht hat, eine Symbolik, die Mozart wie kein anderer Komponist in seiner Musik transzendiert hat.

Mozarts Musik zeigt, wie sehr seine Verbundenheit mit der Königlichen Kunst gelebte Maurerei darstellt.

Angewandte Freimaurerei

Es gibt kaum Dokumente über die Logensitzungen von Mozarts Bauhütte »Zur Wohlthätigkeit«. Die Protokolle der Schwesterloge »Zur wahren Eintracht« sind uns aber erhalten geblieben und decken auf, daß er am Vorabend von Weihnachten 1784 »besuchender Bruder« in der von Born geleiteten Loge war[68]. Born weihte ihn auch in seiner Loge zum Gesellen am 7. Januar 1785: »sodann der br. Wolfang Mozard auf Ersuchen der S. Ehrw. Zur Wohlthätigkeit in den 2ten Grad mit den gewöhnlichen Ceremonien befördert.«[69]

Wann Mozart Maurermeister wurde, wissen wir nicht.[70] Mozart wird noch mehrfach als »besuchender Bruder« in der »Wahren Eintracht« erwähnt: am 14. und 28. Januar 1785 sowie am 16. und am 22. April 1785, als sein Vater zum Gesellen und zum Meister erhoben wurde, was deutlich macht, daß Wolfang am 22. April schon den Meistergrad erreicht haben mußte, denn niemand kann an einer Meistererhebung teilnehmen, der nicht selbst Meister ist.

Auch am 12. August und am 19. Dezember 1785, wo die Loge das Edikt Josephs II. diskutierte und ihre Deputation für die Versammlung der Landesloge vom 24. Dezember 1785 ernannte, zählte Mozart zu den »anwesenden Brüdern«.

Fest steht ebenfalls, daß Mozart sowohl seinen Vater als Haydn zum Eintritt in die Freimaurerei angeregt hat. Haydn zuerst: Am 29. Dezember 1784, zwei Wochen nach Mozarts Aufnahme, bittet Haydn den Zeremonienmeister der Loge »Zur wahren Eintracht« sich für ihn zu verwenden.

Am 24. Januar 1785 wird Haydn vorgeschlagen und »hell-leuchtend«, das heißt einstimmig, angenommen. Als Datum für seine Initiation wird der 28. Januar festgelegt. Mozart ist an diesem Abend in der Loge anwesend, um bei der Aufnahme seines Freundes zugegen zu sein. Haydn aber ist nicht gekommen, weil ihn das Einberufungsschreiben zu spät auf Schloß Esterháza erreicht hat.

Haydn wird am 11. Februar 1785 als Lehrling in die Loge »Zur wahren Eintracht« aufgenommen. Mozart kann allerdings nicht an der Zeremonie teilnehmen. Er leitet am selben Tag, zur gleichen Stunde, das erste seiner sechs Subskriptionskonzerte in der »Mehlgrube« und spielt dabei, in Anwesenheit seines Vaters, der an diesem Tag aus Salzburg in Wien angekommen ist, den Solopart seines Klavierkonzerts in D-Moll KV 466, das er erst am Vorabend fertiggestellt hat.[71] Leopold Mozart entdeckt die Popularität, die sein Sohn in Wien genießt.

Am nächsten Tage, am Samstag, den 12. Februar, veranstaltet Mozart bei sich zu Hause eine besondere Feier, um die Aufnahme seines Freundes Haydn in die Maurerei würdig zu begehen. Gemeinsam mit seinem Vater und den Logenbrüdern Anton und Bartholomäus von Tinti spielt er die drei letzten der sechs Quartette, die er Haydn gewidmet hat. An diesem denkwürdigen Abend sagt Haydn die berühmt gewordenen Worte, die Leopold stolz in einem Brief an seine Tochter Nannerl vom 14. Februar 1785 festhält: »H. Haydn sagte mir: ich sage ihnen vor gott, als ein ehrlicher Mann, Ihr Sohn ist der größte Componist, den ich von Person und dem Nahmen nach kenne: er hat geschmack, und über das die größte Compositionswissenschaft.«[72]

Im übrigen zeigt die Titelseite der Quartettedition bei Pasquale Artaria die sogenannten maurerischen »lacs d'amour«, als Darstellung der Bruderkette, des Symboles der brüderlichen Verbundenheit, die alle Maurer der Erde umschlingt. »Ihre Verknüpfung stellt auch das Geheimnis dar, das unsere Mysterien umschlingen soll. Ihre kreisförmige und bruchlose Ausdehnung sagt, daß das maurerische Reich der Tugend das ganze Universum im Symbol jeder Loge enthält.«[73]

Wolfgangs Vater, der »Kapellmeister« Leopold Mozart, wird zur Aufnahme am 28. März 1785, gemeinsam mit einem gewissen Joseph Bashy vorgeschlagen: »da beide in kurzem von hier abreisen werden, so haben wir um Dispens wegen ihnen angesucht.«[74]

Er wird am Mittwoch, den 6. April 1785, um 18.30 Uhr in der Bauhütte seines Sohnes als Maurerlehrling eingeweiht.[75]

Die »Ereignis-Protokolle« der Loge »Zur wahren Eintracht« vom 16. und 22. April 1785 vermerken zu diesen Daten die Aufnahme in den 2. resp. 3. Grad von Leopold Mozart.[76]

Wolfang ist bei allen drei Initiationen zugegen.

Am 24. April nehmen Vater und Sohn Mozart gemeinsam an einer feierlichen Logensitzung der »Gekrönten Hoffnung« zu Ehren von Ignaz von Born teil.[77] Wolfgang führt bei dieser Gelegenheit die Kantate »Die Maurerfreude« KV 471 auf. Den Solopart singt Valentin Adamberger. Die Partitur wird im gleichen Jahre vom freimaurerischen Verleger Artaria herausgegeben. Zu dieser Ausgabe schreibt der Maurer Wenzel Tobias Epstein das Vorwort.

Die Kantate wird noch mehrmals in den Logen aufgeführt, so am 1. Mai in der »Wahren Eintracht« und am 7. Mai 1785 in einer gemeinsamen Arbeit der Logen »Zum Palmbaum« und »Zu den drei Adlern«.[78]

Anläßlich der berühmten Feierstunde vom 24. April erhielt Born sogar einen Glückwunschbrief des Maurers Benjamin Franklin, der ebenfalls Komponist war und,

»wie man annimmt, zwei maurerische Lieder mitgeschickt hatte«.[79] Die Zeremonie wurde mit einer glanzvollen »Tafelloge« abgeschlossen.

Am nächsten Tag fuhr Leopold nach Salzburg zurück. Sein Sohn sollte ihn nicht mehr wiedersehen.

Das erste Werk, das Mozart für eine Logenarbeit schreibt, ist das Lied »Gesellenreise« in B-Dur KV 468 vom 26. März 1785. Es gilt für eine Aufnahme in den 2. Grad.

Auf dem einzigen erhaltenen Mitgliederverzeichnis der »Wohlthätigkeit«, aufgestellt »Auf Johannis 5785«, wird Mozart »Capellmeister«, als Nummer 20, angeführt.

Im Juli 1785 schreibt Mozart sein bedeutsamstes maurerisches Musikwerk, das gleichzeitig die enigmatischste seiner Partituren darstellt. Sie ist uns als »Maurerische Trauermusik« in C-Moll KV 277 bekannt. Wie Roger Cotte[80] und Autexier[81] nachgewiesen haben, handelt es sich um eine »Meistermusik«.

Autexier hat herausgefunden, daß die Musik für die Aufnahme am 12. August 1785 im Meistergrad eines venetianischen Maurers, Carl von König, geschrieben wurde, »dessen Loge von der Inquisition verboten worden war«[82] und der aus diesen Gründen die Stadt hatte verlassen müssen. Sie wird auch in der Loge »Zur gekrönten Hoffnung« am 17. November 1785 anläßlich einer Trauerfeier für zwei verstorbene Maurermeister: Georg August Herzog von Mecklenburg-Strelitz und Graf Franz Esterházy von Galántha, sowie am 7. Dezember 1785 in der Loge »Zu den drei Adlern« aus dem gleichen Anlaß aufgeführt.

Man weiß seit Nettls Nachforschungen[83], daß Mozart für die erwähnte Aufnahmezeremonie im 3. Grade die Musik für zwei andere maurerische Gesänge auf Texte von Gottlieb Leon, betitelt: »Des Todes Werk« und »Vollbracht ist die Arbeit des Meisters«, komponiert hat, diese sind aber verlorengegangen.

Am 27. September 1785 hat Mozart wahrscheinlich an der Aufnahme Anton Stadlers teilgenommen.

Am 20. Oktober 1785 wirkt Mozart an einem Unterstützungskonzert für zwei ausländische Virtuosen des Bassetthornes, Anton David und Vinzent Springer, mit, das gemeinsam von den Logen »Zu den drei Adlern« und »Zum Palmenbaum« veranstaltet wird: »PS: Br Mozart wird durch sein so sehr beliebtes Phantasiren die Bbr unterhalten«.[84]

Am 15. Dezember 1785 findet ein weiteres Konzert zugunsten derselben Brüder in der Loge »Zur gekrönten Hoffnung« statt. Mozart trägt dazu bei durch seine Kantate »Die Maurerfreude«, ein Klavierkonzert (man weiß nicht welches) und durch Improvisationen.[85]

Am 19. Dezember 1785 nimmt Mozart zuerst an einer Logensitzung der »Wohlthätigkeit« teil, während der die Auflösung prinzipiell angenommen und die Deputierten für die Sitzung der Landesloge vom 24. gewählt werden. Anschließend besucht er die »Wahre Eintracht«, die sich mit derselben Problematik auseinandersetzt. Mozart beantragt seine Aufnahme in die »Neugekrönte Hoffnung«.

Am 14. Januar 1786 erklingen die von Mozart komponierten Gesänge: »Zur Eröffnung der Loge« in B-Dur KV 483 und »Zum Schluß der Loge« in G-Dur KV 484. Sie stellen mit zwei anderen Gesängen für Solo und Männerchor, die verlorengingen[86], seinen Beitrag zur Eröffnung der Bauhütte »Zur neugekrönten Hoffnung« dar. Mozart nahm allerdings nicht an der Zeremonie teil wegen »Kopfschmerzen und Magenkrämpfen«, wie er in einem Brief an den neuen Meister vom Stuhl, Freiherr von Gebler, mitteilte.[87]

Wie wenig die Wiener Freimaurer die katastrophalen Folgen des Handbilletts von Joseph II. geahnt haben, das am Ursprung des Logenzusammenschlusses steht, beweisen

die Texte zu Mozarts Kompositionen: »Josephs Wohltätig-
keit/ Hat uns in deren Brust/ Ein dreifach Feuer brennt,/
Hat unsre Hoffnung neu gekrönt./ Vereinter Herzen und
Zungen/ Sei Joseph dies Loblied gesungen,/ Dem Vater,
der enger uns band.«[88]
Zu dieser Zeit schreibt Mozart auch sein »Adagio für zwei
Bassetthörner und Fagott« F-Dur KV 410 und das »Adagio
für zwei Klarinetten, zwei Bassetthörner und Baßklari-
nette« B-Dur KV 411, deren maurerische Bestimmung unbestreitbar ist.
Im dritten Monat des maurerischen Jahres 5786 ist Mozart
im Verzeichnis der »Neugekrönten Hoffnung« als »Capellmeister« im Meistergrad unter der Nummer 66 eingetragen.
Am 11. Januar 1787 ist Mozart in Prag Gast von Jan Joseph
Thun. Am Abend ist er bei Graf Emanuel Joseph Canal
zum sogenannten »Breitfeld-Ball« eingeladen, auf welchem die Arien aus »Figaros Hochzeit« zu Ehren kommen.[89] Der Freimaurer Canal hatte die Impulse zur Gründung der berühmten Prager Loge »Zur Wahrheit und
Einigkeit«, das Zentrum des Illuminismus in Böhmen,
gegeben und war deren Erster Aufseher. Zweiter Aufseher
war der Jesuit Raphaël Unger, Leiter der berühmten Prager Bibliothek, deren Besuch er Mozart ermöglichte. Gottlieb August Meissner, ein anderer berühmter böhmischer
Freimaurer, hält fest, daß Mozart an mehreren Arbeiten
der Loge während seiner Prag-Besuche teilgenommen
hat, unter anderem im Herbst 1787, während der Vorbe-
reitungen zur Uraufführung des »Don Giovanni«. Mozart
wohnte damals in den »Drei Löwen«, einen Katzensprung
vom Tyl-Theater entfernt, und bei den Duscheks auf der
Bertramka, wo er sich bei seinen Brüdern für die Gastfreundschaft revanchieren konnte.
Am 30. März 1787 schreibt sich Mozart ins Stammbuch

von Johann Georg Kronauer mit einem englischen Text ein: »Patience and tranquillity of mind contribute more to cure our distempers as the whole art of medecine«.[90]

Am 27. April 1787 schreibt Born in Mozarts Stammbuch auf lateinisch ein: »Dulcis Apollo! qui tuas artes, tua munera Mozarto nostro dedisti, ut poscenti chorda sonos reddat, quos vult manus et mens, acutos, graves, citos, tardos, canoros, querulos, magnos, parvos, sine ulla offensione concinentes; fac ut cum grata lyrae suae musica faustorum quoque dieri numeri consonent, et gratae sortis harmonia.« (Sanfter Apoll! der du deine Kunst und deine Gaben unserem Mozart derart zukommen ließest, daß die Saite, die durch ihn berührt wird, solche Töne hervorlockt, die Herz und Hand sich wünschen, hohe und tiefe, schnelle und langsame, fröhliche und ernste, lange und kurze Töne, die alle zusammen ohne jeglichen Widerspruch erklingen, bewirke daß mit der angenehmen Musik seiner Leier auch die Zahl seiner glücklichen Tage und die Harmonie eines wohlwollenden Schicksals im Gleichklang ist.)[91]

Am 12. Januar 1788 nimmt Mozart zusammen mit Johann Valentin Adamberger an einer Akademie in der Loge »Zur (Neu)gekrönten Hoffnung« teil, aus Anlaß der Hochzeit von Erzherzog Franz, des künftigen Vernichters der Freimaurerei in Österreich.[92] Im Verzeichnis der Loge »Zur gekrönten Hoffnung« von 1788 wird Mozart als »Anwesender Bruder« unter der Nummer 51 angeführt.

Im März 1789 bittet Mozart Franz Hofdemel um ein Darlehen von 100 Gulden und bestätigt ihm, daß seine Aufnahme in die Loge nicht mehr lange auf sich warten ließe: »Nun werden wir uns bald mit einem schönern namen nennen können! – ihre sache ist dem Ende sehr nahe!«[93] Ein Beweis mehr dafür, daß Mozart auf dem laufenden war über das, was sich in den Logen tat, und das konnte er nur wissen, sofern er an Sitzungen teilnahm.

In der Mitgliederliste der »Gekrönten Hoffnung« von 1790 wird Mozart unter den »Anwesenden Brüdern« aufgezählt, mit Angabe des Meistergrades. Er hat die Nummer 56.[94]

Im Juli 1791 trägt Mozart in das »Verzeichnüß« seiner Werke eine »Kleine deutsche Kantate« ein: »Die ihr des unermeßlichen Weltalls Schöpfer ehrt« KV 619 auf einen Text des maurerischen Pädagogen Franz-Heinrich Ziegenhagen.

Was die maurerische Kantate: »Dir Seele des Weltalls« KV 429 angeht, eine Hymne zum Johannisfest, so wirft sie eine Datierungsfrage auf, die zur Zeit nicht gelöst werden kann. Man muß aber davon ausgehen, daß sie zu einem Zeitpunkt geschrieben wurde, als Mozart schon eingeweiht war. Sie ist ganz in seinem letzten Schaffensstil gehalten.

Im September 1791 weilt Mozart zur Aufführung von »La Clemenza di Tito« in Prag und ist am 10. Gast der Loge »Zur Wahrheit und Einigkeit«, die zu seinen Ehren seine Kantate »Die Maurerfreude« aufführt. Bei dieser Gelegenheit kündigt Mozart seinen tschechischen Brüdern für bald ein neues großes maurerisches Werk an.[95]

Am 30. September 1791 leitet er die Erstaufführung der »Zauberflöte«, die eine unsterbliche Hymne auf die Ideale der Freimaurerei darstellt.

Mozart betritt zum letzten Male in seinem Leben eine Maurerloge am 18. November 1791. An diesem Tage nimmt er an der Einweihung eines neuen Tempels der »Gekrönten Hoffnung« teil und führt seine Kantate »Laut verkündet unsre Freude« KV 623 auf, die er drei Tage vorher fertiggestellt hat. Constanze wird gegenüber Vincent und Mary Novello 1829 zugeben müssen: »Er hatte eine maurerische Kantate geschrieben, die jene, für die sie geschrieben worden war, derart begeistert hat, daß er

freudestrahlend nach Hause kam: ›Habe ich doch gewußt‹, sagte er, ›daß ich nie etwas Besseres geschrieben
habe; ich glaube, dies ist das schönste meiner Werke‹.«[96]

Am 20. November erkrankt Mozart. Fünfzehn Tage später
geht er in den Ewigen Osten ein.

III.

Gelebte Freimaurerei

Mozarts letzter Eintrag in seinem »Verzeichnis«: »Eine kleine Freimaurerkantate«, 1791

Gottfried von Swieten

Joseph Haydn

Christoph Willibald Gluck

Titelseite der Kantate »Die Maurerfreude« KV 471

Rituale und Symbole

Die Freimaurerei ist ein System des Denkens und Nachdenkens, das sich im Laufe zahlreicher Jahrhunderte entwickelt hat und auf Traditionen und Erbschaften gründet, die vielseitig bedingt sind. Diese Erbschaften, so verschieden sie auch in ihrer Ausrichtung sein mögen, haben eines gemeinsam: Sie beruhen auf initiatorischen Praxen.

Freimaurer ist derjenige, der nach den bestehenden Riten in einer »gerechten und vollkommnen« Loge Aufnahme gefunden hat. Die Rituale können sich im Laufe der Zeit verändert haben, sie können sich von Kontinent zu Kontinent, von Zivilisation zu Zivilisation, von einem Kulturraum zum andern unterscheiden, in ihrem Wesen aber sind sie identisch, und ihre geistige Dimension ist seit Bestehen der Königlichen Kunst unverändert geblieben.

»Die Einweihung bildet jene Etappe der ›zweiten Geburt‹, die den Zugang zu einem höheren Grade gewährt. Der Prozeß des ›initiatorischen Todes‹ begreift ein Hinuntersteigen ins Innere der Erde, in die Unterwelt, die eine zusammenfassende Wiederholung aller vorherigen Lebensabschnitte ermöglicht. Deshalb kann eine Einweihung nicht beschrieben werden...«[97]

Dies ist um so wahrer, als jeder seine eigene Einweihung subjektiv erlebt und dieses persönliche Erlebnis nicht vermittelt und auf jemand anderen übertragen werden kann.

Der Eingeweihte stirbt vom profanen Leben hinweg und wird dem Lichte neu geboren, heißt es. Dieses Erlebnis ist unauslöschbar. Ein Maurer kann den Orden verlassen, er kann ihn leugnen, ihn verraten; in sich aber kann er seine

Initiation nicht abtöten, und diese ist ohne Alternative. Man ist ein Eingeweihter oder man ist es nicht, es gibt kein Zwischending.

Als Eingeweihter findet sich der neue Maurer als Bruder unter Brüdern wieder, von denen jeder einzelne, auf individuelle und persönliche Art, dieselbe kollektive Erfahrung gemacht hat. Deshalb gibt es keine Hierarchie in der Logenarbeit. Die einzigen Unterschiede zwischen den Maurern bestehen in den Graden sowie zu den Würdenträgern, die innerhalb der Loge und während der Tempelarbeit ein Amt bekleiden.

Die Arbeiten in den Logen bezwecken die Vervollkommnung des einzelnen in der Solidarität aller Brüder und die Vervollkommnung aller Brüder in der Solidarität mit der profanen Gesellschaft. Der Maurer ist überzeugt, daß der Mensch dazu fähig ist, aber er weiß auch, daß der Tempelbau nie vollendet wird. Jeder aber trägt seinen rohen Stein dazu bei und bearbeitet ihn in gemeinsamem Denken und Handeln mit seinen Brüdern. Um in seiner Arbeit voranzukommen, benutzt er den Reichtum der Symbole, die von allen Maurern des Erdkreises anerkannt sind, sowie die Strenge der Rituale und Riten. Darum ist die Loge »Zentrum der Welt«.

Als freier Mensch in einer freien Loge gehört der Maurer weder einer Schule noch einer Kirche an. Er ist nicht verpflichtet, Theorien anzunehmen und an Dogmen zu glauben. Die Freimaurerei ist weder die Hüterin einer Wahrheit noch die Beschützerin eines Glaubens. Sie beruft sich nur auf die Toleranz. »So wird der Maurer fähig, sich zu hinterfragen, sich in Frage zu stellen; und dank dieser Triebfeder des Fortschritts entdeckt er den Weg der Erkenntnis, aber auch den der Ordnung, die sowohl auf materieller wie auf geistiger Ebene herrschen muß.«[98]

Um auf seinem Weg zur Vollkommenheit weiterzukommen, benutzt der Maurer Symbole und Rituale: »Dank seiner Feierlichkeit, seiner archaischen Formeln, seines Rhythmus ermöglicht das Ritual die Integration des Eingeweihten, der zum Handelnden wird ...«[99]

Je nach der Bedeutung allerdings, die die Eingeweihten den Symbolen und Riten zukommen lassen, erhält die Maurerei einen anderen Charakter.

Für eine der Strömungen innerhalb der Königlichen Kunst bestehen die Symbole und Rituale sozusagen »in se« und werden zur Finalität, zum Endzweck der Maurerei. Ohne sie kein Heil.

Für die anderen sind sie das Mittel, das es den Maurern erlaubt, sich besser zu verstehen und sowohl die maurerische als die profane Welt, in welche erstere integriert bleibt, besser zu erfassen. Deshalb ist der Maurer verpflichtet, über diese Welt, die in dauernder Entwicklung ist, nachzudenken und zu versuchen, Einfluß auf diese Entwicklung zu gewinnen.

Diese beiden Tendenzen haben sich, unter verschiedenen Aspekten und Formen, seit den Ursprüngen der Institution herausgeschält und sich festgelegt. In jenen Tagen, als Mozart um Aufnahme im Tempel bat, offenbarten sie sich eindringlich in der Auseinandersetzung zwischen Rosenkreuzern und Illuminaten.

Musik in der Loge

S eit ihren Anfängen hat die Musik in der Freimaurerei eine nicht unbedeutende Rolle gespielt, sowohl für die Logenarbeit selbst als bei den geselligen Tafellogen. Komponisten und Interpreten gehörten zu den ersten, die in die Bruderkette aufgenommen wurden, und schrieben, sangen und spielten zu den Logenzeremonien Gesänge und Hymnen, so wie es Brauch in den Kirchen war.

Der erste, von dem wir wissen, daß er dies tat, war Rev. James Anderson, der Urheber des Konstitutionenbuches, das seinen Namen trägt und ebenfalls zwei Lieder enthält, den »Gesang der Meister« und den »Gesang der Aufseher«. Vom »Gesang der Meister« hat Jean-Jacques-Christophe Naudot (†1762), Maurer, Flötist und bedeutender Komponist, eine verkürzte Fassung hinterlassen, die in mehreren Hinsichten bedeutsam ist, insbesondere aber, weil sie eine musikalische Praxis bestimmt hat, die während des ganzen XVIII. Jahrhunderts Gültigkeit behielt: Die Melodien der Solisten werden von allen Brüdern, die zugegen sind, aufgenommen und zu Ende gebracht, oft auf einen ergänzenden oder veränderten Text.

Der Chorteil wurde sehr bald durch Instrumente ergänzt. Sie sollten sowohl den Gesang unterstützen als auch den Brüdern, die keine musikalische Ausbildung hatten, eine Hilfestellung geben. Da das Ergebnis noch riskierte, der erhebenden Atmosphäre abträglich zu sein, wurde empfohlen, daß bei mehrstimmigen Gesängen oder Chormusik ohne Instrumentalbegleitung nur die Brüder, die eine musikalische Ausbildung hatten, »sich darum kümmern sollten«.[100]

Diese Praxis entwickelte sich insbesondere in den Ländern, in denen der lutherische Einfluß maßgeblich blieb,
und man findet sie noch bei Jan Sibelius (1865–1957),
dem bedeutendsten freimaurerischen Musiker nach Mozart. Dieser läßt ganze Gesänge zwischen Solisten und
Chor alternieren.

Sie sollte sich noch zu einer anderen Entwicklung hin
orientieren, insofern der letzte Abschnitt des Sologesangs
vom Chor aufgegriffen wurde, dies mit dem Worte »Ja«,
als Ausdruck der Bestätigung für das, was vorher gesungen
worden war. Mozart benutzt diese Technik in »O heiliges
Band« KV 148. Doch schon zu seiner Zeit wurde das »Ja«
nach und nach aufgegeben, die Wiederholung eines Teils
des Solistentextes durch den ganzen Chors aber war allgemeine Praxis geworden. Sie sollte ihre Sublimierung in der
Hymne: »O Isis und Osiris« (Nr. 10) der »Zauberflöte«
finden.

*Woher stammten die in den Logen verwendeten Melo-
dien?*

Einerseits wurden Komponisten, die eingeweiht worden
waren, um neue Melodien gebeten. Man muß aber feststellen, daß uns nur wenige erhalten und überliefert wurden.

Andrerseits verwendete man bekannte Melodien weltlichen und geistlichen Ursprungs oder Weisen von Komponisten, die in Mode waren: Ein »Copyright« und Autoren-
rechte gab es damals noch nicht, jeder borgte und klaute,
wo er konnte. Diese Praxis findet sich auch bei Mozart
bestätigt. Er benutzt das »Incipit Lamentatio Jeremiae«
des Karfreitagsgottesdienstes [101] in seiner »Maurerischen
Trauermusik« KV 477, dem kostbarsten musikalischen
Kleinod, das es für eine maurerische Zeremonie gibt, und
er verwendet den lutherianischen Choral »Ach Gott vom
Himmel sieht darein« im Auftritt der »Zwei Geharnisch-

ten« vor den Prüfungen, die Tamino und Pamina in der »Zauberflöte« zu bestehen haben (28. Auftritt).

Ein weiteres konstitutives Element der maurerischen Musik sind die Rhythmen, die einerseits auf den rituellen Klopfzeichen der jeweiligen Grade, andererseits auf der Eigenart der verschiedenen maurerischen Obedienzen fußen. Unsere Schwierigkeiten heute beruhen auf der Tatsache, daß Form und Sinn der Klopfzeichen »beachtlich in Zeit und Raum variieren«[102], so daß es de facto unmöglich ist zu wissen, welche Klopfzeichen in den vergangenen Jahrhunderten in den Logen der verschiedenen Länder und in den verschiedenen Obedienzen benutzt wurden. Fest steht allerdings, daß im Ritual der männlichen Logen die Schläge auf der Zahl drei beruhten, während sie in den weiblichen Adoptionslogen auf der Zahl fünf fußten. Dieser Unterschied sollte für die »Zauberflöte« bedeutsam werden.[103]

Was wissen wir über die Instrumente, die im Tempel verwendet wurden?

Musikinstrumente dienten, wie schon erwähnt, dazu, dem Gesang der versammelten Brüder eine Stütze zu geben und das Ritual zu begleiten, darüber hinaus auch, den Fortlauf der Arbeiten zu unterstreichen.

In den französischen Bauhütten galt als übliches Instrumentarium ein Bläsersextett, bestehend aus zwei Oboen, zwei Fagotten und zwei Hörnern. Später wurden die Oboen durch die Klarinetten ersetzt. Diese Zusammenstellung erhielt in der Loge den Namen *Harmonie*, »im militärischen Sinn als eine Vereinigung von Holz- und Blechinstrumenten, im Gegensatz zur *Fanfare* (Blechbläser allein) und zur *Batterie* (Jagdhorn, Zinke, Trompete, Querpfeife, Trommel, große Trommel und Zimbel)«.[104] Aus diesem Grunde spricht man auch heute noch in den französischen Logen von der »Colonne d'Harmonie«.

In den Wiener Logen war die Zusammenstellung der Musikinstrumente weniger strikt, auch wenn man mit Vorliebe Blasinstrumente benutzte. Für Mozart spielte das Bassetthorn, im Italienischen »clarone«, das »erst 1770 in Passau«[105] erfunden wurde, eine bedeutsame Rolle in seinen maurerischen Kompositionen oder in den Werken, in denen er die maurerische Symbolik veranschaulichen wollte. Die beiden Stadler-Brüder spielten es auf bewundernswerte Art. Anton Stadler besaß zudem eine Bassettklarinette, die im tiefen Register vier zusätzliche Halbtöne wiederzugeben imstande war.

Mozart benutzte auch Streicher im Tempel, doch sie dienten im allgemeinen dazu, die »Irrwege und Leiden des Suchenden während der Aufnahmezeremonie zu verdeutlichen«[106]. Sie mußten daher zwingend von »maurerischen«, das heißt, Blasinstrumenten begleitet sein.

Wie aus Mozarts Werken für die Loge ersichtlich ist, waren in den Wiener Bauhütten zu Ende des XVIII. Jahrhunderts ebenfalls Pianoforte und Orgel(positiv)[107] im Gebrauch.

Das Pianoforte scheint sogar »sehr schnell in den Logen adoptiert worden zu sein, wegen der Idee des technischen Fortschritts, die seine Verwendung wecken konnte«[108], vielleicht aber auch, weil die Kirche »gegen dieses Instrument formelle und spezifische Einwände«[109] vorgebracht hatte.

Ein gedankliches System

Es gibt kaum Schriften von Mozart, in denen er sich zur Freimaurerei bekennt. Nach seinem Tode haben seine Frau (oder seine Schwester? oder Nissen? oder alle zusammen?) dafür gesorgt, daß sämtliche Zeugnisse oder Beweisstücke, die auf seine Zugehörigkeit zum Orden hätten schließen lassen, verschwanden.

Unehrlichkeit, Kleinmut, Dummheit?[110] Oder vielmehr ganz einfach nackte Angst vor der Repression, die unter Franz II. hereinbrach, und der damit verbundene Wunsch, ein anderes Bild des Toten vorzuzeigen? Wie dem auch sei, Mozart bezeugt sein Maurertum fast ausschließlich durch seine Musik.

Von allen Komponisten, die Anhänger der Königlichen Kunst waren – und im XVIII. Jahrhundert gab es kaum welche, die nicht in einer Loge aufgenommen worden waren! – ist Mozart der einzige, der uns ein Erbe hinterlassen hat, das sich auf sie bezieht. Man darf sogar sagen, daß ab seiner Aufnahme in die Loge »der Gedanke an seine Zugehörigkeit zur Freimaurerei sein ganzes Schaffen durchdringt«[111].

Zweifellos hat der Symbolismus der Maurerei Mozart fasziniert, schon bevor er an die Pforte des Tempels anklopfte. Nach seiner Aufnahme in die Loge perfektionierte er das bestehende *musikalische* System, um daraus die Spiegelung des neuen *gedanklichen* Systems zu machen. Man darf sogar behaupten, daß er eine Synthese von Jahrzehnten des Nachdenkens und Arbeitens verwirklicht hat.

Die Bedeutung der Zahl drei und ihrer Symbolik in der Maurerei ist allgemein bekannt. Sie findet sich wieder im

Anapestrhythmus (kurz, kurz, lang), wie man ihn vor der Fuge in der Ouvertüre und im »dreifachen Akkord« des 2. Aktes der »Zauberflöte« her kennt. Man sieht ihn ebenfalls symbolisiert im punktierten Rhythmus, weil die Dauer der punktierten Note den dreifachen Wert des Punktes hat. Als Marschrhythmus zwingt dieser zum Hinken, und der Profane hinkt symbolisch.[112]

Man findet den Begriff »drei« auch wieder in Trillern und Triolen. Aufsteigende Triolen sollen auf den dreistufigen Aufstieg zum Osten hinweisen, von wo aus der Meister vom Stuhl die Arbeiten leitet. Gebundene Noten sind ein Symbol der Brüderlichkeit[113], Fuge und Kontrapunkt stellen die Bauarbeit am Tempel dar.

In der Auswahl der Tonarten beweist Mozart am deutlichsten seinen Willen, das maurerische Gedankengut musikalisch zu deuten.

Es-Dur war schon vor seiner Zeit die Tonart, die als maurerisch angesehen wurde. Bei ihm wurde sie mit der Relativtonart C-Moll, die »königliche«: »Was bei Es-dur (in seiner spezifischen Färbung) eine erhabene, freimaurerische Feierlichkeit verkörpert, das wird in C-Moll zur stillen, ergriffenen Frömmigkeit. Hier wird der Tod bejahend verehrt...«[114] Die drei B-Vorzeichen sind für sie so arrangiert wie die drei symbolischen Punkte im Dreieck, die die Freimaurer auszeichnen. Im französischen Sprachgebrauch spricht man von Maurern als den »Frères Trois Points« (Brüder Drei Punkte).

A-Dur, mit drei Kreuz-Vorzeichen, ist eine Variante von Es-Dur. Es ist bezeichnend, daß die Leuchtkraft dieser Tonart gerade dem Klarinettenquintett und dem -konzert zukommt, die Mozart für den Ordensbruder Stadler geschrieben hat.

F-Dur (ein B-Vorzeichen) und B-Dur (zwei Bs) können für den Lehrlings- resp. Gesellengrad stehen.

Nach Autexier hat auch *D-Dur* symbolischen Charakter, beinhaltet es doch den Buchstaben D wie »Delta«, den Buchstaben, der im Griechischen drei Winkel hat, der »Dreiecksbuchstabe, Symbol der Kenntnis und der Maurerkelle«[115].

C-Dur, die Tonart ohne Alterierung, versinnbildlicht seit jeher die Fülle, die Festlichkeit und das Licht. Für Mozart wird sie zum Schlüssel seines musikalischen Denksystems in bezug auf die Maurerei.

Wenn auch diese musikalische Systematisierung des maurerischen Symbolismus für Mozart wichtig war, so hätte sie doch nur zu reinem Formalismus geführt, hätte es der Komponist dabei bewenden lassen. Es wäre auch irrig, sich nur an solchen Anhaltspunkten zu orientieren, um auf Schritt und Tritt ein neues »maurerisches« Werk zu vermuten. In diesem Falle hätte Rémy Stricker Recht, wenn er schreibt: »Wenn man einen musikalischen Weg sucht, der zu einer Exegese des Symbolismus führen soll, so führt dieser gewiß in eine Sackgasse.«[116]

Andrerseits zeugt es von Unehrlichkeit, wenn man den freimaurerischen Einfluß verkennen oder leugnen will, da selbst musikalische Symbole ihn offenbaren oder verdeutlichen. Dies aber war bisher meistens der Fall.

Für Mozart ist die Arbeit anhand eines musikalischen Symbolismus' nur ein Mittel, aber ein gültiges und gerechtfertigtes, um an sich zu arbeiten, um den genuinen Symbolismus der Maurerei zu erfassen und ihn mit dem musikalischen in Einklang zu bringen. Dies gilt nicht nur für die Werke, die er für die Loge bestimmt hat, sondern auch für sogenannte profane Partituren, und manchmal noch stärker für diese als für Schöpfungen mit spezifisch maurerischem Charakter.

Einweihungsmusiken

Mozart ist neben Sibelius der einzige Komponist, der uns Werke hinterlassen hat, die für Einweihungszeremonien (Initiationen) zu den drei Graden der »blauen Logen« – Lehrling, Geselle, Meister – bestimmt sind.

So haben die beiden wunderbaren kleinen Werke *Adagio in F-Dur* für zwei Bassetthörner und Fagott KV 410 (nur 27 Takte) und *Adagio in B-Dur* für zwei Klarinetten und drei Bassetthörner KV 411 mit fast an Sicherheit grenzender Wahrscheinlichkeit als Einweihungsmusiken für den Lehrlingsgrad gedient.

Mozart selbst hat die Partituren nicht datiert. Das Adagio in B-Dur trägt nur die Erwähnung »di me W. A. Mozart m. p.« (= manu propria, von eigener Hand). Wyzewa/Saint-Foix notieren, daß das Adagio in F-Dur, infolge der kanonischen Form der beiden Oberstimmen mit einem Text im Heft 16 (Kanons) der »Vollständigen Werke« bei Breitkopf erschien, aber das Originalmanuskript keine Worte aufweist.[117] Doch allein schon das Symbol des Kanons, auf das bereits Einstein aufmerksam gemacht hat[118], zeigt uns die geistige Beziehung zur Königlichen Kunst.

Die Bemerkung über die fehlenden Worte führt zu einer Überlegung von Roger Cotte, der feststellte, daß das Adagio in B-Dur lange Pausen enthält, »die wahrscheinlich dazu bestimmt waren, daß die Beamten in der Loge die rituellen Sätze sprechen konnten«.[119] Diese Pausen machen die rhythmische Akzentuierung dieser Musik und der Batterien, die damit verbunden sind, besonders deutlich. Die Rhythmen prägen die symbolischen Reisen und Prüfungen des Suchenden, bevor ihm das Licht erteilt wird.

Andrerseits stellen die Pausen auch die Wartezeit für die Antwort der beiden Aufseher auf die Fragen des Meisters vom Stuhl dar. Sie bestimmen demnach den »Raum« im Tempel.

In der Coda des Adagios in B-Dur tauchen die vier Noten auf, die das Thema des Finales der Symphonie in C-Dur KV 551, dummerweise »Jupiter« benannt, vorwegnehmen: »Wenige Werke (...) beweisen daher besser das Engagement des gesamten intimen Wesens von Mozart in die ›maurerischen Geheimnisse‹«.[120]

Zieht man nun die Orchestrierung der beiden Werke und Mozarts Bewunderung für das Spiel der Gebrüder Stadler in Betracht, so kann man sie nur mehr nach dem 27. September 1785 datieren. An diesem Tage nämlich wurde Anton Stadler in die Loge »Zum Palmbaum« aufgenommen.[121] Man muß sogar davon ausgehen, daß die zwei Adagios Teile einer größer angelegten Ritualmusik werden sollten.[122]

Diesen wunderbaren Werken muß man die Fragmente des *Allegro assai in B-Dur* für zwei Klarinetten und drei Bassetthörner KV 440b/484b (Anh. 95) und die des faszinierenden *Adagio in F-Dur* für eine Klarinette und drei Bassetthörner KV 440c/484c (Anh. 93) zuordnen, und es stellt sich zu Recht die Frage, ob sie nicht auch Teil des oben erwähnten Gesamtrituals sein sollten. Es ist auch nicht falsch, im gleichen Zusammenhang die *Fünf Divertimenti für drei Bassetthörner* KV 439b zu erwähnen, die man heute zwischen 1785 und 1788 datiert, während das Köchelverzeichnis ihr Entstehen auf 1783 festlegt. Insbesondere die langsamen Sätze haben bedeutsame Ähnlichkeiten mit Werken, deren freimaurerischer Charakter eindeutig ist. Man muß nur hinhören wollen.

Wolfgangs Lied *Gesellenreise*, das mit den Worten »Die ihr einem neuen Grade« beginnt, ist ein *Larghetto* in B-

Dur (KV 468). Es entstand am 26. März 1785. Es ist eindeutig für eine Zeremonie zum zweiten Grade bestimmt. Die meisten Forscher bringen es in Beziehung zur Beförderung von Wolfgangs Vater zum Maurergesellen. Es sei mir aber gestattet, hierzu Zweifel anzumelden. Leopold Mozart wurde erst zwei Tage nach der Komposition dieses Liedes zur Einweihung in den ersten Grad vorgeschlagen, und selbst wenn die Loge »Zur Wohlthätigkeit«, der Wolfgang angehörte (der demnach Bescheid wußte über die Aufnahme seines Vaters in den Orden) um eine »Dispens« ersucht hatte, damit die Zeitspanne zwischen den verschiedenen Initiationen verkürzt werden konnte, so war die Erhebung in den zweiten Grad um so weniger vorhersehbar, als diese nicht in der Loge »Zur Wohlthätigkeit«, sondern in der Bauhütte »Zur wahren Eintracht« vorgenommen wurde. Ich gehe demnach davon aus, daß diese Partitur Wolfgangs eigene Beförderung zum Maurergesellen widerspiegelt, die am 7. Januar 1785 stattgefunden hatte.

Der Text des Liedes stammt von Franz Joseph Ratschky (1757–1810), der bekannt für seine maurerischen Gedichte und Veröffentlichungen war. Es fordert von den Gesellen Unverdrossenheit und Starkmut, um sich »dem Quell des Lichts« zu nähern. [123]

Zur Symbolisierung der Bande der Brüderlichkeit, auf die der Gesellengrad besonderen Wert legt, benutzt Mozart »die Bindung zweier Noten« [124].

Kein anderes Werk beweist eindrucksvoller als die erschütternde *Maurerische Trauermusik*, C-Moll KV 477/KV 479a (die richtiger den Titel »Meistermusik« tragen müßte [125]), welche Antworten Mozart auf seine Lebensfragen in der Freimaurerei gefunden hat.

Bis zur Mitte der 70er Jahre wurde allgemein angenommen, daß Mozart dieses Werk für eine Trauerzeremonie zu

Ehren von zwei verstorbenen Maurerbrüdern Herzog Georg August von Mecklenburg-Strelitz und Graf Franz Esterházy von Galantha geschrieben hatte.

Eine solche Feier fand in der Tat am 17. November 1785 in der Loge »Zur gekrönten Hoffnung« statt, der Franz Esterházy angehört hatte. Wenzel Tobias Epstein sprach die Trauerrede, und Mozart führte seine außerordentliche Trauermusik auf.[126] Am 7. Dezember wurde das Werk in der Loge »Zu den drei Adlern« wiederholt, der der Herzog angehört hatte.[127]

So gab es berechtigte Gründe anzunehmen, daß Mozart sein Werk für diese Gelegenheit geschrieben hatte. Es gab dennoch ein Problem, dem nur wenige Kommentatoren Rechnung trugen. Mozart hatte wohl sein Werk als »TrauerMusik« auf dem Autograph bezeichnet und sie in das »Verzeichnüß aller meiner Werke« unter dem Titel »Maurerische TrauerMusick« festgehalten, aber als »im Monat Jully« geschrieben »bey dem Todfalle der Bbr: Meklenburg et Esterházy«.

Mozart hatte gewiß viele Gaben, er war aber kein Hellseher. Er konnte keine Trauermusik für ein schmerzliches Ereignis schreiben, das erst vier Monate später stattfand.

Daß Mozart sich so sehr im Datum seiner Komposition geirrt haben konnte oder daß er den Monat Juli schon im vornhinein auf der linken Seite des Verzeichnisses eingetragen hatte – das vorangehende Doppelblatt schließt mit der Eintragung des Liedes »Das Veilchen«, zum 8. Juni – und die Werke erst nach der Arbeit an den »Nozze di Figaro«, das heißt im November oder Dezember eintrug, ist nun kaum denkbar, auch wenn Kritiker dies durch die Tatsache bestätigt finden, daß Mozart ebenfalls das Klavierquartett Nr. 1 in G-Dur KV 478, das er am 16. Oktober 1785 abschloß, unter der Rubrik »Juli«[128], einschrieb. Ich sehe darin um so weniger einen »unwiderlegbaren Beweis«, als die »Nozze« erst unter dem Datum des 29. April 1786 eingetragen wurden, und ich schließe mich der Hypothese an, daß die Maurerische Trauermusik eine andere Bestimmung hatte, als die, die Mozart angegeben hat.

Roger Cotte war der erste, der davon ausging, daß »diese Trauermusik, einige Wochen nach Mozarts Meistererhebung die neue Lehre illustrierte, die er erhalten hatte, und keinesfalls für die Trauerfeier von zwei Brüdern bestimmt war ... die noch lebten« [129].

Laut Autexier war die erste Fassung für zweiteiligen Männerchor, 2 Violinen, 2 Bratschen, 1 Klarinette, 1 Bassetthorn, 2 Oboen, 2 Hörner (»corni da caccia«) und Baß geschrieben. Ihr sei der Text des Klageliedes unterlegen gewesen: »Replevit me amaritudinibus, ebriavit me absynthio. Inundaverunt aquae super caput meum: dixi, perii.« (Er hat mich mit Bitterkeit gesättigt und mit Wermut getränkt. Wasser hat mein Haupt überschwemmt; da sprach ich: »Nun bin ich verloren.«, Klgl. 3:15,54). [130]

Anläßlich der Trauerarbeit 17. November 1785 in der Loge »Zur Gekrönten Hoffnung« wurde eine Fassung ohne Chor, aber in der gleichen Instrumentierung gespielt. [131]

Eine dritte Version wurde bei der Trauerfeier vom 7. Dezember gespielt. Mozart verwendet hier anstelle der Jagdhörner »zwei Bassetthörner und ein Kontrafagott« [132]. Man errät warum: Die beiden Virtuosen David und Springer sowie Stadler nehmen an der Zeremonie teil.

Mozart hat selbst seine Komposition als maurerische Musik ausgegeben und bezieht sich darin ständig auf die Symbole, mit denen er seit seiner Meistererhebung vertraut wurde, und er hielt darauf, daß dies bekannt wurde. Damit unterstrich er den Wert und die Bedeutung, die er dieser Musik beimaß, zu einem Zeitpunkt, als die Verfolgung der Freimaurer, insbesondere der Illuminaten, in

Bayern ihren Höhepunkt erreichte und die Verfolgten Zuflucht in Österreich fanden und das ganze Ausmaß des Desasters bekannt machten.

Mozarts Musik wurde eine Herausforderung und war gleichzeitig eine Art maurerisches Glaubensbekenntnis, das um so dramatischer war, als die Wolken immer düsterer wurden. Vier Tage nach der Trauerfeier für den Herzog von Mecklenburg-Strelitz im Dezember unterzeichnete Joseph II. sein Edikt ...

So wurde die »Trauermusik«, dieses symbolische Werk, ein Symbolwerk für die Trauer, die die Maurer traf, die das Schlimmste befürchten mußten.

Die Musik beginnt in C-Moll, auf einen Anruf der Bläser von zwei Takten mit jeweils zwei verbundenen Noten, unterbrochen durch Pausen, wie wir sie von den Initiationsmusiken zum ersten Grade her kennen. Als Echo antworten die Streicher auf der Grundlage eines Marschrhythmus', der immer beschwerlicher zu werden scheint, wie es die zweiten Violinen andeuten.

Der zweite Teil des Werkes, in Es-Dur, beruht auf dem »cantus firmus«, dessen musikalische Grundlage das »Klagelied des Jeremias« ist. Er wird durch die Oboen und die Klarinette angestimmt, denen nochmals die schmerzliche Expressivität der Streicher antwortet. Der Gesang wird von allen Bläsern wieder aufgenommen und zum rhythmischen Höhepunkt geführt, der sich in die Wiederholung des Anrufs der Oboen und von Elementen des ersten Teiles ergibt und das Werk zum dritten Teil, seinem Abschluß führt, seiner außerordentlichen Auflösung in einem C-Dur-Akkord, der ihm seine volle Symbolik verleiht.

Diese beruht auf eine der entscheidenden Zeremonien im Leben jedes Maurers: der Erhebung in den Meistergrad. Sie fußt auf der Integrierung ins Ritual von einer Legende, die wesentlicher Bestandteil der Freimaurerei darstellt, der Legende Hirams, des mythischen Erbauers des Salomonischen Tempels, den die Maurer in der Mitte des XVIII. Jahrhunderts eine Zeitlang durch Adoniram, den ebenso mythischen Architekten dieses Tempels, ersetzten.[133]

Die Geschichte von Hirams Ermordung durch drei unwürdige Gesellen, die von ihm das Losungswort zum Meistergrad erpressen wollten, seines Begräbnisses, der Entdeckung seines Leichnams durch treue Maurer und seiner symbolischen Auferstehung ist die Grundlage des »Psychodramas«, das der angehende Meister durchlebt. Er selbst »spielt die Person Hirams, der ermordet, begraben und wiedergefunden wird – zwischen *Zirkel* und *Winkelmaß*, dank eines *Akazien*zweiges – und der dem Leben zurückgegeben wird«[134]. Nachdem die Freimaurerei dem Lehrling und dem Gesellen beigebracht hat, wie man leben muß, um zu sich selbst zu finden und Bruder für die andern zu werden, lehrt sie ihn bei der Aufnahme zum Meister, wie man sterben muß – »höchste Lehre«[135].

Diese endet allerdings nicht in der Verzweiflung. Der Tod siegt nicht. Hiram wird wieder zum Leben erweckt. Sein Tod und seine Auferstehung machen dem Maurer die Dauerhaftigkeit des Lebens bewußt und verständlich.

Mozart übermittelt uns den Sinn und die Botschaft der Erhebung zum Meister mit rein musikalischen Mitteln. Der Anruf eröffnet die Zeremonie. Die verbundenen Noten suggerieren die brüderliche Suche der Meister nach dem Leichnam. Der immer stärker gebrochene Marschrhythmus weist auf ihre immer trostlosere Suche hin. Der »cantus firmus« deutet ihr Meditieren über Tod und menschliches Schicksal. Die Reprise des Anrufs und der Themen stellt die Bemühungen dar, Hiram dem Tode zu entreißen, und die Auflösung im Schlußakkord, der gleichzeitig strahlend und abgeklärt ist, bestätigt den Sieg des Lebens über den Tod, den Mozart als den »*Schlüssel* zu unserer wahren Glückseligkeit« ansieht.[136]

In bezug auf den Zeitpunkt, da Mozart diese Musik bekannt machte, sollte man hinzufügen, daß sie auch einen Sieg der Hoffnung der Maurer gegenüber dem Unheil darstellt, das jeden Augenblick über sie hereinzubrechen drohte.

Ritualmusiken

Als unmittelbare Folge des berühmten Handbilletts von Kaiser Joseph II. trat Mozarts Loge »Zur Wohlthätigkeit« am Montag, den 19. Dezember 1785 zusammen. Die Brüder waren in ihren Meinungen sehr gespalten, was die Zukunft der Loge anging. Es gab heftige Diskussionen und sogar den Vorschlag, alle Logen zu decken. Am 24. Dezember 1785 kam es zum Konsensus, die beiden neuen Sammellogen »Zur Wahrheit« und »Zur neugekrönten Hoffnung« zu gründen. Die meisten der Maurer der »Wohlthätigkeit«, unter ihnen Mozart, folgten Gemmingen und schlossen sich der Loge »Zur neugekrönten Hoffnung« an, trennten sich demnach von den Brüdern der »Wahren Eintracht« und von Born, der noch für kurze Zeit Meister vom Stuhl in der Sammelloge »Zur Wahrheit« wurde.

Die Bauhütte »Zur neugekrönten Hoffnung« wurde am Samstag, den 14. Januar 1786 feierlich eröffnet. Zu dieser Gelegenheit hatte Mozart zwei Lieder auf Texte von Augustin Veith Edler von Schittlersberg (1751–1811) vertont. Wahrscheinlich wurden beide Lieder für Valentin Adamberger geschrieben, der, wie Mozart, Mitglied der »neugekrönten Hoffnung« geworden war.

Das erste: *Zerfließet heut', geliebte Brüder* KV 483 war zur Eröffnung der Loge bestimmt. Es ist ein Andante in B-Dur mit zwei Strophen, die dem Solisten vorbehalten sind. Der Tradition gemäß wurde jede Strophe durch ein Respons abgeschlossen, der von einem dreistimmigen Männerchor mit Orgelbegleitung gesungen wurde. Die erste Strophe feiert die Wohltätigkeit des Kaisers, der »unsre Hoffnung neu gekrönt« hat, eine evidente Anspielung auf den Namen der neuen Loge, so wie man, nur leicht verschlüsselt, die Namen von drei der alten Logen im Text wiederfindet. Die zweite Strophe drückt den Dank an die alten Leiter der Logen aus, jener Beamtenrat, der zu den Klängen von Mozarts Musik seinen feierlichen Einzug in den Tempel hielt. Der Kontrast zwischen dem Raffinement des Sologesangs, leicht zu meistern durch einen Sänger wie Adamberger, und der Einfachheit der Vokallinie der Chorstimmen ist frappierend. Dieser Chorteil besteht nun keineswegs aus einem »obligaten Männergesangsvereinspensum für die Freimaurer«[137], aber man muß bedenken, daß, sogar wenn die meisten der Brüder dem Adel oder der Großbourgeoisie entstammten oder bekannte Intellektuelle waren, und selbst wenn oder gerade weil über hundert Brüder bei dieser feierlichen Eröffnung anwesend waren, so war doch nur eine Minderheit mit den erforderten Musikkenntnissen ausgestattet, um wenigstens richtig singen zu können. Geübt und geprobt mußte dennoch werden, denn einen dreistimmigen Chor singt man nicht aus dem Stegreif, auch wenn Wyzewa/Saint-Foix hier anderer Meinung ist.[138] So einfach und banal aber sind die Gründe, warum der Chorsatz derart simpel ist, daß er schon fast simplistisch erscheint. Wenn man allerdings genau hinhört, so entdeckt man den eigentlichen Reichtum dieser Musik: ihre Einfachheit eben, die obschon gesucht, von absoluter Ehrlichkeit des Ausdrucks ist.

Die Eröffnungszeremonie, die mit der Amtseinsetzung der neuen Würdenträger ihren Höhepunkt gefunden hatte, schloß mit einem andern Lied Mozarts: *Ihr unsre neuen Leiter* KV 484. Es ist von gleicher Struktur wie das Eingangslied. Inhaltlich fordert der Solist die neuen Amtsträger auf, die Brüder auf dem Weg der Tugend weiterzuführen, während der Chor ihnen gelobt, »am großen

Gebäude« zu bauen wie sie selbst: Dies ist ein Ausdruck für die Verpflichtung, die jeder Maurer bei seiner Aufnahme in den Orden eingeht. Auch hier muß man feststellen, wie einfach und sanglich, also leicht zu behalten, der Chorrefrain ist.

Man muß sich fragen, ob das Lied *O Heiliges Band der Freundschaft treuer Brüder* KV 148 für Tenorsolo und Baßbegleitung nicht in Zusammenhang mit einer Initiation gesehen werden muß. Auf einen Text von Ludwig Friedrich Lenz (1717–1780) mit dem Titel »Lobgesang auf die feierliche Johannisloge«, der auf der ersten Seite der »Freymaurer Lieder mit Melodien« (Winter, Berlin, 1771) abgedruckt ist, würdigt es in einfachen Versen die brüderliche Freundschaft der Maurer.

Köchel gibt als Entstehungszeit für dieses Lied das Jahr 1772 an. Mozart hätte ein solches Werk demnach mit 16 Jahren geschrieben. Es darf daran gezweifelt werden. Vielmehr sollte man es, wie Wyzewa/Saint-Foix dies tun, in die Zeit von Mozarts Aufnahme in die Maurerei datieren, denn es zeigt die »volle Reife des Meisters«[139]. Sollte man nicht eher noch darin eine »Zeichnung« sehen, eine Arbeit, wie sie jeder Maurer verrichten muß, um überhaupt zur Beförderung in einen höheren Grad zugelassen zu werden? Dies würde denn auch erklären, warum es nicht im Werkverzeichnis des Komponisten aufgeführt ist. Die Tatsache, daß es nicht darin verzeichnet ist, hat nämlich dazu geführt, daß es als vor 1784 geschrieben datiert wurde.

Erinnern wir an die »erste maurerisch-musikalische Bekundung«[140] Mozarts, das Lied *An die Freude*, KV 43b, das er mit elf Jahren komponierte und dessen Thema, die Freude, von Grund auf freimaurerisch ist.

Maurerische Kantaten

Vier Kantaten auf maurerische Texte sind uns von Mozart erhalten geblieben. Sie bilden sozusagen die Klammern, innerhalb derer sich seine Arbeit als Komponist entwickelt, der von den Idealen der Königlichen Kunst beflügelt ist.

Im strengsten Sinne des Wortes ist die Kantate – der Name kam 1620 auf – ein »gesungenes Stück« und demnach das Gegenstück zur Sonate, dem »geklungenen Stück«. Die Kantate hat einen lyrischen und expressiven Grundzug. Die Melodie des/der Solisten soll den Sinn des Textes herausstellen. Eine Instrumentalbegleitung, die sich progressiv entwickelt hat, soll den Vokalteil abstützen.

Mozarts erste maurerische Kantate, *Sehen, wie dem starren Forscherauge KV 471* entstand auf einen Text des weltgeistlichen Freimaurers Franz Petran, der Kaplan beim Grafen Thun war. Sie ist Ignaz von Born gewidmet und wurde zu seiner Ehre in einer Feierstunde, am 24. April 1785 in der Loge »Zur gekrönten Hoffnung«, mit, wie so oft, Mozarts Lieblingstenor, Valentin Adamberger, als Solisten aufgeführt.

Im Beisein seines Vaters, der zwei Tage zuvor die Meisterwürde erhalten hat, ehrte Wolfgang, der ebenfalls kurz zuvor erst in den Meistergrad erhoben worden war, den berühmtesten Wiener Maurer seiner Zeit, der seinen Vater und ihn in den zweiten und dritten Grad befördert und erhoben hatte.

Der feierliche Ton (Es-Dur!), der sich sofort einstellt, wundert nicht, er ist bei einem solchen Werke angebracht. Eine melodische Figur, die sich an die Einleitung anschließt, wird von der Klarinette eingeführt und von der Flöte aufgenommen. Nun folgt und entwickelt sich der Gesang des Solisten, bevor eine zweite, ausdrucksvolle Melodie erklingt. Nach einem kurzen Rezitativ: »Sehen, wie die Weisheit...«, leitet ein Andante in G-Moll zu den Worten: »Nimm, Geliebter, diese Kron'...«, dem Höhepunkt der Partitur. Hier wird der Edelmut des »ält'sten Sohns« der Maurerei, des Kaisers demnach (oder seines Vaters, wenn man Irmen Glauben schenkt), gepriesen. Diesem Edelmut ist, dem Text nach, der Triumph der Maurer zu verdanken.

Der Solist (molto allegro) ruft sodann zum Lobe Josephs II. auf: »Drum singet und jauchzet, ihr Brüder!«, denn er hat den Lorbeer gewunden und dem Weisesten der Maurer aufs Haupt gesetzt: Der Kaiser hatte von Born wegen seiner Erfindung zu Verbesserung des Amalgamationsverfahrens zur Scheidung der Metalle am 14. April zum Reichsritter erhoben und das Patent für das gesamte Reichsgebiet aufgekauft.

Das Lob auf den Kaiser wird mit der Einfachheit, die uns nun vertraut ist, vom Chor wiederholt, was Wyzewa/Saint-Foix zu folgender Bemerkung veranlaßt: »Es ist sehr erstaunlich festzustellen, daß die meisten maurerischen Kompositionen des Meisters schon den gleichen Ernst, die gleiche innere Ruhe aufweisen wie die berühmtesten Einweihungsszenen der ›Zauberflöte‹.«[141]

Die Kontinuität der Mozartschen Arbeit an sich und sein Fortschreiten auf dem Wege zum maurerischen Lichte wird somit bestätigt.

Unstimmigkeit herrscht über das Kompositionsdatum der bekanntesten maurerischen Kantate Mozarts *Dir Seele des Weltalls KV 428*. Sie ist nicht im Werkverzeichnis aufgeführt.

Genügt dies als Grund, um sie vor 1783 zu datieren, also

vor Mozarts Aufnahme in den Orden, wie Köchel dies
tut?

Was am meisten daran auffällt, sind die Reife des musikalischen Stiles und seine Affinitäten mit den Kompositionen
der letzten Schaffensperiode Mozarts, die alle, ohne Ausnahme Ästhetik und Ethik in Einklang bringen.

Das Werk beginnt und schließt fast identisch mit einem
choralen Allegro in Es-Dur. Die Antwort erfolgt in B-Dur
durch den Solisten (Andante). Zusammen fügen sie sich zu
einer großen Hymne zu Ehren der schöpferischen und
belebenden Macht der Sonne.

Soll diese als ein Gleichnis für den »Großen Baumeister
aller Welten«, das Symbol der Schöpferkraft für die Maurer angesehen werden? Ich bin dessen nicht so sicher. Ich
glaube vielmehr, daß es sich um eine rousseauistische
Beschwörung der Sonne handelt, die der aus der Kantate
KV 619 sehr ähnlich ist.

Mozart greift das Einleitungsmotiv der Kantate im Rezitativ Sarastros zum Abschluß der »Zauberflöte«: »Die Strahlen der Sonne vertreiben die Nacht« wieder auf[142], und
dieses Rezitativ wird durch die Violinen mittels aufsteigen-
den Triolen eingeführt.

Eine kleine deutsche Kantate, so lautet der Titel einer
Partitur in C-Dur *KV 619* für Solo mit Klavierbegleitung,
die Mozart am 12. Juli 1791 abgeschlossen hat, als er mit
der Instrumentierung der »Zauberflöte« vollauf beschäftigt war. Man fragt sich, wie er noch Zeit finden konnte,
dem Ersuchen des Hamburger Maurers Franz-Heinrich
Ziegenhagen (1756–1806) nachzukommen. »Aber wenn
es darum ging, seinen Pflichten gegenüber der Maurerei
nachzukommen, war er nie zu erschöpft, um sie zu erfüllen«.[143]

Die Kantate wurde erst nach Mozarts Tod, 1792, im Anhang eines Buches mit dem Titel: »Lehre vom richtigen

Verhältnisse zu den Schöpfungswerken«, veröffentlicht.
De facto handelt es sich um eine Morallehre, die insbesondere das Gemeinschaftsleben junger Menschen regelt. Als
ferventer Rousseauist hatte Ziegenhager geplant, seine
Ideen im Elsaß in die Praxis umzusetzen, wo er schon ein
Stück Land gekauft hatte. »Nun aber war das Elsaß 1791
nicht nur französisches Revolutionsgebiet (›Ici commence
le pays de la Liberté!/ Hier beginnt das Land der Freiheit‹);
es war (...) der neuralgische Punkt, von dem aus, einige
Monate später, der Krieg beginnen sollte. (...) Man erfaßt
so die ganze Bedeutung dieser Mitarbeit Mozarts am Un-
ternehmen Ziegenhagens: Sie macht uns, ohne daß ein
Mißverständnis noch möglich wäre, klar, wohin seine
Sympathien gingen, und dies ist um so bedeutsamer, als es
zu der Zeit geschieht, da er die erste Fassung der ›Zauberflöte‹ abschließt.«[144]

Der Text ist ein Aufruf an jene, die des »unermeßlichen
Weltalls Schöpfer ehren«, ob er nun für sie Jehovah oder
Gott oder Fu oder Brahma heißt... Wir haben es mit einer
deistischen Vision zu tun, dem Großen Baumeister aller
Welten, und mit einer Vision von Toleranz: die Freimaurerei ist allen Formen religiösen Denkens und Glaubens
offen.

Der Weltenschöpfer meldet sich dann selbst zu Wort mit
einem Aufruf an den Menschen, all seine Werke zu lieben
(Andante). »Diese Maximen sind voll Würde und Zurück-
haltung.«[145] Danach steigert sich der Ton bis zur Exaltie-
rung (Allegro, A-Moll). Der Mensch wird aufgefordert, die
Bande des Irrtums zu zerbrechen und den Schleier des
Vorurteils zu zerreißen. Ein neues Andante führt wieder
zur Besänftigung der Musik, die den allgemeinen Optimismus der Aufklärung und den besonderen Optimismus
eines Freimaurers widerspiegelt, der wie Gotthold
Ephraim Lessing[146] überzeugt ist, daß durch die Brüder-

lichkeit eines Tages das Glück auf dieser Erde erreicht werden kann.

Man kann sich nur wundern, welchen musikalischen Reichtum Mozart zu diesem Text von Ziegenhagen gefunden hat, einem Text, der wieder einmal beweist, daß große Gefühle noch keine große Dichtkunst ergeben, man kann hier überhaupt nicht von Dichtung reden.

Was für Ziegenhagen gilt, gilt für die meisten maurerischen Autoren, insbesondere wenn man sie mit unserm heutigen Verständnis von Dichtung liest. Es scheint kaum vorstellbar, daß eine solche Anhäufung von falschem Pathos und von Kitsch, eine derart reine Musik erzeugen konnte. Mozart ging demnach vom Sinn aus, nicht von den Worten, vom Geiste, nicht vom Buchstaben.

Die einzig löbliche Ausnahme ist der Text zur *Kleinen Freimaurer-Kantate* C-Dur *KV 623* mit dem Titel: *Das Lob der Freundschaft*. Stammt er von Schikaneder, wie allgemein behauptet wird, oder von Gieseke, wie Landon und, in seinem Gefolge, David Humphreys [147] annehmen, was mir allenfalls plausibler scheint?

Diese Kantate ist Mozarts letztes vollendetes Werk, das letzte, das er in sein »Verzeichnüß« eingetragen hat, das letzte, das zu seinen Lebzeiten für ihn zu Gehör kam. Mozart sah es selbst als eines seiner schönsten an.

Es hat in der Tat alle Eigenschaften, die den Stil von Würde und geistiger Erhabenheit dieser Schöpfungsphase Mozarts ausmachen, es steigt zu den reinen Gipfeln auf, die Mozart in seinen letzten Lebensjahren erreicht hat.

Man sage nun nicht, es komme uns auf eine Sublimierung dieser Musik oder anderer Werke jener Zeit an, weil es dem Meister nicht gegönnt war, die zeitliche Grenze eines 5. Dezember 1791 zu überschreiten und man ja nicht weiß, wohin sich seine Musik noch orientiert hätte!

Man braucht nur die außerordentliche Ernte dieses Jahres zu betrachten in ihrer Vielfalt und Vielseitigkeit, eine Ernte, die alle Musikgattungen umfaßt, vom Kontretanz zur Oper, vom Solistenkonzert zur maurerischen Kantate – um sich fassungslos zu fragen, wie ein einziger Mensch eine solch gewaltige Schöpfung verwirklichen konnte.

Es ist desto rührender festzustellen, daß diese Kantate, deren Titel schon programmatisch ist, den Schlußpunkt hinter Mozarts Leben und Werk setzt. Sagen wir es noch mal: Wir sehen darin kein Testament. Mozart dachte nicht daran, daß er zwanzig Tage, nachdem er dieses Werk in sein Register eingetragen hatte, sterben würde. Diese Eintragung geschah mit Schriftzügen, die ebenso ruhig und gleichmäßig waren, wie die der ersten Eintragung: eine Tatsache, die ebenfalls unterstreicht, daß er sich seines Gesundheitszustandes nicht bewußt war.

Nach der eindrucksvollen Formulierung von Jean-Victor Hocquard ist dieses Werk die Schlußfolgerung zur »Zauberflöte«: »Es beginnt nach dem Stück, wenn der Vorhang gefallen ist und wir in die Intimität des Heiligtums eingeführt werden.«[148]

Selbst wenn man heute davon ausgeht, daß das Lied zum Schluß der Loge: *Laßt uns mit geschlungnen Händen* KV 623a, ein Lied, das dazu bestimmt ist, bei der Bruderkette gesungen zu werden, nicht von Mozart ist, so ist dies nicht entscheidend: »Es wurde zweifellos an die erste Aufführung der Kantate angefügt, die Mozart im November 1791 geleitet hat«[149], und es freut uns zu wissen, daß Mozarts Logenleben und -arbeit aufhörte mit dem Worte: »Licht«[150].

Dieser Hymnus an die Freude, die Hoffnung und die Brüderlichkeit wurde erstmals angestimmt zu einem Zeitpunkt, da die Königliche Kunst wie nie zuvor in Österreich bedroht war. Er wurde zum erhabenen Ausdruck des existentiellen Optimismus der Freimaurer, die ständig ihren rauhen Stein bearbeiten, um ihn in den Bau des Tempels einzufügen, von dem sie genau wissen, daß er nie vollendet wird. Diese Unmöglichkeit aber gestattet ihnen, den gestirnten Himmel zu sehen.

Symbolische Spiegelung von Meinungen und Überzeugungen

Mozart hat die Maurerei gelebt. Sie hat ihren Widerhall nicht nur in den Werken gefunden, die für die Loge oder maurerische Feiern bestimmt waren, sondern auch in profanen Partituren, in denen die Brüder aber die Symbole wiederfinden konnten, die ihnen vertraut waren, in denen vor allem aber der Komponist den neuen Geist verdeutlichte, der die sieben letzten Jahre seines Lebens prägen sollte.

So sind in allen Werken in Es-Dur, C-Moll oder A-Dur, die nach Dezember 1784 entstanden, Wesenselemente festzustellen, die uns ermöglichen, Mozarts Weg von einer musikalischen Ästhetik zu einer neuen Ethik zu verfolgen, die als die Arbeit eines Maurers angesehen werden muß, der seinen »rohen Stein behaut«.

Ihre Analyse soll hier nicht erfolgen, doch ich möchte auf einige Schlüssel hinweisen, die Mozart dem Hörer bewußt und absichtlich zur Verfügung gestellt hat. Es bleibt freigestellt, sie zu benutzen oder nicht. Die Musik ändert sich dadurch nicht. Nur hört der, der die Schlüssel zu gebrauchen weiß, sie anders.

Das erste Werk, das Mozart nach seiner Aufnahme in die Loge »Zur Wohlthätigkeit« komponierte, war das *Quartett A-Dur KV 464* das er am 10. Januar 1785 vollendete. Was darin am meisten auffällt, ist das Wechselspiel »Frage-Antwort«, auf dem es beruht. Anfangsfrage, »piano«, der ersten Violine, Unisono-Antwort, »forte«, der vier Instrumente. Im Menuett wird das Verfahren umgekehrt: Die Frage wird unisono und »forte« von den vier Musikern gestellt, die Antwort erfolgt »piano« durch die erste Violine allein. Überraschender noch sind die Pausen zwischen den Fragen und Antworten, diese Augenblicke des Wartens und Erwartens. Handelt es sich um das Fragespiel mit dem Suchenden, das mit der Aufnahme in den Maurerorden verbunden ist, wie die Massin meinen?[151] Ich bin dessen nicht so sicher. Ich glaube vielmehr, daß der Wort-Wechsel zwischen dem Meister vom Stuhl und den beiden Aufsehern während der Logenarbeit hier musikalisch gespiegelt wird. Dieses Ritual mußte einen so aufmerksamen und hellhörigen Menschen wie Mozart frappieren. Die Einführung eines Chorals, der zweimal im letzten Satz angestimmt wird, ist um so bedeutsamer, als sie nur in ganz außergewöhnlichen Augenblicken seines Schaffens erfolgt, wie in der »Trauermusik« und der »Zauberflöte«. Sie erlaubt die Feststellung, daß dieses Quartett »ganz vom maurerischen Engagement erfüllt ist, das Mozart soeben eingegangen war«[152].

So verwundert es auch nicht, daß das *Quartett C-Dur*, das sogenannte *»Dissonanzenquartett« KV 465*, das letzte der sechs, die Haydn gewidmet sind und das vier Tage nach dem vorherigen abgeschlossen wurde, noch eindrucksvoller verdeutlicht, wie Mozart seine Einweihung erlebt hat. Dieses Werk erhielt seinen Namen wegen der 22 Einleitungstakte (Adagio, C-Moll) zum ersten Satz. Dieses langsame Voranschreiten auf einem Marschrhythmus, die sich aneinanderreibenden Sekundenintervalle und ein tonales System, das sich nicht festlegt, haben die Hörer derart gestört, daß Mozart vorgeworfen wurde, er wolle sie absichtlich provozieren. Dies ist nicht der Fall. Mozart wollte über sich reden, das ist alles. Haydn, nach seiner Aufnahme in die Maurerei zu dieser Einleitung befragt, bemerkte lapidarisch: »Wenn Mozart das so geschrieben hat, hatte er seine Gründe dazu.«[153] Wir kennen diese Gründe.

Die Einleitung spiegelt den Weg des Suchenden zum Licht, jenem C-Dur des Allegros, das nach einer kurzen Pause herausbricht und die Freude desjenigen verkörpert, der das profane Dunkel hinter sich gelassen hat.[154]

Mozart führte sein *Klavierkonzert Nr. 20 D-Moll KV 466* in Gegenwart seines Vaters auf, an dem Abend, als Haydn in den Orden aufgenommen wurde. In ihm tauchen erstmals in den Einleitungstakten Triolen in den dunklen Streichern auf, die eine aufsteigende Bewegung haben. Ob sie den dreistufigen Aufstieg zum Osten in der Loge symbolisieren, darf man sich fragen, vor allem, weil diese Musikfigur an bedeutsamen Punkten in Mozarts Schaffen immer wieder auftaucht? Frappierend ist ebenfalls das Wechselspiel zwischen den Instrumentengruppen: Ich kann nicht umhin, sie wieder mit dem Austausch von Fragen und Antworten zwischen dem Meister vom Stuhl und den beiden Aufsehern in Verbindung zu bringen.

Das *Klavierkonzert Nr. 22 Es-Dur KV 482* scheint mir ebenfalls aus maurerischer Perspektive bedeutsam zu sein, dies sowohl durch seine Haupttonart, das berühmte Es-Dur, als auch durch ihr Korrelat, C-Moll, die Tonart der »Maurerischen Trauermusik«, die im Kern des Werkes steht und eine lange Meditation zwischen Klavier und Bläsern, den maurerischen Instrumenten, bestimmt. Darin ein Nachdenken über letzte Dinge zu sehen, scheint mir um so berechtigter, als der Satz auf drei Noten im Orchester schließt, die wie die drei Schläge in der Loge sind.

Es-Dur charakterisiert ebenfalls das *Trio für Klavier, Violine oder Klarinette und Viola KV 498*: ein Werk für drei Instrumente, in drei Sätzen, mit drei Bs im Schlüssel. Mozart selbst gibt an, daß der Violinpart von der Klarinette übernommen werden kann, dem Instrument, das für ihn zum Inbegriff für die Maurerei wird. Einstein glaubt, daß die Tonart hier nicht Symbol des Ordens ist, sondern der

Freundschaft.[155] Das eine schließt das andere nicht aus, da der Klarinettist, der es zuerst gespielt hat, Stadler war, und die Pianistin Franziska von Jacquin, die Schwester des Logenbruders und Freundes Gottfried.

Die Massin meinen in bezug auf die *Symphonie Nr. 38 D-Dur*, die sogenannte »Prager Symphonie«, *KV 504*, daß »es keinen Zweifel an den maurerischen Absichten des Werkes gibt«[156], und sei es nur durch die gebundenen Noten und die Pausen. Man müßte wirklich die Art und Weise untersuchen, wie Mozart nach seiner Aufnahme in der Bruderschaft die Pausen einsetzt!

Was ist zu sagen über die großen *drei letzten Symphonien*, *Nr. 39 KV 543*, *Nr. 40 KV 550* und *Nr. 41 KV 551*, die Mozart in weniger als drei Monaten schrieb? »Der Gesamtplan der Trilogie ist an sich schon explizit: Es-Dur der ersten, ermöglicht das Exposé der maurerischen Philosophie; G-Moll der zweiten stellt die Drangsal des Menschen auf der Suche nach dem maurerischen Lichte dar; das abschließende C-Dur saugt in einem großen Brand alles auf, was vorher erlebt wurde.«[157] Mit neun (3 mal 3) rituellen Schlägen in den Streichern zu Beginn des Adagios der Es-Dur-Symphonie werden wir in den Tempel eingeführt und, wie die zögernde Entwicklung des Hauptthemas andeutet, dauert es, bis die Lichter entzündet sind. Wir sind nun nicht mehr in der profanen Welt. Wir nehmen an einem brüderlichen Gedankenaustausch teil, der einmal abgeklärter, einmal lebhafter ist. Das geistige Ideal Mozarts wird auf »leuchtende Art erkennbar, ernst und freudig, vertrauensvoll und klarsichtig«[158].

Muß noch eigens auf die Bedeutung der Gegensätze in der Maurerei hingewiesen werden? Ohne Schatten, kein Licht.

So steht die 40. Symphonie im dialektischen Gegensatz zur 39., um das verwundete Ich von Mozart auszudrücken:

Dreifache Dreierakzente sprechen von der Bearbeitung des rauhen Steines, die gebundenen Noten von der Brüderlichkeit.

Mit der Symphonie Nr. 41 steigen wir wieder zum Osten im Tempel hoch. Wir begegnen derselben Formel wie in der Symphonie Nr. 39, aber diesmal ergibt sich die Lösung, das sublime Licht des Finales, die Synthese der Themen, der Musiksprachen, der Formen: Die Arbeit am Großen Gebäude wird symbolisiert, insbesondere in der Stretta, mit der die Coda beginnt: »Per aspera ad astra.« Mozart steht in Ordnung.

Ohne weiter ins Detail von Mozarts maurerisch-musikalischer Arbeit zu gehen, möchte ich noch kurz auf einige Werke hinweisen, die von Maurerbrüdern in Auftrag gegeben wurden oder ihnen gewidmet sind, Werke demnach, die Ausdruck der brüderlichen Freundschaft, des Zutrauens und Vertrauens sind.

Mozart schrieb das *Divertimento Es-Dur KV 563* kurz nach der Symphonie Nr. 41 KV 551. Es ist Bruder Puchberg gewidmet, der ihm immer wieder aus der finanziellen Misere half. Dieser schenkt ihm eines seiner schönsten und reinsten Werke, in einer alten Form in brüderlicher Tonart. Dies ist »die Dürftigkeit nach dem Glanz der olympischen Symphonie. Aber welche Dichtigkeit!« [159]

Sie ist die Frucht geistiger Arbeit. Es heißt Würde zu wahren, selbst wenn die Angst am größten ist (Adagio!) – so lautet das Gelernte, was zur Lehre wird.

Dieselbe Lehre bestimmt die letzten *Streichquintette D-Dur KV 593* und *Es-Dur KV 614*, Auftragswerke des Violonisten und Maurerbruders Johann Tost. Sie sind komplementär und verdeutlichen das schon hervorgehobene und für die Maurer so bedeutsame »Per aspera ad astra«.

Zwei seiner schönsten Werke schrieb Mozart für seinen Bruderfreund Anton Stadler. Das erste, das *Klarinetten-*

quintett A-Dur KV 581 beginnt mit einem Thema, das dem
des Puchberg-Trios sehr ähnlich ist, aber hier schwingt
sich die Klarinette, das Lieblingsinstrument Mozarts, das
Instrument »par excellence« seiner Werke mit maurerischem Charakter, zu einem Gesang der Brüderlichkeit und
Menschlichkeit auf, der alle Zärtlichkeit der Welt in sich
enthält. Sein Echo und seine Weiterführung stellt das
Klarinettenkonzert A-Dur KV 622 dar, das eine ähnliche
Inspiration aufweist, eine ähnliche Gelöstheit und innere
Ruhe, eine ähnliche Zärtlichkeit für eine Welt, die Mozart
dabei war zu verlassen.

Ich muß mich wiederholen: Ich glaube nicht, daß Mozart
sich bewußt war, wie angeschlagen sein Gesundheitszustand war. Eines steht fest: Keines seiner letzten Werke, –
die alle eine Beziehung zur Freimaurerei haben! – verrät
Unruhe, Angst, Unsicherheit, Verzweiflung. Es ist, als
blicke Mozart versöhnt zurück auf eine Welt, die ihn so
hart behandelt hat und der er soviel schenkte.

Nur ein Brief an den Vater blieb uns erhalten, nachdem
dieser ebenfalls Aufnahme in den Orden gefunden hatte.
Dieser Brief, den Wolfgang ihm schrieb, als er von seiner
Krankheit erfahren hatte, ist zu Recht berühmt geworden.
Er ist in vielen Hinsichten bemerkenswert. Man kann
gewiß sein, daß die Freimaurerei eine erneute Annäherung zwischen Vater und Sohn bewirkt hatte. Gemeinsam
hatten sie das Erlebnis der Einweihung gekannt. Der Sohn
war bei der Aufnahme des Vaters zugegen, und zum ersten
Male stand er diesem nicht in einem Abhängigkeitsver-
hältnis gegenüber, sondern in einer brüderlichen Beziehung und einem Austausch, der zu einer neuen Lebenser-
kenntnis und Lebenserfahrung geführt hat.

Hier der entscheidende Abschnitt aus diesem Brief vom
4. April 1787:

»da der tod (genau zu nemmen) der wahre Endzweck

unsers lebens ist, so habe ich mich seit ein Paar Jahren mit diesem wahren, besten freunde des Menschen so bekannt gemacht, daß sein Bild nicht allein nichts schreckendes mehr für mich hat, sondern recht viel beruhigendes und tröstendes! und ich danke meinem gott, daß er mir das glück gegönnt hat mir die gelegenheit (Sie verstehen mich) zu verschaffen, ihn als den *Schlüssel* zu unserer wahren Glückseeligkeit kennen zu lernen. – ich lege mich nie zu bette ohne zu bedenken, daß ich vielleicht (so Jung als ich bin) den andern Tag nicht mehr seyn werde – und es wird doch kein Mensch von allen die mich kennen sagn können daß ich im Umgange mürrisch oder traurig wäre – und für diese glückseeligkeit danke ich alle Tage meinem Schöpfer und wünsche sie von Herzen Jedem meiner Mitmenschen.–«

Der Text sagt: »seit ein Paar Jahren«, was wörtlich heißt: »seit zwei Jahren«. Dies führt uns zur Zeit der Einweihung zurück. Mozart schreibt: »Sie verstehen mich«, eine evidente Anspielung an ihre gemeinsame freimaurerische Meister-Erfahrung.

Diese Art, das Ende des irdischen Lebens anzugehen, kann als konkrete Frucht der maurerischen Arbeit angesehen werden, die Wolfgang an sich unternommen hat.

Mozart hat sich mit dem Tode vertraut gemacht. Er hat keine Angst mehr vor ihm, er ist nicht auf der Flucht vor ihm. Den inneren Frieden zu gewinnen, bevor man die letzte Reise antritt, so lautet die Botschaft neuer und brüderlicher Freundschaft, die Wolfgang seinem Vater vermittelt, in der Hoffnung, eine neue Verbundenheit, eine neue Partnerschaft mit ihm gefunden zu haben.

Wir sind weit von der katholischen Annäherung an die letzten Dinge entfernt. Hier klingt keine Reue durch und keine Angst, im Stande der Todsünde zu sterben, aber ein klarer Blick hin zum Leben, das Mozart um so intensiver erlebt hat, als er es verstanden hat, über den Tod nachzudenken.

Diese Haltung ist das geistige Fundament, von dem aus es ihm möglich wurde, musikalisch Don Giovannis wilde Entschlossenheit wiederzugeben, nach seiner eigenen Natur zu leben und dem Tode zu trotzen, »die Offenbarung der dialektischen Identität zwischen Leben und Tod anzunehmen«[160] und so eine neue Freiheit zu gewinnen, die letztmögliche Freiheit, nichts zu bereuen: »Viva la libertà!«[161]

Für Mozart wird die freie Willenshaltung Triebkraft seines Handelns. Unter diesem Blickwinkel ist der Brief an den Vater auch ein Abschied an den Glauben seiner Kindheit und die Hüterin dieses Glaubens, die Kirche. Mozart hat die Nabelschnur durchgeschnitten.

Seitdem er nicht mehr im Dienste eines Kirchenfürsten steht, schreibt er keine geistliche Musik mehr während einer Zeitspanne von acht Jahren, die sich von der – unvollendeten – C-Moll-Messe von 1783 zum – unvollendeten – Requiem von 1791 erstreckt. Das Oratorium »Davidde penitente« von 1784/85 ist hierfür kein Gegenbeweis, sondern eine Bestätigung. Dieses Oratorium ist ein Auftragswerk, dessen Mozart sich mit der geringstmöglichen Mühe entledigt: Um es zu schreiben, benutzt er die Musik der C-Moll-Messe. Er fügt nur gerade zwei neue Arien und eine Kadenz hinzu.

Für die Messe brachte er es nicht mehr fertig, das »Credo« zu schreiben, seinen Glauben an einen dreifaltigen Gott und an seine offenbarte Kirche musikalisch auszudrücken. Er brach nach dem »Et incarnatus est« ab: Gott, der Mensch geworden war.

Im Requiem stößt sich Mozart am »Dies Irae« und ist unfähig, den Gedanken an die Tränen und Schrecken des Jüngsten Gerichtes in Noten festzuhalten. Nach acht Tak-

ten des »Lacrymosa« bricht er ab: »Tag der Tränen, da der
Mensch aus dem Staube ersteht, um gerichtet zu werden...«

Während dieser Jahre schafft Mozart hingegen Werke, die
immer stärker vom maurerischen Humanismus und einem
Geist der Freiheit und der Toleranz geprägt sind. Ohne
seine Bindung an die Freimaurerei hätte er sicher nicht
den »Signor Contino« der »Nozze« zum Tanze aufgefordert und hätte auch nicht die dramatisch so menschlichen
Akzente der Wahlverwandtschaften in »Cosi fan tutte«
gefunden, zwanzig Jahre vor Goethe.

Mozart ist zweifellos ein gläubiger Mensch, aber der zor-
nige Gott des Alten Testamentes und der Erlöser des
Neuen sind dem Großen Baumeister aller Welten gewi-
chen, der einen neuen Blick auf das Sein und das Dasein
ermöglicht: Mozart wendet sich dem Mensch zu und wird
so fähig, die schönste geistliche Musik zu schreiben, die
man sich vorstellen kann, das »Ave Verum« KV 618.

Ihm antwortet, nur wenig später, der Chor der Priester in
der »Zauberflöte«.

Wohlthätigkeit.

57 $\frac{14}{XII}$ 84   Um 27 Uhr, im 1. Gr.

[handwritten:] d Anzal Pümmen, Bürglein zu Landberg, und
Mozart Kapellmeister

Vorgeſchlagen: *[handwritten:]* Franz Adolf, Calculator bey der fürſt-
lichen Hofbuchhaltung.

W. i. O.
57 $\frac{11}{XII}$ 84

[signature:] Schwaninhardt Secr:

V 4 69

IV.
Der große Gesang

Ankündigung der Uraufführung, 1791

Paul Wranitzky

Das von J. Alberti gesto-
chene Frontispiz des
Original-Librettos, 179

Emanuel Schikaneder
mit der »Almanach«-
Titelseite, 1791

Karl Ludwig Gieseke

»Die Zauberflöte«
mehr als ein Titel

Für die Franzosen beginnt das Werk von Mozart, das geradezu die Verkörperung seiner maurerischen Geisteshaltung darstellt, schon mit einem Irrtum im Titel. Auf französisch heißt dieser nämlich »La Flûte enchantée«, was soviel bedeutet, als daß die Flöte verzaubert ist, wo doch der Zauber eigentlich von ihr ausgeht.

Der deutsche Titel »Die Zauberflöte« ist hingegen vollauf berechtigt. Dreimal spielt Tamino auf ihr, und dreimal wirkt ihr Zauber an Scheidepunkten auf seinem Weg zur maurerischen Initiation.

Nachdem Tamino an den Pforten der drei Tempel der Weisheit, der Vernunft und der Natur zurückgewiesen wurde, erhält er von einem »alten Priester« und von »einigen Stimmen (von innen)« Antwort auf seine drei quälenden Fragen: »Wann also wird die Decke schwinden?« – »O ew'ge Nacht, wann wirst du schwinden? – / Wann wird das Licht mein Auge finden?« – »Ihr Unsichtbaren saget mir: / Lebt denn Pamina noch?«[162]

Die beiden ersten Antworten sind verständlicherweise geheimnisvoll: »Sobald dich führt der Freundschaft Hand / Ins Heiligtum zum ewgen Band« und »Bald, Jüngling, oder nie!« Die dritte bejaht: »Pamina lebet noch! –«, und Tamino greift freudig zur Flöte, um den Göttern und den Unsichtbaren seinen Dank zu sagen: »...sogleich kommen Tiere von allen Arten hervor, ihm zuzuhören.«

Erstmals seit Beginn der Oper hört man den Klang dieses Instrumentes, denn Mozart hat bewußt bis dahin die Flöte aus der Orchestrierung der Partitur herausgelassen. So

wird ihr Klang nun zur Offenbarung, und beschwörende
Wirkung wird ihr zuerkannt.

Tamino gelingt es allerdings nicht, Pamina damit herbei-
zulocken: »Doch nur Pamina bleibt davon.« Die Töne
werden aber von Pamina und Papageno gehört, die beide
auf der Flucht vor Monostatos sind, und Papageno antwortet auf seinem »Faunen-Flötchen«.

Das zweite Mal, da Tamino zur Flöte greift, sind er und
Papageno in einer »Halle« und sollen die Prüfungen bestehen, die sie als würdig erweisen sollen, eingeweiht zu
werden. Sie haben die Wahl zwischen der »guten Küche
und dem Götterwein«, die die drei Knaben ihnen herbei-
bringen, und den beiden Instrumenten, Flöte und Glok-
kenspiel, die ihnen zurückgegeben werden. Papageno
stürzt sich sofort auf die Nahrung, die Tamino verschmäht.
Er greift zur Flöte. Diesmal locken die Töne Pamina
herbei. Tamino, durch die Schweigepflicht gebunden,
kann ihr aber nicht antworten und »winkt ihr fortzuge-
hen«. Das ist für sie »mehr als Kränkung – mehr als Tod!«,
und sie singt eine der ergreifendsten Arien, die je geschrieben wurden: »Ach ich fühl's, es ist verschwunden! Ewig hin
der Liebe Glück! –«

Beim dritten Male gehen Pamina und Tamino gemeinsam
die Feuer- und Wasserprobe an. Diesmal ist es Pamina, die
dem Prinzen empfiehlt: »Nun komm und spiel die Flöte
an! Sie leite uns auf grauser Bahn.« Und während der
einmaligen Szene, die in ihrer Reinheit ihresgleichen nicht
hat, spielt Tamino eine Melodie von einer derartigen Feierlichkeit und inneren Ruhe, daß sie keiner Begleitung
bedarf, nur »gedämpfte Pauken akkompagnieren manchmal darunter«. Der Gesang der Flöte schützt die beiden
während der Prüfungen und läßt sie »des Todes Schrecken
überwinden«.

Beim ersten Male gibt die Zauberflöte Tamino moralischen Halt, als alles für ihn ins Wanken gerät und er seine Vorurteile aufgeben muß, damit er würdig werde, eingeweiht zu werden. Beim zweiten Male hilft sie ihm, die Luftprüfung zu bestehen, beim dritten trägt sie dazu bei, daß Tamino und Pamina die Gefahren der entscheidenden Prüfungen überwinden.

Die Zauberflöte ist Partner ihrer Initiation.

Eine wirre Geschichte?

Eine Zusammenfassung der Handlung der »Zauber-flöte« besagt in etwa folgendes:

I. Akt

Tamino, ein Prinz in einem »prächtigen javonischen Jagd-kleide«, wird von einer »listigen Schlange« (ursprünglich einem »grimmigen Löwen«) verfolgt. Er fällt in Ohnmacht zum gleichen Zeitpunkt, als drei verschleierte Damen aus einem Tempel treten und das Ungeheuer töten. Papageno, Vogelmensch und Vogelfänger erscheint, als sie wegge-gangen sind, um der Königin der Nacht, ihrer Herrin, ihren Erfolg zu melden. Tamino »erwacht« und hält Papa-geno für seinen Retter. Der streitet es nicht ab und wird dafür von den zurückgekehrten Damen bestraft. Diese zeigen Tamino das Bild eines jungen Mädchens, in das der Prinz sich sogleich verliebt. Er erfährt, daß ein »mächtiger, böser Dämon« der Königin der Nacht ihre Tochter Pamina entrissen hat und gefangen hält. Tamino will sich sofort aufmachen, um sie zu befreien. Die Königin der Nacht erscheint selbst in ihrer ganzen Herrlichkeit und verspricht Tamino, daß Pamina »dann auf ewig« sein werde, wenn er sie befreie. Papageno muß mit Tamino zur Burg des Ty-rannen ziehen. Von den drei Damen erhält Tamino die »goldene Flöte« und Papageno ein »stählnes Gelächter«, ein Glockenspiel.

»Sobald das Theater in ein prächtiges ägyptisches Zimmer verwandelt ist«, erscheinen drei Sklaven, die sich darüber freuen, daß Pamina hat fliehen können und der Mohr

Monostatos, der sie bewachen muß und sie begehrt, dafür
bestraft wird. Monostatos aber konnte das Mädchen wieder einfangen und bringt es zurück. Papageno erscheint.
Der Mohr fällt in Schrecken vor dem Gefiederten, Papageno vor dem Schwarzen. Monostatos flieht, Papageno
kündigt Pamina Hilfe von Tamino an.

Geleitet von drei Knaben, findet sich Tamino in einem
Hain mit einem Tempelgefüge wieder. In der Mitte steht
der Tempel der Weisheit, dieser »führt mit Säulen zu zwei
andern Tempeln«, dem Tempel der Vernunft zur Rechten,
dem Tempel der Natur zur Linken. Um Sarastro, den
»Bösewicht« zu finden, will Tamino in die Heiligtümer
eindringen, wird aber zurückgestoßen. Aus dem Weis-
heitstempel tritt ein alter Priester hervor und klärt ihn
darüber auf, daß alles, was die Königin der Nacht ihm
gesagt hat, »Heuchelei« sei. Für Tamino bricht eine Welt
zusammen, er findet aber Trost und Mut durch die ge-
heimnisvollen Stimmen, die aus dem Innern der Tempel
erklingen. Papageno gelingt es, den Mohren mit seinem
Glockenspiel zu bezaubern. Sarastro erscheint auf einem
»Triumphwagen (...), der von sechs Löwen gezogen wird«.
Er bestraft Monostatos und trennt Tamino und Pamina,
die sich endlich gefunden haben und sich in die Arme
gefallen sind. Die beiden »Fremdlinge« werden in den
»Prüfungstempel« eingeführt.

II. Akt

»Das Theater ist ein Palmwald; alle Bäume sind silberar-
tig, die Blätter von Gold. Achtzehn Sitze von Blättern; auf
einem jeden Sitze steht eine Pyramide mit ein großes
schwarzes Horn mit Gold gefaßt.« Sarastro fragt die Priester um die Erlaubnis, Tamino den Prüfungen auszusetzen, die ermöglichen sollen, »ins Heiligtum des größten

Lichts« zu blicken. Er ruft die Hilfe der Götter Isis und Osiris an. Tamino und Papageno müssen sich verschiedenen Versuchungen durch Schweigen widersetzen, unter anderm einem Besuch der drei Damen.

Monostatos nähert sich lüstern Pamina, gerade als deren Mutter, die Königin der Nacht, auftaucht und ihr einen Dolch überreicht, mit dem sie Sarastro töten soll. Monostatos, der alles gehört hat, will sie zwingen, ihn zu lieben, um sich und ihre Mutter zu retten. Als Pamina sich weigert, bedroht er sie. Sarastro erscheint, der Mohr flieht. Sarastro versichert Pamina: »In diesen heil'gen Hallen / Kennt man die Rache nicht!«

Sogar gegenüber Pamina, die auf Taminos Flötenspiel herbeigeeilt ist, bricht dieser sein Schweigen nicht. Pamina tritt verzweifelt ab.
Papageno verfehlt die Prüfungen. Er wird nicht zu den Eingeweihten gehören, später dennoch »ein Mädchen oder Weibchen« finden, das seinem Wesen entspricht: Papagena.

In zwei großen Bergen, – »in dem einen ist ein Wasserfall, worin man sausen und brausen hört; der andre speit Feuer aus« – müssen Tamino und Pamina, endlich vereint, die letzten, schwierigsten Prüfungen bestehen. Pamina versichert Tamino: »Ich werde allerorten / An deiner Seite sein. – / Ich selbsten führe dich – / Die Liebe leite mich! –« Beide werden nach bestandenen Prüfungen unter die Eingeweihten aufgenommen. Ein letzter Versuch der Königin der Nacht, die von Monostatos geleitet wird, Sarastros Reich zu erobern, scheitert: »Die Strahlen der Sonne vertreiben die Nacht.«
Bei einem ersten und mehr noch bei genauerem Hinsehen

erscheint die Handlung der »Zauberflöte« recht verworren[163]. Man muß deshalb davon ausgehen, daß wir es hier mit einer anderen Logik zu tun haben, die mit der Erwachsenenwelt und ihrer Rationalität nichts zu tun hat: Wir sind im Bereich des Märchenhaften. Die Inkohärenz, die zum Wesen des Märchens gehört, ist konstitutives Element der Handlung. Wenn auch Erwachsene sich an dieser Geschichte stören können, so habe ich noch nie ein Kind kennengelernt, dem sie die geringste Schwierigkeit bereitet hätte.

Die Quellen des Werkes

Ob das Libretto der »Zauberflöte« von Schikaneder allein stammt oder ob andere Mitglieder seiner Truppe, etwa Gieseke, daran mitgearbeitet haben, ist letzten Endes in bezug auf das Ergebnis unwichtig. Die Handlung beruht effektiv auf einer Märchensammlung, die zur damaligen Zeit einen ungeahnten Erfolg kannte: »Dschinnistan oder auserlesene Feen- und Geister-Maehrchen« von Christoph Martin Wieland. Die Sammlung in drei Bänden, die ab 1786 herausgegeben wurde, enthält in dem zweiten von 1787 eine Erzählung von J. A. Liebeskind mit dem Titel »Lulu oder Die Zauberflöte«, und in dem dritten von 1789 eine andere von Wieland selbst: »Die klugen Knaben«. Die erste beinhaltet fast genau den ersten Teil der »Zauberflöte«, bis zur berühmten »Umwertung aller Werte«, wenn der sogenannte Bösewicht zur Verkörperung aller Weisheit wird und die untröstliche Mutter die Verkörperung aller Bosheit. Die zweite Erzählung führt die Wesenselemente des zweiten Aktes ein, insbesondere das glückhafte Eingreifen der drei Knaben an entscheidenden Stellen des Handlungsablaufs.[164]

Es war nicht zum ersten Male, daß Schikaneder in dieser Sammlung seine Inspiration gesucht hatte. Schon sein Singspiel »Oberon, König der Elfen«, dessen Premiere am 7. November 1789 stattgefunden hatte und in der ein Wunderhorn eine wichtige Rolle spielt, hatte hier seine Quelle. Der Erfolg des Werkes, dessen Libretto von Gieseke und dessen Musik von Wranitzky (beide Maurer) stammte, wird ihn sicher dazu bewegt haben, in derselben Richtung weiterzufahren. So schuf er am 11. September 1790 in seinem Theater die »heroisch-komische« Oper: »Der Stein der Weisen« auf ein Textbuch von ihm selbst, nach demselben »Dschinnistan« von Wieland und auf eine Musik von Benedikt Schack. Mozart hatte dazu ebenfalls einen Beitrag geleistet mit der Orchestrierung des Duos: »Nun liebes Weibchen« KV 625. Damit steht fest, daß Mozart zu diesem Zeitpunkt in enger Verbindung mit Schikaneder stand.

Die beiden hatten sich 1780 in Salzburg kennengelernt. Mozart hatte fünf »Zwischenaktmusiken« für die »Thamos«-Produktion Schikaneders von 1781 geschrieben. Die beiden sollten sich in Wien zu dem Zeitpunkt wiedertreffen, als Schikaneder das »Theater auf der Wieden« übernahm. Ihre Beziehung wurde um so enger, als Joseph Edler von Bauernfeld, ein Freund der Familie Mozart und Taufpate der Nichte Constanzes, Teilhaber des Unternehmens war.

Während Schikaneder und Mozart dann an der »Zauberflöte« arbeiteten, führte Schikaneders Konkurrenzunternehmen, das Marinelli-Theater in Leopoldstadt, am 8. Juni 1791 eine Zauberoper nach Périnet auf, mit dem Titel: »Kaspar der Fagottist«. Diese fußte auf demselben Märchen wie die »Zauberflöte«. Ihre Musik stammte von dem damals populären Wenzel Müller. Zahlreiche Musikwissenschaftler, die sich an dem vermeintlichen »Bruch« in der »Zauberflöte« stören, gehen von der Hypothese aus, daß der »Meistercoup« der Rivalen Schikaneder und Mozart derart erschüttert hätte, daß sie das schon begonnene Werk in Richtung Freimaurerei umorientiert hätten.

Ihre Hypothese wird von Mozart selbst entkräftet. In einem Brief vom 12. Juni 1791 an seine Frau, die sich zur Kur in Baden aufhielt, notierte er: »— ich gieng dann um mich aufzuheitern zum Kasperl in die neue Oper der *Fagottist*, der so viel Lärm macht – aber gar nichts daran ist.« [165]

Es darf ebenfalls als erwiesen angesehen werden, daß Mozart sein Wort bei der Erarbeitung der »Zauberflöte« mitzureden hatte, nicht nur, was die Musik betrifft, sondern auch, was den Text und die Struktur des Werkes angeht. Wir finden nämlich Szenen darin wieder, die fast wortwörtlich aus zwei Libretti stammen, zu denen Mozart vorher Szenenmusiken geschrieben hatte, und zwar wird eine Episode aus »Zaïde« übernommen, in der ein Bildnis eine ebenso bedeutende Rolle spielt wie in der »Zauberflöte« (Akt I,4, Arie des Gomatz), und aus »Thamos« wird das bei den Freimaurern beliebte ägyptische Umfeld entlehnt.

Man findet sogar eine ähnliche Geisteshaltung in diesen beiden Opern wieder. »Zaïde« plädiert, wie »Die Entführung aus dem Serail«, für mehr Verständnis gegenüber denen, die einen anderen Glauben, eine andere Meinung oder andere Sitten hatten.

Hier spiegelt sich der Geist der Aufklärung wider, die die Beschreibung anderer Sitten, insbesondere orientalischer, benutzte, um die Arroganz und Intoleranz der Kirchen anzuprangern, um anzugehen gegen die »christliche Anmaßung, das Monopol der hohen, moralischen Werte der Menschheit zu besitzen. Und in diesem Kampf, der auf die Annahme eines moralischen Synkretismus der menschlichen Werte hinauslief, standen die Freimaurer in vorderster Front.«[166]

Aus »Thamos« sind die Idee des symbolischen Kampfes zwischen Licht und Finsternis, letztere durch Mirza, erstere durch den Sonnen-Oberpriester Sethos verkörpert, sowie die Themen des Raubs eines jungen Mädchens (Saïs), ihrer Erziehung durch die Licht-Jünger, der Einweihung des jungen Prinzen, Thamos, und der Heirat der beiden, in die »Zauberflöte« eingegangen. Sie wären es nicht ohne Mozarts Zutun.

Eine andere Quelle der Inspiration für die »Zauberflöte« stellt ein Roman dar, der 1731 ohne Autorenname in Frankreich erschien: »Sethos, Histoire ou Vie tirée des Monuments, anecdotes de l'ancienne Egypte; ouvrage dans lequel on trouve la description des Initiations aux Mystères Egyptiens, traduit d'un manuscrit Grec«. Heute kennt man den Namen des Urhebers. Es handelt sich um den Abbé Jean Terrasson.

»Sethos« kannte einen ungeheueren Erfolg. Schon 1732 ein erstes Mal ins Deutsche von Christoph Wend übertragen, dann 1777 und 1778 wieder durch Matthias Claudius [167], wurde der Roman zum Lieblingsbuch der Freimaurer in den deutschsprachigen Ländern, zumindest derer, die sich dem Mystizismus und der Ägyptologie zuwandten, den Anhängern des Ritus von Memphis und Misraïm. Die Parallelen zwischen der Geschichte, die Abbé Terrasson erzählt, und dem Ablauf der »Zauberflöte« sind erstaunlich groß und können bis ins Detail nachgewiesen werden. So ist sogar die Zahl der auftretenden Priester in beiden Werken die gleiche: 18. Achtzehn Meister bewachen nach der maurerischen Legende den Leichnam Hirams ... [168]

Als weitere bedeutsame Quelle für die »Zauberflöte« gilt die Oper »Osiris« von Gottlieb Naumann, auf ein Textbuch von Mazzola, die 1781 in Dresden zur Uraufführung kam. Naumann ist ein bekannter Freimaurer und hat eine große Anzahl maurerischer Lieder und Gesänge komponiert. »Osiris« ist ein Plädoyer für die Königliche Kunst mittels der Symbolik der altägyptischen Geschichte und des Kampfes zwischen Licht und Dunkelheit, der Auseinandersetzung zwischen den Kräften des Guten und des Bösen. [169]

Schließlich muß das »Journal für Freymaurer« erwähnt werden, in dem Ignaz von Born, 1784, einen Text mit dem

Titel: »Ueber die Mysterien der Aegypter« veröffentlicht hatte, der einen großen Nachhall gefunden hatte. Es wird dazu vermutet, daß Mozart und Schikaneder sich hier nicht nur inspiriert haben, sondern Ignaz von Born, der schon zu Lebzeiten »im Mittelpunkt eines förmlichen Kults[170]« stand, vor seinem Tode noch aufgesucht haben.[171] Jedenfalls hat der Musikwissenschaftler Egon Komorozynski im Detail nachgewiesen, welche Textstellen von Borns Schriften inspiriert sind.

Born starb am 24. Juli 1791, als die Arbeiten an der »Zauberflöte« ihren Höhepunkt erreichten. Verständlich bleibt, daß die meisten Kommentatoren in der Figur Sarastros eine Würdigung des bedeutendsten Vertreters der Freimaurerei im Kaiserreich sehen.

Die Entstehung der Musik

Am 5. Oktober 1790 schreibt Schikaneder an Mozart: »Lieber Wolffgang! Derweilen schicke ich Dir Dein Pa pa pa zurückh, das mir ziemlich recht ist. Es wirds schon thun. Abends sehen wir uns bei den bewußten – Krippen. Dein Schikaneder.« Er macht demnach eine deutliche Anspielung an das kommende zweite Finale der »Zauberflöte«[172].

Damit ist ein kostbarer Hinweis dafür gegeben, daß er und Wolfgang sich zu diesem Zeitpunkt schon mit der kommenden Oper befaßten, und zugleich eine andere Legende widerlegt, nach der Schikaneder kurz vor dem Bankrott stand, vor dem ihn dann der unmittelbare Erfolg der »Zauberflöte« bewahrt hat. Zwar ist bekannt, daß es den Theatern in Wien zu dieser Zeit schlecht ging und die Opern- und Theateraufträge großenteils infolge des desaströsen Türkenkrieges ausblieben, dennoch stimmt es nicht, daß sich Schikaneder voller Verzweiflung – im März 1791! – an Mozart gewandt habe, mit der Bitte, ihm eine große Oper mit viel Szeneneffekten zu schreiben, die allein sein Theater noch vor dem Ruin bewahren könnte, und daß Mozart nur widerwillig seine Zustimmung gegeben habe.

Eine weitere Legende, die sich um die Entstehung der »Zauberflöte« rankt, besagt, daß Schikaneder, um Mozart bei Laune zu halten, ihn mit Wein und Weib wohlversorgt habe, Mozart dabei aber eine sogenannte »galante« Krankheit erwischt habe, die dann mit Quecksilber durch van Swieten behandelt wurde und damit zu Mozarts Vergiftung geführt habe... Das Ganze habe sich in Schikaneders Chalet im Garten des Freihaustheaters, dem berühmten »Zauberflötenhäuschen«, abgespielt, das in den Gärten des Salzburger Mozarteums ausgestellt ist. Man hat aber nicht einmal nachgeprüft, ob das Holz, aus dem das Häuschen hergestellt ist, aus dieser Epoche stammt und ob Schikaneder überhaupt einen Garten hatte.[173]

Viel realer hingegen ist ein Brief, den Mozart am 6. Juni an seine Frau schickt und dessen Beginn auf Französisch sich in der Rechtschreibung Mozarts wie folgt liest: »J'écris cette lettre dans la petite Chambre au Jardin chez Leitgeb ou j'ai couché cette Nuit excellement – et j'espère que ma chere Epouse aura passée cette Nuit aussi bien que moi, j'y passerai cette Nuit aussi, puisque J'ai congedié Leonore, et je serais tout seul a la maison, ce qui n'est pas agreable.«[174]

In der Woche vom 21. zum 27. April schon entschuldigte sich Mozart bei Puchberg, weil er soviel zu tun habe, aber erst in einem Brief vom 11. Juni an Constanze, die wieder in Baden bei ihrer Kur war, erwähnt er ausdrücklich die »Zauberflöte«: »Aus lauter langer Weile habe ich heute von der Oper eine Arie componirt« – welche, ist nicht bekannt. Er schließt den Brief: »ich küsse Dich 1000mal und sage in Gedanken mit Dir: Tod und Verzweiflung war sein Lohn! – Dein Dich ewig liebender Mann«[175]. Mozart war demzufolge zu diesem Zeitpunkt bei der Ausarbeitung des II. Aufzugs!

Mozarts Einsamkeit muß damals groß gewesen sein, vor allem weil eine Geldaffäre, von der man nichts Rechtes weiß, ihn die meiste Zeit im Juni und Juli in Wien zurückhielt und ihn daran hinderte, Anfang Juli zu Constanze nach Baden zu fahren.

Am 3. Juli schreibt er an Constanze, Süßmayr solle ihm dringend den ersten Aufzug der »Zauberflöte« bis zum Finale schicken, damit er ihn instrumentieren könne.

Am 5. Juli schreibt er ihr: »– ich hoffe, Dich Samstag umarmen zu können, vielleicht eher. Sobald mein Geschäft zu Ende ist, so bin ich bey Dir – denn ich habe mir vorgenommen, in Deiner Umarmung auszuruhen; ich werd' es auch brauchen – denn die innerliche Sorge, Bekümmerniß und das damit verbundene Laufen mattet einen doch ein wenig ab.« – Am 6. schreibt er: »gedult! es wird schon besser kommen – ich ruhe dann in deinen Armen aus! –«

Am 7. beklagt er sich: »ich kann Dir meine Empfindung nicht erklären, es ist eine gewisse Leere – die mir halt wehe thut, – ein gewisses Sehnen, welches nie befriediget wird, folglich nie aufhört – immer fortdauert, ja von Tag zu Tag wächst (...) – es freuet mich auch meine Arbeit nicht, weil, gewohnt bisweilen auszusetzen und mit Dir ein paar Worte zu sprechen, dieses Vergnügen nun leider eine Unmöglichkeit ist – gehe ich ans Klavier und sing etwas aus der Oper, so muß ich gleich aufhören – es macht mir zu viel Empfindung –«[176]

Die Trennung von Constanze muß Mozart besonders schwergefallen sein, denn nur selten finden sich in seinen Briefen Äußerungen der Art, wie sie sich diesmal häufen; finanzielle Sorgen, innere Trauer, sogar Resignation machen sich breit. Unter so ungünstigen Bedingungen schreibt er dennoch eine Oper, deren Leichtigkeit und Kraft immer wieder in Erstaunen versetzen.

Mozarts Briefe aus dieser Zeit machen aber auch deutlich, daß die Oper nicht mehr umgeändert wurde. Ein solcher Eingriff hätte zwischen dem 11. und dem 23. Juni erfolgen müssen, dem Tag, an dem Mozart aus Baden nach Wien zurückkehrte. In Baden hatte er noch am 18. für seinen Freund, den Lehrer und Chorleiter an der Badener Kirche, Anton Stoll, das wundervolle »Ave Verum« KV 618 geschrieben. Dort hatte er auch die Noten (Singstimmen und

Orchesterskizzen) zurückgelassen, damit Süßmayr sie kopierte. Hätte er sie nicht als endgültig angesehen, hätte er
sie gewiß nicht Anfang Juli zur Instrumentierung zurück-
gefordert.

Mitte Juli beendete Mozart die »Kleine deutsche Kantate«
KV 619 für Ziegenhagen, in der sich viele Elemente wiederfinden, die den Stil der »Zauberflöte« charakterisieren.
Mozart war derart in die freimaurerische Atmosphäre ein-
getaucht, daß es ihm nicht die geringste Schwierigkeit
bereitete, zusätzlich zu seiner riesigen Arbeit an der Oper
eine Kantate zu schreiben, deren Inspiration die Ideale und
Visionen des Ordens waren.

Zur selben Zeit schreibt er die »Zauberflöte« in sein »Verzeichnüß« ein.

Sein sechstes Kind, Franz Xaver Wolfgang, kommt am
26. Juli zur Welt. Inzwischen wird er die Aufträge für die
Oper »Titus« und das »Requiem« erhalten haben.

Nach seiner Rückkehr von den Krönungsfeierlichkeiten in
Prag – wo er, wie bereits erwähnt, den Brüdern, die ihn im
Tempel »Zur Wahrheit und Einigkeit« zu den Klängen
seiner Kantate »Die Maurerfreude« empfangen hatten, ein
neues großes maurerisches Werk angekündigt hatte –
beendet der Meister die Partitur der »Zauberflöte« am
28. September mit der Ouvertüre und dem Marsch der
Priester (Nr. 9).

Zwei Tage später, am 30., dirigierte Mozart selbst vom
Cembalo aus die Uraufführung. Süßmayr dreht die Noten-
blätter. Das Wiener Publikum der Vorstädte, das wegen
eines Spektakels mit vielen Bühneneffekten in Scharen
gekommen war, ist verunsichert. Zu Ende des ersten Aufzugs ist Mozart »überzeugt, daß die ›Zauberflöte‹ ein
Mißerfolg ist, der nicht mit dem des ›Titus‹ einen Monat
zuvor zu vergleichen gewesen wäre; der Mißerfolg der
›Zauberflöte‹ hätte sein Ende bedeutet.

Im Laufe des zweiten Aufzugs wird das Publikum lebendiger und bekundet seine Anteilnahme; die Verbindung zwischen Bühne und Saal stellt sich her, der Saal geht mit, ›die Zauberflöte‹ ist gerettet; langsam wächst die Begeisterung, bricht heraus. Das Volk von Wien macht die ›Zauberflöte‹ zu seinem Werk.«[177]

Das Glück des »kleinen Mannes«

Am 7. Oktober 1791 fährt Constanze wieder zur Kur nach Baden, in Begleitung ihrer Schwester Sophie und von Süßmayr. Diese Trennung hat uns die letzten drei Briefe aus der Feder Wolfgangs beschert, drei Briefe, in denen der Komponist über seine »Zauberflöte« berichtet und Zeugnis gibt über das, was dieses Werk ihm in den letzten Monaten seines Erdenlebens bedeutet hat.

> Wien, am 7./8. Oktober 1791.
> freytag, um halb 11 Uhr Nachts
>
> Liebstes, bestes Weibchen! –
> Eben komme ich von der Oper; – Sie war eben so voll wie allzeit. – Das Duetto Mann und Weib etc: und das Glöckchen-Spiel im ersten Ackt wurde wie gewöhnlich wiederhollet – auch im 2. Ackt das knaben Terzett – was mich aber am meisten freuet, ist, der Stille beifall! – man sieht recht wie sehr und immer mehr diese Oper steigt. (...) dann Instrumentirte ich fast das ganze Rondó vom Stadtler. in dieser zwischenzeit kamm ein brief von Prag vom Stadtler; – Die Duscheckischen sind alle wohl. (...) – Sie wissen schon alle die herrliche aufnahme meiner teutschen Oper. – Das sonderbarste dabei ist, das den abend als meine neue Oper mit soviel beifall zum erstenmale aufgeführt wurde, am nemlichen abend in Prag der Tito zum letztenmale auch mit außerordentlichen Beifall aufgeführt worden (...).

Wien, am 8./9. Oktober 1791.

Sammstags Nachts, um 1/2 11 Uhr

Liebstes, bestes Weibchen!

Mit größten Vergnügen und freude=gefühle fand ich bey
meiner zurückkunft aus der Oper deinen brief; – die Oper
ist, obwohl sammstag allzeit, wegen Postag ein schlechter
Tag ist, mit ganz vollem Theater und dem gewöhnlichen
beifall und repetitionen aufgeführt worden; – morgen wird
Sie noch gegeben, aber Monntag wird ausgesetzt – folglich
muß Siessmayer den Stoll dienstag herein bringen, wo Sie
wieder zum Erstenmale gegeben wird – ich sage zum
Erstenmale, weil Sie vermuthlich wieder etlichemal nach-
einander gegeben werden wird; (. . .) Leitgeb bat mich ihn
wieder hinein zu führen, und das that ich auch. – Morgen
führe ich die Mama hinein (i. e. Constanzes Mutter); – das
büchel hat ihr schon vorher Hofer zu lesen gegeben. bei der
Mama wirds wohl heissen, die *schauet* die Oper, aber nicht
die *hört* die Oper. – . . . hatten heute eine Loge. . . . zeugten
über alles recht sehr ihren beifall, aber Er, der allwissende,
zeigte so sehr den Bayern, daß ich nicht bleiben konnte,
oder ich hätte ihn einen Esel heissen müssen; – Unglückse-
ligerweise war ich eben drinnen als der 2:te Ackt anfieng,
folglich bey der feyerlichen Scene. – er belachte alles;
anfangs hatte ich gedult genug ihn auf einige Reden aufmerksam machen zu wollen, allein – er belachte alles: da
wards mir nun zu viel – ich hiess ihn Papageno und gieng
fort – ich glaube aber nicht daß es der dalk verstanden hat.
– ich gieng also in eine andere Loge, worin sich flamm mit
seiner frau befand; da hatte ich alles Vergnügen und da
blieb ich auch bis zu Ende. – nur gieng ich auf das theater
bey der Arie des Papageno mit dem GlockenSpiel, weil ich
heute so einen trieb fühlte es selbst zu Spielen. – da machte
ich nun den Spass, wie Schikaneder einmal eine haltung
hat, so machte ich ein Arpegio – der erschrack – schauete in

die Scene und sah mich – als es das 2te mal kamm machte ich es nicht – nun hielte er und wollte gar nicht mehr weiter – ich errieth seine Gedanken und machte wieder einen Accord – dann schlug er auf das Glöckchenspiel und sagte halts Maul – alles lachte dann – ich glaube daß viele durch diesen Spass das erstemal erfuhren, daß er das Instrument nicht selbst schlägt. – Übrigens kannst du nicht glauben wie charmant man die Musick ausnimmt in einer Loge die nahe am Orchestre ist – viel besser als auf der gallerie – so bald du zurück kömmst must du es versuchen. – (...) Lechneitner war schon wieder in der Oper; – wenn er schon kein kenner ist, so ist er doch wenigstens ein rechter liebhaber, das ist aber... nicht – der ist ein wahres unding. dem ist ein Dinee lieber. – lebe wohl, liebe! – ich küsse dich Millionenmal und bin Ewig dein

Mozart.

P. S. – küsse die Sophie in meinem Namen. dem Siessmayer schicke ich ein paar gute Nasenstüber, und einen braven Schopf=beitler, dem Stoll tausend Complimenten. adieu – die Stunde schlägt – lebe wohl! – wir sehn uns wieder! –«[178]

(Wien, den 14. Oktober 1791)

Liebstes, bestes Weibchen

Gestern Donnerstag, den 13:ten ist Hofer mit mir hinaus zum Carl, wir speisten daraus, dann fuhren wir herein, um 6 Uhr hohlte ich Salieri und den Cavalieri[179] mit dem Wagen ab, und führte sie in die Loge – dann gieng ich geschwind die Mama und den Carl abzuholen, welche unterdessen bey Hofer gelassen habe. Du kannst nicht glauben, wie artig beide waren, – wie sehr ihnen nicht nur meine Musick, sondern das Buch und alles zusammen gefiel. – Sie sagten beide ein Opera, – würdig bei der größten festivität vor dem größten Monarchen aufzuführen, – und Sie würden sie gewis sehr oft sehen, den sie haben noch kein schöneres und angenehmeres Spectacel gesehen. – Er hörte und sah mit aller Aufmerksamkeit und von der Sinfonie [180] bis zum letzten Chor, war kein Stück, welches ihm nicht ein bravo oder bello entlockte, und sie konnten fast nicht fertig werden, sich über diese Gefälligkeit bei mir zu bedanken (...).«

Diese Briefauszüge sind beredt genug, sie sagen jedenfalls mehr aus über den Wert und die Bedeutung, die Mozart seiner »Zauberflöte« beimaß als jede Exegese.

Welch himmelweiter Unterschied besteht doch zwischen diesen Schreiben und denen, die Mozart im Sommer an seine Frau geschickt hatte. Eine neue Freude spornt ihn an. Er hat wieder Spaß am Leben und erlaubt sich, seinen Spaß mit andern zu treiben. In dieser Hinsicht ist die Episode mit dem Glockenspiel doppelt bedeutsam. Sie offenbart den Schalk, der in Mozart steckte, aber auch welch meisterhafter Bühnenhase Schikaneder gewesen sein muß, um so prompt und so brillant auf Mozarts Treiben reagieren zu können.

Mozarts neue Vitalität steht auch am Anfang einer neuen Schaffenskraft.

So schreibt er in seinem Brief vom 7./8. über die Orchestrierung des »Rondos« von Stadler, das heißt, des dritten Satzes des Klarinettenkonzertes KV 622. Er schreibt auch: »– hätte ich nichts zu thun, so würde ich gleich auf die 8 tage mit Dir hinaus gegangen seyn; ich habe aber daraus gar keine bequemlichkeit zum arbeiten; – und ich möchte gerne, soviel wie möglich aller Verlegenheit ausweichen; nichts angenehmeres als wenn man etwas ruhig leben kann, deswegen muß man fleissig seyn und ich bin es gerne. –«

Im folgenden Brief schreibt er: »heute früh, habe ich so fleißig geschrieben, daß ich mich bis 1/2 2 Uhr verspätet habe – lief also in größter Eile zum Hofer (nur um nicht allein zu essen), wo ich die Mama auch antraf. Gleich nach

Tisch gieng ich wieder nach Hause und schrieb bis zur Operzeit.«

Vom »Requiem« ist keine Rede.

An dieser Stelle sei noch ganz besonders auf den »stillen Beifall« hingewiesen, von dem Mozart spricht. Im Freihaustheater auf den Wieden stand er einem ganz andern Publikum gegenüber als dem, das bisher seine Opern besucht hatte. Man darf sogar sagen: einem Publikum, das das genaue Gegenteil dessen darstellte, mit dem Mozart vertraut war. Es ist ein lautes Volk, das mit viel Lärm und starkem Rufen seine Zustimmung gibt oder seine Ablehnung deutlich macht, ganz selbstverständlich, ganz spontan. Wenn diese Zuschauer dann aber still werden und durch diese Stille ihre Zustimmung kundtun, dann geschieht etwas ganz Besonderes, das einen so feinfühligen Menschen wie Mozart nur zutiefst berühren kann. Er weiß, daß er den Nerv des Publikums getroffen hat.

Da es so anders reagiert, ist Mozart aber auch die Sympathiebezeugung von Salieri derart wichtig. Salieri, das ist die andere Welt, die Mozart den Rücken gekehrt hat. Nun stimmt Salieri als deren Vertreter diesem Werke zu und spendet Beifall, nicht nur für die Musik, sondern auch für den Text und »alles zusammen«, und gerade dies bedeutet Mozart viel. Für ihn ist die »Zauberflöte« ein Ganzes, und sein Beitrag dazu ist eine Musik von universalem Wert, die jedem das Beste zu geben vermag, vorausgesetzt, er ist fähig, sich zu öffnen und zuzuhören. Mozart ist in Symbiose mit ihnen allen, ob sie es lautstark sagen oder still ihre Zustimmung deutlich machen. Wie seit jeher, kommt es ihm auf die geistige Verbundenheit an, sie war ihm immer notwendig, notwendiger denn je aber ist sie ihm für die »Zauberflöte«.

Aus diesem Grunde gibt er denn auch der Schwiegermutter vor der Vorstellung das Textbuch zu lesen, doch seine

Hoffnungen sind nicht allzu groß: Die Mama »schaut« die Oper, »hört« sie aber nicht, wie er von vorneherein weiß.

Aus diesem Grunde regt er sich aber derart gegen diesen »Bayern« im Publikum auf, der nicht verstehen will. Um wen es sich dabei handelte, ist nicht mehr herauszufinden, da Mozarts Erben den Namen wegradiert haben. Was Mozart besonders ärgert, ist die Tatsache, daß er sich in der »feierlichen Szene« über alles lustig macht. Bedeutsam ist dann, daß der Komponist sagt, er habe noch die Geduld aufgebracht, ihn aufmerksam zu machen . . . nicht auf etwa seine Musik, wie man annehmen müßte, sondern auf »einige Reden«.

So eigenartig ist dies wiederum doch nicht, wenn man sich bewußt wird, um welche Szene es sich handelt. Sie liegt zwischen dem Priestermarsch (Nr. 9) zu Beginn des II. Aufzugs und der Anrufung von Isis und Osiris (Nr. 10), und wird eingeführt durch den »dreifachen Akkord«, die maurerische Klopfart. Es geht demnach um die Schlüsselszene des Werkes, in der Sarastro die Priester um die Erlaubnis bittet, Tamino den initiatorischen Prüfungen zu unterwerfen, und ihnen in Erinnerung ruft, warum er Pamina entführen ließ. Gleichzeitig rechtfertigt er erstmals seine Handlung vor dem Publikum. Er offenbart dabei zwar, daß Pamina dazu bestimmt ist, Taminos Frau zu werden, doch nicht, daß sie auch auserkoren ist, mit Tamino eingeweiht zu werden.

»Wie viele Kritiker der ›Zauberflöte‹ haben sich als ›aller-=feind‹, als ›Bayern‹ erwiesen, als Leitgeb-Papageno, in dem sie mit einem Ton unnachahmlicher Herablassung behauptet haben, daß das Textbuch der ›Flöte‹ unverdaulich sei, daß sich Mozart wenig darum scherte und daß die maurerische Bedeutung des Werkes für ihn recht zweitrangig war«, schreiben zu Recht die Massin.[181] Ihre Bemerkung ist um so pertinenter, als es, meiner Meinung nach, im Text zu dieser Szene einen Satz gibt, den man als das »Credo« und das maurerische Testament Mozarts ansehen darf: »Mag immer das Vorurteil seinen Tadel über uns Eingeweihte auslassen, Weisheit und Vernunft zerstückt es gleich dem Spinnengewebe.«[182]

So sieht die Herausforderung von Mozart, Schikaneder und den Freimaurern an einen repressiven Staat und eine kopfnickende Gesellschaft zu einem Zeitpunkt aus, als zur großen Treibjagd gegen den Orden geblasen wurde.

Die Treue zum
maurerischen Engagement

Freimaurer, die die Illustration auf der Titelseite der Erstausgabe des Textbuches zur »Zauberflöte« studierten, wußten sofort, woran sie waren. Der Kupferstich, den der Verleger selbst, der Maurer Ignaz Alberti, gestaltet hatte, enthielt neben zahlreichen andern auch die wesentlichen Symbole der drei Grade der Johannislogen: Winkelmaß für den ersten, fünfzackiger Stern und Buchstabe G für den zweiten, Sanduhr für den dritten. So wurde die Radierung zur »Lösung des Geheimnisses«[183] der Oper. Man war mit einem Werke mit maurerischem Gehalt konfrontiert, denn auch wenn das Einweihungsritual darin nicht genau wiedergegeben ist, so sind doch all seine wesentlichen Elemente vorhanden.

Man muß sich deshalb die Frage stellen, warum sich Schikaneder und Mozart dazu entschlossen hatten, auf einer Theaterbühne dem größtmöglichen Publikum eine Oper zu zeigen, die die Erfolgsrezepte der Zeit dazu benutzte, um ein einzigartiges Plädoyer zugunsten einer Institution darzustellen, die als eine Gefahr für den Staat angesehen wurde und in ihrer Existenz bedroht war.

1791 wurden die Freimaurer in Österreich für die Ereignisse in Frankreich verantwortlich gemacht, so wie sie vorher in Verbindung mit der Auflehnung gebracht worden waren, die zur Unabhängigkeit der Vereinigten Staaten geführt hatte, so wie sie immer wieder als Urheber aller realen und imaginären Verschwörungen gehandelt wurden, die die öffentliche Meinung und die Macht alarmierten.

Es stimmt, und wir haben schon darauf hingewiesen, daß der größte Teil der Männer, die auf dem neuen Kontinent den Bruch mit England bewirkt hatten, Freimaurer waren. Erwähnt seien hier nur George Washington, Thomas Jefferson, der Autor der Unabhängigkeitserklärung, und Benjamin Franklin.

Wahr ist ebenfalls, daß zahlreiche Mitglieder der berühmten Pariser Logen »La Science« oder später »Les Neuf Sœurs« glühende Anhänger und Verbreiter der revolutionären Ideen waren; wahr ist aber auch, daß Freimaurer zu den ersten Opfern dieser Revolution gehörten.

1791 hatte die Revolution ganz Frankreich erfaßt, und ganz besonders der österreichische Kaiser, Leopold II., reagierte mit Besorgnis auf die Ereignisse, die das Leben seiner Schwester Marie-Antoinette in Gefahr brachten und drohten, auf sein Reichsgebiet überzugreifen. Er konnte daher nur mit Argwohn verfolgen, was sich in den Logen tat, auch wenn er, wie behauptet wird, Sympathien für das maurerische Gedankengut hegte, vor allem, weil er sich der Arroganz, der Unfähigkeit und der Korruption in der Aristokratie und im Klerus bewußt war.

Der Druck auf ihn wurde allerdings immer größer. Er wurde durch all jene ausgeübt, die genügend Gründe hatten, jene zu bekämpfen, deren Lebens- und Handlungsweise von maurerischen Idealen bestimmt wurde, aber auch von jenen, die, wie Graf Pergen, der Polizeiminister, davon überzeugt waren, daß die Freimaurer ein Komplott gegen das Reich und die Monarchie schmiedeten. Pergen war um so mehr davon überzeugt, als er in den Besitz eines Briefes gelangt war, den die Loge »De l'Amitié« aus Bordeaux den Brüdern der »Gekrönten Hoffnung« geschickt hatte und in dem es unter dem Titel: »Post tenebras lux« hieß:

»Obwohl unsere große Gesellschaft selten an politischen

Ereignissen teilnimmt, kann sie dennoch gegenüber denen nicht unerkannt bleiben, welche die weisen Prinzipien der neuen Verfassung, die sich im französischen Reich durchsetzt, verankern möchten: Sie stehen in einer derart vollkommenen Beziehung mit den maurerischen Grundsätzen von Freiheit, Gleichheit, Gerechtigkeit, Toleranz, Philosophie, Wohltätigkeit und Sittsamkeit, daß sie heilsame Auswirkungen auf das Wohl und die Ausbreitung der R. (i. e. Revolution) versprechen. In der Tat wird jeder gute französische Citoyen in Zukunft würdig sein, Maurer zu sein, weil er frei und tugendhaft ist.«[184]

Die Wiener Loge scheint gegenüber dem gefährlichen Papier die Flucht nach vorne angetreten zu haben. So berichtet Graf Pergen dem Kaiser: »Ich vermuthe, die Vorsteher der hiesigen Loge von der gekrönten Hoffnung haben Argwohn geschöpft; und in der Besorgniß, daß ihnen bei längerem Stillschweigen eine Unannehmlichkeit von Seite der Polizey zugehen möchte, weil dieses Schreiben aufrührerische Sätze enthält, haben sie mir selbes im Original mit dem Beysatze überbracht, daß sie alles angewandt hätten, um dieses Schreiben unbeantwortet zu lassen.«[185]

Neben denen, die die Freimaurerei verleumdeten, gab es auch jene, die sie verrieten. Unter ihnen machten vor allem Leopold Alois Hoffmann, das Vorbild für den Monostatos der »Zauberflöte«, und der Nachfolger Pergens als Polizeiminister, Graf Saurau, auf sich aufmerksam, weil sie an der Seite des Klerus ihre Brüder virulent bekämpften.

Schimpf und Schande lagen auf dem Orden, seine Grundfesten wurden angegriffen, er war auf dem Rückzug. Schon vier Jahre zuvor hatte die eine der Sammellogen, »Zur Wahrheit«, ihre Tätigkeiten eingestellt. Es blieb nur noch »Zur gekrönten Hoffnung« als bedeutende Wiener Loge.

Mozarts Verbundenheit mit der Königlichen Kunst aber ist bemerkenswert. Er blieb seinem Maurerschwur treu, dergestalt, daß er und der Buchdrucker Christian Friedrich Wappler »schließlich die einzigen dieser Loge (waren), die ihr von 1784 bis 1791 angehörten. Diese Kontinuität Mozarts, wo die meisten andern flüchtig wurden, stellt mit ihrem unerschütterlichen Optimismus ein beachtliches Stück Logenarbeit dar.«[186]

Eher denn von Optimismus möchte ich von gelebtem maurerischem Engagement bei Mozart reden, auch wenn er nie innerhalb des Ordens eine Beamtenaufgabe innehatte. Mozart dachte nicht daran, ihn zu verlassen, es ging ihm vielmehr darum, ihn zu reformieren. Er hatte bereits Pläne für eine neue Vereinigung entworfen, wie Constanze in zwei Briefen an den Verleger Breitkopf & Härtel mitteilt, und wenn man die negative Haltung von Mozarts Witwe gegenüber der Freimaurerei in Betracht zieht, so hat dieses Zeugnis für sich, daß es der Wahrheit entspricht. Constanze schreibt zuerst:

»Daß Mozart Maurer war, wissen Sie... Er hat auch eine Gesellschaft unter dem Namen die Grotte stiften wollen.«[187] Danach erklärt sie sich bereit, dem Verleger für eine Mozart-Biographie auszuleihen: »1. einen Aufsaz, größtentheils in der handschrift meines Mannes, von einem Orden oder Geselschaft die er errichten wollte: Grotta genannt. Ich kann nicht mehr Erläuterung schaffen. der hiesige Hofclarinettist Stadler der ältere, der den Rest geschriben hat, könnte es, trägt aber Bedenken zu gestehen, daß er darum weiß, weil die Ordens oder geheime Geselschaften so sehr verhaßt sind.«[188]

Warum der Name »Grotte« für die reformierte Loge, so wie Mozart sie gestalten wollte?

Verband er Erinnerungen an Salzburg damit? Schon im Dezember 1966 hatte der Musikforscher Carl de Nys in einer Mitteilung an die »Société de Musicologie« die Hypothese aufgestellt, daß das Bühnenbild zur »Zauberflöte« von einer Grotte im Park von Aigen inspiriert sein könnte, die einem notorischen Freimaurer, Basil von Amman, gehörte und in der sich die Maurer und Illuminaten trafen.[189] Hat Mozart also schon damals Beziehungen zu Maurern gehabt, an die er sich erinnerte, als er über den Maurerorden, seine Erneuerung und seine Zukunft nachdachte? Auch wenn es keine Antwort auf diese Frage gibt, verdient sie doch, gestellt zu werden.

Mehr für sich hat jedoch die Hypothese, daß Mozart sich an seinen Aufenthalt in der Villa des Grafen Cobenzl erinnerte, der im Juli 1781 erfolgte, kurz nachdem Wolfgang den berühmten Fußtritt von Graf Arco erhalten hatte, der ihn aus der Knechtschaft des Salzburger Erzbischofs Colloredo entließ. Von diesem Aufenthaltsort aus berichtet er dem Vater am 13. Juli »... Das ist eine Stunde weit von Wienn, wo ich schreibe, es heißt Reisenberg. ich war schon einmal über nacht hier und jetzt bleibe ich etliche Tage. Das häuschen ist nichts, aber die Gegend, der Wald, worinn er (Graf Cobenzl) eine Grotte gebauet, als wenn sie von Natur wäre. das ist Prächtig und sehr angenehm...«[190]

Zu seinem maurerischen Engagement hat Mozart uns dann seine endgültige Antwort mit der »Zauberflöte« gegeben. Falls nun seine Loge beschlossen hatte, in die Offensive zu gehen[191], muß man auch davon ausgehen, daß Mozarts Logenbrüder von dem Opernprojekt wußten und ihm ihre Zustimmung gegeben hatten.

Ein Grund mehr, die These von Mozarts Vergiftung durch seine Maurerbrüder, die solange durch die Literatur geisterte und auch heute noch Anhänger hat, als absurd abzutun.

Die brüderliche Botschaft

Gleich zu Beginn der Ouvertüre zur »Zauberflöte« bestätigt Mozart seine dauerhafte Verbundenheit mit der Maurerei und seine Auseinandersetzung mit den Fragen, die sie beschäftigen. Den fünf Anfangsakkorden [192] antworten die drei zentralen. Das Problem ist gestellt. Es geht um die Aufnahme der Frau in die Freimaurerei, die den Brüdern in jener Zeit und auch heute noch in verschiedenen Strömungen des Ordens Kopfzerbrechen bereitet.

Um seine Antwort zu verdeutlichen, zeigt uns Mozart zuerst den Gegensatz zwischen zwei Welten, der profanen und der maurerischen.

Wir haben es zu Beginn mit einer Umgebung zu tun, die uns vertraut ist, voller Gefahren, Schrecken, Hinterhalte, aber so ist nun mal unsere Welt.

Ein Prinz wird von einer Schlange verfolgt und fällt in Ohnmacht. Ein Vogelfänger wird bestraft, weil er gelogen hat, eine Königin trauert um ihr geraubtes Kind. Der Prinz soll sie den Fängen eines Dämons entreißen, der Vogelfänger muß ihn begleiten.

Wir haben schnell begriffen, daß Papageno die komische Spiegelung Taminos ist, die durch ihre Possen die noble Haltung des Prinzen ins rechte Licht setzt. Die Beziehung Oben-Unten, Meister-Knecht, Ritter-Knappe dauert an.

Sie ist um so gültiger, als es in der anderen Welt, in die Tamino und Papageno eindringen und wir mit ihnen, und von der wir nicht mehr wissen als das, was die Königin und ihre Damen darüber gesagt haben, noch Sklaven gibt. Diese Welt muß furchterregend sein, denn sie wird von Sarastro beherrscht, dem Bösewicht und Kindesräuber.

Und in der Tat, das erste, was wir sehen, wenn wir dort eindringen, ist die verzweifelte Flucht des geraubten jungen Mädchens vor ihrem Aufseher, einem Sklaven, der Sklaven terrorisiert, einem Mohren, der häßlich ist, weil er schwarz ist, der abstoßend wirkt, weil er Pamina begehrt.

Doch, o Wunder! Tamino entdeckt an den Pforten der Tempel, wo er zurückgewiesen wird, eine Welt des Schweigens, der Besinnung. Hier soll Sarastro als aufgeklärter Weiser herrschen? Hier soll Paminas Entführer das Sagen haben? So ist denn alles Heuchelei?

Tamino sieht seinen Irrtum ein und ändert seine Meinung. Wir ändern sie mit ihm. Er wird sich bewußt, daß in diesen heiligen Hallen ein Weiser herrscht, der »lohnet, und strafet in ähnlichem Kreise«, wie seine Untertanen singen. Tamino ist sogar bereit, sich den Prüfungen zu unterwerfen, die ihm die Priester auferlegen, um zum Kreise der Eingeweihten zu gehören, und dabei kann er nur ahnen, was diese Prüfungen bedeuten und was es heißt, ein Eingeweihter zu sein. Tamino ist bereit, das Versprechen, das er der Königin der Nacht gegeben hat, zu brechen, ist bereit zu schweigen und so die bedauernswerte Pamina zur Verzweiflung zu bringen. Er ist sogar bereit, den Tod zu wagen, nur um der Einweihung würdig zu werden.

Mozart schafft diese Umwertung allein mit musikalischen Mitteln. Wir verlassen das lustige Gejammer, mit dem sich Papageno über das Schloß beschwert, das ihm den Mund schließt, wir verlassen den reizvollen aber naiven Gesang zwischen ihm und Pamina, die brillante Virtuosität der Königin der Nacht und das Geplapper der drei Damen. Wir treten – paradoxerweise auf ein »Zurück!« der Priester – in eine andere Klangwelt ein, die eine feierliche, aber nicht religiöse, eine erhabene, aber nicht pathetische, eine noble, aber nicht dünkelhafte Welt darstellt.

Was geschieht mit uns? Wir beginnen zu verstehen, daß

von dem Augenblicke an, da Tamino sich fragt, wann die ewige Nacht denn schwindet, die Perspektive sich ändert. Wir werden uns bewußt, daß es eine verborgene Seite der Dinge gibt, daß wir nun auf dieser anderen Seite sind, sozusagen im Innern der maurerischen Spiritualität, die wir zur selben Zeit wie Tamino entdecken. Wir werden sozusagen mit Tamino zu Eingeweihten.

Mit Pamina und Tamino durchleben und bestehen wir die Feuer- und Wasserprobe. Mit ihnen werden wir im Heiligtum aufgenommen. Mit Sarastro und den Priestern wehren wir den letzten Ansturm der Königin der Nacht, der drei Damen und des Monostatos ab. Mit ihnen verteidigen wir die heiligen Stätten.

So ähnlich muß das Publikum vor zweihundert Jahren die Oper erlebt haben. Im Volkstheater des Schikaneder forderte Mozarts sublime Musik die Zuschauer, die tagtäglich Zeugen der Angriffe gegen die Freimaurer waren, auf, ihre Vorurteile aufzugeben und ihnen gegenüber Verständnis und Toleranz zu zeigen. Aber auch die Maurer selbst waren zu mehr Toleranz aufgerufen.

Sarastro ist weit davon entfernt, ein Mythos der Vollkommenheit zu sein. Er ist ein Mensch, der herrscht und nicht ein Bruder, der Wissen und Macht mit seinen Brüdern teilt. Er hält Sklaven, auch wenn die Sklaverei zu jener Zeit gang und gäbe war. Es muß hier auch gesagt werden, daß im Namen der Gleichheit die Freimaurer zu den ersten gehörten, die auf ihre Abschaffung drängten. Ich möchte hier nur die Persönlichkeit von Victor Schoelcher (1804–1893) hervorheben, muß aber darauf aufmerksam machen, daß Schoelcher über hundert Jahre nach Mozart starb. Der Weg war noch weit.

Die Oper hat einen Nachgeschmack von Rassismus und Frauenfeindlichkeit, die heutzutage unerträglich, aber Spiegelungen ihrer Zeit sind.

Mozart hat in seiner Musik und durch sie Gegenstellung bezogen. Schrieb er nicht für Papageno Gesänge von kindlicher Reinheit und für Monostatos eine kleine Arie von unendlich zärtlicher Trauer, die den ganzen Schmerz dieses Menschen ausdrückt, nicht geliebt zu werden? Machte er sich nicht in seiner Musik lustig über die beiden Priester, die Tamino und Papageno vor »Weibertücken« warnen... und, paradoxerweise, bereit sind, eine Frau einzuweihen? Schenkte er nicht Pamina seine ganze Zärtlichkeit?

Pamina wurde zur Synthese der Constanze, Gräfin, Zerlina, Fiordiligi, wurde zum Inbegriff der Frau schlechthin, der Frau, die nicht nur würdig ist, Aufnahme im Tempel zu finden, sondern die den Mann durch alle Gefahren begleitet, ja leitet, und die am Beginn einer neuen Vision der Liebe und des Paares steht, wie sie von Saint-Exupéry in eindringlichen Worten festgelegt wurde: »Lieben heißt nicht, sich gegenseitig anschauen, sondern gemeinsam in dieselbe Richtung sehen.«

Pamina ist Mozarts Vision der Liebe.

Verzeichniß

der

Brüder und Mitglieder der S^t. Joh. ☐

zur Neugekroenten Hoffnung

im Orient zu Wien.

Jm III. Monat des Jahrs 5786.

114

MAURERREDE
AUF
MOZARTS TOD.

VORGELESEN
BEY EINER
MEISTERAUFNAHME
IN DER
SEHR EHRW. ST. JOH. ☐
& ZUR
GEKRÖNTEN HOFFNUNG
IM ORIENT VON WIEN
VON
B⁺ʳ. H. . . . . r.

WIEN,
GEDRUCKT BEYM BR. IGNAZ ALBERTI.
1 7 9 2.

Titelblatt der »Maurerrede auf Mozarts Tod«
von C. F. Hensler, 1792

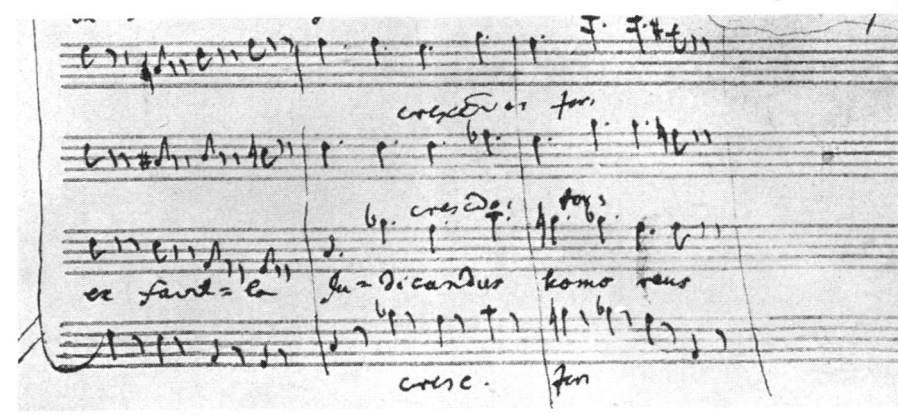

Titelblatt der Erstausgabe des »Requiem«

Mozarts letzte Noten: das »Lacrymosa« aus dem Requiem

Antonio Salieri

Gemälde aus Beethovens Besitz: Armenbegräbnis

Das »Requiem«

Die Geschichte seines letzten Werkes ist ebenso geheimnisvoll wie merkwürdig.

Kurz vor der Krönungszeit des Kaisers Leopold, bevor noch Mozart den Auftrag erhielt, nach Prag zu reisen, wurde ihm ein Brief ohne Unterschrift von einem unbekannten Bothen übergeben, der nebst mehreren schmeichelhaften Aeußerungen die Anfrage enthielt, ob Mozart eine Seelenmesse zu schreiben übernehmen wollte? um welchen Preis und binnen welcher Zeit er sie liefern könnte?

(...) Er schrieb also dem Unbekannten Besteller zurück, er würde das Requiem für eine gewisse Belohnung verfertigen; die Zeit der Vollendung könne er nicht genau bestimmen; er wünsche jedoch den Ort zu wissen, wohin er das Werk, wenn es fertig seyn würde, zu übergeben habe. In kurzer Zeit erschien derselbe Bothe wieder, brachte nicht nur die bedungene Belohnung mit, sondern noch das Versprechen, da er in diesem Preise so billig gewesen sey, bey der Absendung des Werkes eine beträchtliche Zugabe zu erhalten. Er solle übrigens nach der Stimmung und Laune seines Geistes schreiben, sich aber gar keine Mühe geben, den Besteller zu erfahren, indem er gewiß vergeblich seyn würde (...).

Eben als Mozart mit seiner Frau in den Reisewagen stieg, stand der Bothe wie ein Geist da, zupfte die Frau an dem Rocke, und fragte: ›Wie wird es nun mit dem Requiem aussehen? ‒‹« [193]

So entstand eine Legende, die berühmteste von denen, die das posthume Schicksal des Komponisten bestimmt haben.

Sie sollte einen bedeutenden Einfluß haben, die bis zum Film von Milos Forman: »Amadeus« reichte, in dem der unbekannte Bote zum Symbol des rächenden Vaters wurde. Von hier aus auch entwickelte sich der Mythos des Requiems als des letzten Werkes von Mozart, das ihn verfolgte, seitdem der Auftrag dazu an ihn ergangen war, das heißt in etwa ab Mitte Juli 1791.

Es geht hier nicht darum, eine der herausragendsten Partituren Mozarts in Frage zu stellen, geschweige denn durch eine Hinterfragung ihres Ursprungs herabzuwürdigen. Sie gehört zu den ergreifendsten Dokumenten seines Schaffens, auch wenn sie von andern fertiggestellt wurde.

Es geht vielmehr darum, sich zu fragen, warum eine Legende um ein Werk gerankt wurde, das einer solchen nicht bedurft hätte, um engstens mit den letzten Lebenstagen des Komponisten verbunden zu bleiben und eines der gültigsten Zeugnisse des schöpferischen Genies Mozarts darzustellen.

Wir sind allerdings mit einer Legende konfrontiert, einer Legende, der man alle Charakteristiken der Wahrhaftigkeit verliehen hat. Sogar das Honorar, das Mozart zuteil wurde, wird genauestens angegeben: 400 Dukaten, statt der 200 geforderten.[194]

Schlichtegroll und Niemetschek bemühen sich zu berichten, mit welchem Eifer Mozart sich an die Arbeit machte: »Bey seiner Zurückkunft nach Wien nahm er sogleich seine Seelenmesse vor, und arbeitete mit viel Anstrengung und einem lebhaften Interesse daran: aber seine Unpäßlichkeit nahm sichtbar zu, und stimmte ihn zur düstern Schwermuth. Seine Gattin nahm es mit Betrübniß wahr. Als sie eines Tages mit ihm in den Prater fuhr, um ihm Zerstreuung und Aufmunterung zu verschaffen, und sie da beyde einsamm saßen, fing Mozart an vom Tode zu sprechen, und behauptete, daß er das Requiem für sich setze.

Thränen standen dem empfindsamen Manne in den Augen. ›Ich fühle mich zu sehr, sagte er weiter, mit mir dauert es nicht mehr lange: gewiß, man hat mir Gift gegeben! Ich kann mich von diesem Gedanken nicht los winden —‹«, so besagt ein Zeugnis.[195]

»Einmal probten er selbst, Süssmayer und Frau Mozart zusammen einen Teil des ›Requiem‹, aber gewisse Abschnitte erschütterten ihn so sehr, daß er die Tränen nicht zurückhalten konnte und er unfähig war, weiterzufahren«, so heißt es in einem anderen Zeugnis.[196]

»Kurz nach Beendigung desselben, ließ er es durch seine Freunde in seinem Hause aufführen. Innigst gerührt und heftig erschüttert entließ er diese, legte sich in einem fieberhaften Zustande zu Bete und des andern Morgens um 10 Uhr war er nicht mehr«, so lautet ein weiteres Zeugnis.[197]

»Selbst am Vorabend seines Todes ließ er sich die Partitur des Requiem noch zum Bette hinbringen und sang (es war zwey Uhr Nachmittags) selbst noch die Altstimme; Schack, der Hausfreund sang, wie er es denn immer pflegte, die Sopranpartie, Hofer, Mozart's Schwager, den Tenor, Gerle, später Bassist beym Mannheimertheater, den Bass. Sie waren bey den ersten Takten des Lacrimosa, als Mozart heftig zu weinen anfing, die Partitur bey Seite legte, und eilf Stunden später um ein Uhr Nachts, verschied (5ten Dec. 1791, wie bekannt)«, besagt ein viertes Zeugnis.[198]

»Glosett der Docter wurde Lange gesucht, auch im Theater gefunden allein Er muste daß Ende der Pieße abwarten – dan kam Er und Verordnete jhm noch *Kalte* Umschlage über seine Glühenden Kopfe welche jhn auch so erschitterten, daß er nicht mehr zu sich Kam bis er nicht Verschieden, sein Leztes war noch wie Er mit dem Munde die Paucken in seinem Requiem aus Trücken wolte, daß höre ich noch iez ...«, bestätigt ein fünftes Zeugnis.[199]

Diese Aussagen haben das Verdienst zu verdeutlichen, daß nach Mozarts Hinscheiden systematisch versucht wurde, eine Legende um seine Totenmesse zu bilden.

Ihr zufolge ist dieses Werk Mozarts Abschied von dieser Erde gewesen. Gebeugt über eine musikalische Schöpfung, die sich mit dem dichterischen Ausdruck dessen beschäftigte, was das Tiefste der christlichen, insbesondere der katholischen Überzeugung zu Tod und Jenseits ausmacht, hätte Mozart sein kurzes Erdenleben ausgehaucht.

In welchem Zustande befand sich das Requiem, als Mozart starb? Der folgende Überblick zeigt, was Mozart davon komponiert hatte und wer die einzelnen Teile fertigstellte.

1. INTROITUS	VOKALTEIL	ORCHESTRALTEIL
Requiem aeternam	abgeschlossen (Mozart)	abgeschlossen (Mozart)
2. KYRIE		
Kyrie eleison	abgeschlossen (Mozart)	skizziert (Mozart) abgeschlossen (Freystädtler; Süßmayr/Trp. Pauken)
3. SEQUENZ		
Dies Irae	abgeschlossen (Mozart)	skizziert (Mozart abgeschlossen (Eybler)
Tuba mirum	abgeschlossen (Mozart)	skizziert (Mozart) abgeschlossen (Eybler)

Rex tremendae	abgeschlossen (Mozart) andere Skizze (Mozart 5 Takte)	skizziert (Mozart) abgeschlossen (Eybler)
Recordare	abgeschlossen (Mozart)	skizziert (Mozart) abgeschlossen (Eybler)
Confutatis	abgeschlossen (Mozart)	skizziert (Mozart) abgeschlossen (Eybler)
Lacrymosa	skizziert (Mozart 8 Takte) abgeschlossen (Süßmayr)	skizziert (Mozart) abgeschlossen (Süßmayr)
Amen	skizziert (Mozart 16 Fugen-Takte)	skizziert (Mozart) nicht verwendet
4. OFFERTORIUM Domine Jesu	abgeschlossen (Mozart)	skizziert (Mozart) abgeschlossen (Süßmayr)
Hostias	abgeschlossen (Mozart)	skizziert (Mozart) abgeschlossen (Süßmayr)
Quam olim Abrahae	abgeschlossen (Mozart)	skizziert (Mozart) abgeschlossen (Süßmayr)
5. SANCTUS	komponiert Süßmayr	komponiert Süßmayr
6. BENEDICTUS	komponiert Süßmayr	komponiert Süßmayr
7. AGNUS DEI	komponiert Süßmayr	komponiert Süßmayr

8. COMMUNIO

Lux Aeterna	komponiert Süß-mayr auf Introitus (Mozart)	komponiert Süß-mayr
(Cum sanctis tuis)	komponiert Süß-mayr auf Kyrie (Mozart)	komponiert Süß-mayr

Um dem Besteller des Werkes eine vollständige Partitur abliefern zu können, wandte sich Constanze Mozart nach dem Tode ihres Gatten an Schüler und Freunde des Komponisten, die die nötige Kompetenz haben konnten, das Requiem zu vollenden.

Sie beauftragte zuerst damit Joseph Eybler (1765–1854), den Mozart sehr schätzte und dem er 1790 schriftlich bescheinigt hatte, er sehe ihn als einen »würdigen Schüler seines Meisters Albrechtsberger«, einen »gründlichen Komponisten sowohl im Kammer= als im Kirchenstyl gleich geschickten, in der Sing-Kunst ganz erfahrenen auch vollkommenen Orgel- und Clavierspieller«[200]. Eybler erhielt das Manuskript am 21. Dezember 1791, weil Constanze, wie sie schreibt, »eben (ich weiß nicht warum) böse auf Süßmayer war...«[201]. Eybler machte sich an die Arbeit, gab die Partitur aber unvollendet zurück.

Constanze übergab sie danach Süßmayr (1766–1803), der den einfallsreichen und Mozarts Duktus entsprechenden Beitrag von Eybler völlig ignorierte und seine eigene Fassung erstellte, sofern die Partiturteile nicht von Wolfgang selbst abgeschlossen worden waren. Süßmayr konnte sich im übrigen zusätzlich auf Skizzenblätter (»Zettelchen«) von Mozart stützen, die es tatsächlich gegeben hat, wie Constanze Abbé Maximilian von Stadler versichert hatte.[202] Für die »Kyrie«-Fuge erhielt er Unterstützung durch Franz Jakob Freistädtler (1768–1835), den Mozart sehr gemocht hat, den er liebevoll »Gaulimauli« nannte und dem er den vierstimmigen Kanon: »Lieber Freistädtler« KV 509a zugeeignet hatte.[203]

Süßmayr, dessen Handschrift der von Mozart erstaunlich ähnelte, fälschte sogar dessen Unterschrift auf dem Autograph der Partitur, die er auf 1792 vordatierte. Bis 1971, dem Zeitpunkt, da man dieser Fälschung auf die Schliche kam, nahm man an, daß Mozart selbst dachte, sein Werk erst 1792 abzuschließen[204].

Es ist hier nicht der Ort, die Qualität der verschiedenen Beiträge zur Fertigstellung des Werkes zu beurteilen, sondern die Frage zu ergründen, warum so viele Menschen, insbesondere aber Constanze Mozart, sich so intensiv darum bemüht haben, daß das Requiem abgeschlossen wurde.

Dafür gab es zuerst einmal finanzielle Gründe. Mozart hinterließ bei seinem Tode Schulden für etwa 3000 Gulden. Nur mit einem vollendeten Requiem konnte Constanze hoffen, die vom Auftraggeber in Aussicht gestellte Summe zu erhalten, andernfalls mußte sie sogar befürchten, ihm das schon erhaltene Geld zurückgeben zu müssen. Gleichzeitig ließ sie jedoch noch Kopien der Partitur durch Süßmayr herstellen und verkaufte solche als Originale an den Preußenkönig Friedrich Wilhelm II., an den Verlag Breitkopf & Härtel und an Interessenten in Prag, Dresden, Leipzig. »Wieviel Kopien letzlich hergestellt wurden, bleibt das Geheimnis von Constanze und Süßmayr, der für die Produktion zuständig war. Es scheint jedenfalls so, als wären Abschriften am Fließband hergestellt worden, ob nun in der Rauhensteingasse 970, der Wohnung Constanzes, oder der Singergasse 954, Süßmayrs Domizil«[205].

So dienten die letzten Musiknoten Mozarts in einer bril-

lanten Mystifizierung dazu, die finanzielle Lage seiner
Witwe und der beiden Söhne (sieben, resp. ein halbes Jahr
alt) zu sanieren.

Es gab aber auch politische, strategische und ideologische
Gründe dafür. Die Freimaurerei war in Österreich auf
einem Tiefpunkt angekommen und gesellschaftlich ver-
pönt. Leopold II. zögerte, seine Zustimmung zu einer
neuen Strukturierung der Logen zu geben und den Titel
eines »Großmeisters« anzunehmen, der ihm von Freimaurern angetragen wurde. Die Feinde des Ordens führten
ihrerseits das vermeintliche »jakobinische Komplott« an,
um ein Verbot durchzusetzen. Ein Jahr nach Mozart starb
der Kaiser.

Gerüchte in Wien besagten, Leopold sei von den Freimaurern vergiftet worden. Franz II., der ihm auf den Thron
folgte, wurde sofort zu einem unerbittlichen Gegner der
Königlichen Kunst, insbesondere wegen der Ereignisse in
Frankreich und seiner Mißerfolge im Krieg mit den wel-
schen Revolutionären.

In einem solchen Klima konnte die Tatsache, daß die
Kleine Maurerische Kantate KV 623 die letzte vollendete
Komposition Mozarts gewesen sei, seinem neu aufblühen-
den Prestige und der Ehre seiner Umgebung nur schädlich
sein. Es mußte daher ein anderes Werk seine letzten
Lebenstage beschäftigt haben.

Daß aber das »Kettenlied«, das die Kantate abschließt,
nach dem Zweiten Weltkrieg, auf einen andern Text, die
Nationalhymne Österreichs wurde[206], darf als eine Revan-
che der Geschichte angesehen werden.

Mozarts Zugehörigkeit zur Maurerei war bekannt, und im
letzten Jahre seines Lebens gab er sich großenteils mit
Kompositionen ab, die maurerischen Charakter hatten
oder seine Solidarität mit notorischen Ordensbrüdern wie

Anton von Stadler bekundeten, während seine letzte Oper
»Die Zauberflöte« eine offenkundige Hymne auf die
Ideale der Freimaurerei darstellte.

Nun aber starb Mozart zu einem Zeitpunkt, als die »Maurerei zu einem Thema wurde, das tabu war«[207]. Es war
daher dringend erfordert – im Interesse seines Prestiges,
seiner Erben und seiner katholischen Umgebung – daß
sein christliches Image wiederhergestellt wurde. Was gab
es dafür Kostbareres als dieses Requiem, das bewies, daß
der Sünder im Stande der Gnade hingeschieden war? »Die
Polizei, die Zensur und der Klerus in Wien konnten vorbe-
haltslos dem erbaulichen Ende eines großen Genies zu-
stimmen«.[208]

So betreibt man Hagiographie.

In der Tat, denn wie verhält es sich in Wahrheit mit dieser
Totenmesse und ihrem Auftraggeber? Die Mystifizierung
war seit langem bekannt. Sie war es schon Ende des
XVIII. Jahrhunderts. So schrieb der Verleger André seinem
Schwager, er glaube, daß die Anekdote betreffend die
Entstehung des Requiems eine Legende sei, die von Mo-
zarts Witwe erfunden wurde.[209]

Der Auftraggeber war ebenfalls bekannt. Es handelte sich
um den Grafen Franz Walsegg zu Stuppach (1763–1728),
der Musikliebhaber, Cellist, Flötist und Leiter eines Quar-
tetts und eines kleinen Orchesters war, das er sich zusam-
mengestellt hatte. Dieser kaufte Werke auf, kopierte sie
und gab sie als die seinen aus. Er veranstaltete sogar
Wettbewerbe, während denen er noch unbekannte Partituren aufführte, und seine Zuhörer mußten erraten, wer
sie verfaßt hatte. Walsegg als ihren Schöpfer anzugeben,
war eine Schmeichelei, der alle Beteiligten selbstverständlich nachkamen.[210]

Seine Gattin, Anna von Flammberg, war mit 21 Jahren, am

14. Januar 1791, gestorben. Für die erste Jahresmesse wollte Walsegg in der Kapelle seines Schlosses östlich von Gloggitz in Niederösterreich ein Requiem aufführen, das er als eigene Komposition ausgeben würde. Das Werk sollte Mozart schreiben.

Warum wandte sich Walsegg an Mozart? Er mußte gewußt haben, daß Mozart immer Geld benötigte. Durch wen konnte er dies erfahren haben?

Durch Michael Puchberg. Dieser wohnte im Wiener Hause der Walsegg, und Constanze lebte bei Puchberg, als Mozart seine Reise nach Prag und Norddeutschland in Begleitung von Fürst Lichnowsky im Jahre 1789 unternahm.[211] Seit über einem Jahr aber bettelte Mozart seinen Bruder Puchberg bereits um Geld an.

Man weiß heute, daß auch Walsegg-Stuppach Freimaurer war.[212] Man darf sich daher berechtigterweise fragen, ob die Bestellung des Requiems nicht mehr als nur ein Täuschungsversuch des Grafen war, ob sie nicht vielmehr eine brüderliche Geste gegenüber dem immer in Geldnöten lebenden Mozart bedeutete. Diese Frage ist um so berechtigter als Mozart den berühmten »grauen Boten« kannte oder der sich zu erkennen gab. Es handelte sich um Franz Anton Leutgeb (1747?–1812), Verwalter bei Walsegg und Mitglied seines Orchesters.

Andrerseits besteht ein Vertrag über die Modalitäten dieser Transaktion beim Wiener Advokaten Dr. Johann Nepomuk Sortschan[213]: »da gab es nichts von einer anonymen Bestellung. Eine hübsche Summe als Abfindung und eine ungewöhnliche Klausel: Der Komponist mußte das Manuskript von eigener Hand abliefern, ohne davon eine Kopie gemacht zu haben.«[214]

Wenn dem so war, und man muß davon ausgehen, daß dem so war, warum nahm Mozart dann den Auftrag an? Zweifellos wegen der chronischen Geldnöte, in denen er sich etwa ab 1786/87 befand. Ich glaube, er tat es seinerseits auch als brüderliche Geste. Es war nicht zum ersten Male, daß Mozart Werke weiter verschenkte, so u. a. an Gottfried von Jacquin[215]. Dies wäre ein weiterer Grund dafür, daß Mozart das Requiem nicht in sein »Verzeichnüß« eingetragen hat: Er wußte, daß Walsegg es als das seine ausgeben würde.

Trotz all seiner Arbeit nahm Mozart den Auftrag um so spontaner an, als er davon überzeugt war, ihn zum vereinbarten Termin, also vor Ende Januar 1792 abschließen zu können. Wir wissen, mit welcher Schnelligkeit er komponierte.

Seine Werke des Jahres 1791 sind dafür der beste Beweis: Klavierkonzert Nr. 27 KV 595, »Sehnsucht nach dem Frühling« KV 596, »Im Frühlingsanfang« KV 597, »Das Kinderspiel« KV 598, Sechs Menuette KV 599, Sechs Deutsche Tänze KV 600, Vier Menuette KV 601, Vier deutsche Tänze KV 602, Zwei Kontretänze KV 603, Zwei Menuette KV 604, Drei deutsche Tänze KV 605, Sechs Ländlerische Tänze KV 606, »Il Trionfo delle Donne«, Kontretanz KV 607, Orgelstück für eine Uhr KV 608, Fünf Kontretänze KV 609, »Les Filles Malicieuses«, Kontretanz KV 610, »Die Leyerer«, deutscher Tanz KV 611, Arie für Baß »Per questa bella mano« KV 612, Acht Variationen für Klavier über ein Thema von Schack: »Ein Weib ist das herrlichste Ding« KV 613, Streichquintett Nr. 7 KV 614, Chor »Viviamo felici« KV 615, Andante für eine Walze in eine kleine Orgel KV 616, Adagio und Rondo für Glasharmonika, Flöte, Oboe, Viola, Violoncell KV 617, Kantate »Dir Seele des Weltalls« KV 429, Motette »Ave Verum« KV 618, Kantate »Die ihr des unermeßlichen Weltalls« KV 619, Zwei Opern: »Die Zauberflöte« KV 620, und »La Clemenza di Tito« KV 621, Arie für Baß: »Io ti lascio« KV 621a, Klarinettenkonzert KV 622, Kantate »Lob der

Freundschaft« KV 623, dazu: Zwei Quintettsätze KV 613a et b, Fragment für eine Walze in eine kleine Orgel KV 615a, Fantasie für Harmonika, Flöte, Oboe, Violine, Violoncell KV 616a, Adagio für Harmonika KV 356, Ouvertürenfragment KV 620a, Kontrapunktische Studie für Streichquartett KV 620b, Konzertsatz G-Dur für Bassetthorn KV 621b.

Sieht man diese außerordentliche Produktion, die Mozart in seinem letzten Lebensjahr schuf, so stellt sich die Frage, warum das Requiem unvollendet geblieben ist, um so eindringlicher.

Mozart soll also nicht imstande gewesen sein, es fertigzustellen? Die Antwort muß heißen: Mozart hätte es gewiß vollenden können[216], um so mehr als er »in einem für ihn ziemlich normalen Rhythmus das eigentliche ›Requiem‹ und das ›Kyrie‹ Ende Juli–Anfang August«[217] niedergeschrieben hatte?

Das Manuskript offenbart keine Veränderung der Handschrift des Komponisten, die immer gleich leicht, exakt bleibt, und keine Striche aufweist, außer einem Takt im »Kyrie«, aber dies nur, weil Mozart einen musikalischen Gedanken weiterführt, anstatt ihn, wie geplant, abzuschließen. Die fertiggestellten Teile verraten übrigens unbestreitbar maurerischen Einfluß. Es ist gewiß kein Zufall, daß Mozart in der Instrumentierung des »Introitus« den Bassetthörnern und dem Fagott große Bedeutung zukommen läßt und daß das »Requiem«-Thema auch in der Orchesterbegleitung des Chorals auftaucht, den die Geharnischten vor der Feuer- und Wasserprobe von Tamino und Pamino[218] anstimmen.

Um seine Requiem-Partitur abzuschließen, verblieb dem Komponisten insbesondere die Zeit, die sich von der Erstaufführung der »Zauberflöte«, Ende September, bis zu seiner endgültigen Bettlägerigkeit erstreckte, die am

20. November begann: fünfzig Tage demnach, um den Rest der Sequenz, »Sanctus«, »Benedictus«, »Agnus Dei« und «Lux aeterna« zu schreiben und die Instrumentierung festzulegen, deren Gesamtkonzept schon bestand, wie das »Introitus« und das »Kyrie« deutlich machen.

Seit dem Sommer hatte Mozart noch Teile der Sequenz und des Offertoriums skizziert. Er hatte sich die musikalischen Mittel gegeben, den Gedanken des Jüngsten Gerichtes, des Tags des Zornes, zu deuten und ihnen die hoffnungsvolle Beruhigung des »voca me cum benedictis« entgegenzusetzen; er hatte noch die Möglichkeit gefunden, das »Domine Jesu« und »die relativ archaische Grundhaltung der Fuge und des folgenden Motetts«[219] festzulegen, aber in der Sequenz hatte er nach acht Takten des »Lacrymosa« einen abrupten Sprung zum Offertorium hin gemacht und war nicht zum »Dies Irae« zurückgekehrt. Die geistige Welt des Katholizismus und ihre Todes- und Jenseitsvisionen waren nicht mehr die seinen!

Es sei daher erlaubt zu behaupten, daß Mozart das Requiem ganz einfach nicht vollenden *wollte*!

In der Tat: Statt sich auf diese Partitur zu konzentrieren, schrieb er das Klarinettenkonzert KV 622, für seinen Maurerbruder Anton Stadler, und als sein Gesundheitszustand sich etwas besserte, war er »während desselben fähig eine kleine Kantate, die von *einer Gesellschaft für ein Fest* bestellt wurde, zu verfertigen«[220]. Es war dies die Kantate »Das Lob der Freundschaft« KV 623, die Mozart am 15. November 1791 abschloß und die zum letzten Werk wurde, das er in sein »Verzeichnüß« eintrug. Sie war für die mutige Eröffnung eines neuen Tempels seiner Loge »Zur gekrönten Hoffnung« bestimmt.

Statt sich zu bemühen, musikalisch dem ewigen Licht (»Lux aeterna«), auf das die gläubigen Katholiken im Jenseits hoffen, Ausdruck zu verleihen, hinterließ uns Mozart in seiner Freimaurerkantate den ergreifendsten musikalischen Ausdruck seiner Überzeugung, daß das maurerische Symbol des Lichtes eines Tages auf dieser Erde leuchten würde in der endlich gefundenen Brüderlichkeit aller Menschen.

Krankheit und Tod

Zwei Tage, nachdem Mozart selbst die Kantate: »Das Lob der Freundschaft« bei der neuen Tempeleinweihung geleitet hatte, wurde er bettlägerig.

Am 19. war er noch einige Stunden mit seinem Diener Josef Deiner, genannt »Primus«, in der Schenke gewesen, die unter dem Namen »Zur silbernen Schlange« in die Geschichte eingegangen ist, in Wahrheit aber »Zur goldenen Schlange« hieß. Deiner erzählt in einem Bericht, der 1856 erschien, also nicht von seiner Hand stammen kann, daß er anderntags am Morgen des 20. um sieben Uhr zu Mozarts Wohnung auf Nummer 970 in der Rauhensteingasse, dem sogenannten »kleinen Kaiserhaus«, gekommen sei. Die Magd habe ihm geöffnet und ihm mitgeteilt, daß man während der Nacht den Arzt habe rufen müssen. Mozart lag in einem Bett mit weißen Linnen in einer Ecke des Zimmers. Als er Deiner hörte, öffnete er die Augen und sagte kaum vernehmlich: »Josef, heute ist nichts, wir haben heute mit Ärzten und Apotheken zu tun.«[221]

Dr. Thomas Franz Closset (1754–1813), Mozarts Hausarzt, hatte sofort den alarmierenden Zustand seines Patienten erkannt und begann, ihn mit den Kenntnissen seiner Zeit zu pflegen. Weil Mozarts Zustand sich ständig verschlimmerte, holte er sich Rat ein bei Dr. Mathias Edler von Sallaba (1764–1797), der, wie er selbst, zu den »Repräsentanten der damals fortschrittlichsten medizinischen Schule in Europa«[222] zählte.

Der Kampf gegen den Tod aber war verloren. Mozart starb, nach der Diagnose von Sallaba, an »hitzigem Frieselfieber«. Diese Ursache wurde auch im Totenprotokoll festgehalten.

Man muß davon ausgehen, daß Mozart während seiner Krankheit sehr gelitten hat, aber fast bis zu seinem Ende bei vollem Bewußtsein war. Dies geht auch aus dem Zeugnis seiner Schwägerin hervor. Sie berichtet von einem »Nacht Leibel, welche Er Vorwärts anzihen könte weil er sich vermög gschwulst nicht trehen könte«, sowie von einem »Watirten Schlaf Rock (...) daß wen Er auf stehete er gut Versorgt sein mögte. und so Besuchten wir jhn fleisig er zeigte auch eine Herzliche freude an dem Schlafrok zu haben. ich ging alle Täge in die Stadt jhn zu besuchen«.[223] Es ist aber undenkbar, daß Mozart während dieser Zeit noch am Requiem hat arbeiten können, weil seine Krankheit »mit Geschwulst am Händen und Füßen und einer beynahe gänzlichen Unbeweglichkeit derselben«[224] begonnen hatte.

Mozart konnte also nur noch über das Werk mit seinen Anverwandten und Freunden gesprochen haben, auch wenn, – wie dies oft der Fall ist – in seinem Zustand kurz vor seinem Tode eine leichte Besserung eintrat. Diese war aber nur von geringer Dauer, denn am 4., als Sophie Wolfgang besuchen wollte, kam ihr Constanze entgegen und sagte: »Got Lob Liebe Sophie dass du da bist, heute Nacht ist er so schlecht geweßen, daß ich schon dachte er erlebt diesen Tag nicht mehr, bleibe doch nur heute bey mir den wen er heute wieder so wird so Stirbt er auch diese Nacht, gehe doch einwenig zu jhm, waß er macht«. Sophie Haibel fährt fort: »ich suchte mich zu faßen, u ging an sein bette, wo Er mir gleich zu rüffte, ach gute Liebe Sophie daß Sie da sind, Sie müßen heute Nacht da bleiben, Sie müßen mich Sterben sehen, ich suchte mich stark zu machen, u jhm es aus zu reden allein er erwiederte mir auf alles, ich habe ia schon den Todten scheschmack (=Geschmack) auf der Zunge, und wer wird den meiner Liebsten Constance beystehen wen Sie nicht hier blieben (...)«[225].

Was wohl der Wahrheit entsprechen kann: »da war der Sissmaier bey M: am Bette dan Lag auf der Deke das Bekante Requem und M: Explicirte jhm wie seine Meinung seie daß er es Nach seinem Todte Vollenden sollte.«[226]

Wenn man auch diesem Bericht von Sophie Haibel Glauben schenkt, der zweifellos die erste und sicherste Quelle über die Krankheit und den Tod ihres Schwagers darstellt – über dreißig Jahre später! –, muß man doch die Anekdote in Zweifel ziehen, nach der Mozart am Vorabend seines Todes noch die Alt-Partie des Werkes gesungen hat, eine Anekdote, die in kaum einer Mozart-Biographie fehlt. Wenn überhaupt, hat eine solche Probe nur zu einem früheren Zeitpunkt der Krankheit stattfinden können.

Natürlich stellt die Aussage Sophies, daß Mozart im Todeskampf mit seinen Lippen die Pauken des »Dies Irae« ausgedrückt habe, eine Verklärung seiner Agonie dar. Mozart rang um Atem. »Die so gedeutete Impression Sophie Haibels resultiert aus charakteristischen krampfhaften Atembewegungen im urämischen Koma.«[227]

Fest steht, daß Mozart ohne Sterbesakramente verschied[228] und keiner jener »Geistligen Unmenschen« erschien, wie Sophie schrieb, die von ihrer Schwester beauftragt worden war, einen Pfarrer von St. Peter zu bitten, »Er möge komen so wie Von Ungefehr«.

Warum, »wie von ungefähr«? Damit Mozart nicht nein sagen konnte. Und warum der Widerstand der Geistlichen? »Wegen nichts anderem, unserer Meinung nach, als Mozarts Zugehörigkeit zur Freimaurerei.«[229]

Dieser Meinung möchte ich mich anschließen.

Am Abend des 4. Dezembers rief man Dr. Closset noch ans Krankenbett. Man fand ihn im Theater, »allein Er muste daß Ende der Pieße abwarten – dan kam Er und Verordnete jhm noch Kalte Umschlage über seinen Glühenden

Kopfe welche jhn auch so erschitterten, daß Er nicht mehr zu sich Kam bis er nicht Verschieden (...)«[230]

In einem Bericht von Sophie an die Novello[231] erzählt diese, daß Wolfgang gestorben sei, nachdem sie selbst auf Anraten des Arztes Mozart eine feuchte Serviette auf die Stirne des Kranken gelegt hatte. Diesen überfiel sofort ein leichtes Zittern. Wenig später soll er in Sophies Armen gestorben sein. Zu diesem Zeitpunkt seien die einzigen anwesenden Menschen Frau Mozart, der Arzt und Sophie selbst gewesen.

Auf Aussagen von Constanze hin, hat Nissen festgehalten, daß Mozart »sich plötzlich erbrochen hat. Es schoß in hohem Bogen aus ihm. Es war kastanienbraun, und er war tot.«[232]

Nach der Diagnose der Ärzte starb Mozart an »hitzigem Frieselfieber«. Nur zwei Stunden vor seinem Hinscheiden fiel er in eine tiefe Bewußtlosigkeit, die von einem schnellen Koma abgelöst wurde und ihn von seinen Schmerzen befreite.

So darf man davon ausgehen, daß die medizinischen Hinweise von Dr. Davies, einem der Ärzte, die die besten Auslegungen zu Mozarts Tod geliefert haben, auf authentische Art sein Ende zusammenfassen:

»Ungefähr zwei Stunden, bevor er starb, fiel er in Krämpfe und Koma. Dann, eine Stunde später, versuchte er sich aufzusetzen, öffnete weit die Augen und fiel zurück, den Kopf zur Wand gedreht, die Wangen waren aufgeblasen. Diese Symptome sprechen für eine Paralyse durch eine Koppelung von Seh- und Gesichtsnervenlähmung, was auf eine massive Gehirnblutung schließen läßt...«[233]

In einem undatierten Memorandum schreibt Wolfgangs Sohn Carl Thomas, später, daß die Umstände seines Todes seiner Meinung nach besonders bemerkenswert gewesen seien, vor allem die Tatsache, daß einige Tage vor seinem Tode eine allgemeine Schwellung auftrat, die so bedeutend war, daß sie dem Kranken jede Bewegung untersagte, sowie ein Gestank, der eine innere Verwesung ankündigte und sofort nach seinem Tode so stark wurde, daß er eine Autopsie unmöglich machte.[234]

Mozarts Krankheit und Tod erregte die öffentliche Aufmerksamkeit. Die Menschen blieben vor den Fenstern seiner Wohnung stehen und schwenkten das Taschentuch.[235] Aber nur die »Wiener Zeitung« schrieb über seinen Tod: »In der Nacht vom 4. zum 5. d. M. verstarb allhier der K. K. Hofkammerkompositor Wolfgang Mozart. Von seiner Kindheit an durch das seltenste musikalische Talent schon in ganz Europa bekannt, hatte er durch die glückliche Entwickelung seiner ausgezeichneten Natursgaben und durch die beharrlichste Verwendung die Stufe der größten Meister erstiegen; davon zeugen seine allgemein beliebten und bewunderten Werke, und diese geben das Maß des unersetzlichen Verlustes, den die edle Tonkunst durch seinen Tod erleidet.«[236]

Mozarts Tod im Alter von weniger als 36 Jahren entsprach zwar der durchschnittlichen Lebenserwartung jener Zeit, führte dennoch sehr rasch dazu, daß in einer Stadt wie Wien, die berüchtigt ist für ihren »Schmäh«, die Kunst des Gerüchts, der üblen Nachrede, der Intrige und der Kabale, viel darüber spekuliert und sehr schnell auf einen unnatürlichen Tod geschlossen wurde.

So hieß es denn auch bald, Mozart sei vergiftet worden. Diese Gerüchte wurden von Constanze selbst gefördert, der wichtigsten Informationsquelle für die ersten Biographen wie Niemetschek, dessen »Leben des K. K. Kapellmeisters Wolfgang Gottlieb Mozart« 1797 erschien. Mozart wird darin zitiert, wie er mit Constanze vom Tode und von seinem »Requiem« spricht, überzeugt, daß er es »für sich setze. Thränen standen dem empfindsamen Manne in den Augen: ›Ich fühle mich zu sehr, sagte er weiter, mit mir dauert es nicht mehr lange: gewiß, man hat mir Gift gegeben! Ich kann mich von diesem Gedanken nicht los winden –«[237]. Fast gleichlautende Aussagen finden wir bei Nissen.[238]

Bei Vincent und Mary Novello ist dann von der Art des Giftes die Rede. Es handelt sich um »*acqua tofana*«, ein italienisches Gift, das zu dieser Zeit sehr populär war und mit dem man anscheinend den Zeitpunkt des Todes genau vorherbestimmen konnte, wie Mozart den Verdacht auch geäußert haben soll. Außerdem sprechen die Novello die Mutmaßung aus, daß Antonio Salieri, als größter Rivale Mozarts, schuldig an seinem Tode sei: »Seine Feindschaft begann mit Mozarts Komposition von ›Cosi fan tutte‹. Er hatte die Oper selbst begonnen, aber aufgegeben, da er sie für unwürdig hielt, in Musik gesetzt zu werden. Der Sohn (i. e. Mozarts Sohn Carl Thomas) stellt es in Abrede, daß er (i. e. Salieri) Mozart vergiftet habe, obschon der Vater es glaubte und Salieri es in seinen letzten Tagen gestand.«[239]

War Salieri Mozarts Mörder?

Mozart glaubte gewiß nicht ohne Grund, daß Salieri in ihm seinen größten Rivalen sah und seit seiner Ankunft in Wien gegen ihn intrigierte. Er äußerte diese Vermutung auch in Briefen an den Vater (31.8.1782, 7.5.1783, 2.7.1783) und an Puchberg (12.1789: »Donnerstag aber lade ich Sie (aber Sie allein) um 10 Uhr Vormittags zu mir ein, zu einer kleinen Opern-Probe; – nur Sie und Haydn lade ich dazu. – Mündlich werde ich Ihnen Cabalen von Salieri erzählen, die aber alle schon Wasser geworden sind – adjeu.«[240] Aber in dem letzten Brief, der uns von Mozart erhalten ist (14.10.1791), schreibt er seiner Frau begeistert, wie warmherzig Salieri und die Cavalieri, seine Mätresse, die »Zauberflöte« aufgenommen hatten.

Erwähnt sei zudem, daß Salieri[241] implizit Mozart seine Anerkennung zollte, als er zur Krönung Leopolds II. in Prag, am 6. September 1791, geistliche Musik von ihm im Veitsdom dirigierte.

Am 8. September, anläßlich der Inthronisierung der Erzherzogin Maria Anna als Äbtissin des Adeligen Damenstiftes von Prag, hatte Salieri ebenfalls die Missa Brevis, in C-Dur, KV 258, die sogenannte Spaur-Messe von Mozart zur Aufführung gebracht.[242]

Zu Ende seines Lebens habe sich Salieri im Wahnzustand des Mordes an Mozart bezichtigt, hieß es. Dieses Gerücht wurde als Behauptung in Wien verkauft. Ein Echo davon findet man sogar in den Konversationsheften Beethovens aus der Feder von Anton Schindler. Es wurde allerdings von Ignaz Moscheles, Salieris Schüler, als »absurdes Gerücht«[243] energisch zurückgewiesen.

Es war aber stark genug, noch Puschkin zu seiner kleinen Tragödie »Mozart und Salieri« (1826/30) zu veranlassen, in der Salieri Mozart aus Eifersucht vergiftet. Dieses Werk bildete die Grundlage zur gleichnamigen Oper in zwei Akten von Rimski-Korssakow (1898), aber auch zu »Amadeus« von Peter Shaffer (1979), dem Theaterstück, das am Ursprung des Films von Milos Forman (1984) steht, diesem Welterfolg, der uns einen so irritierenden Mozart beschied und einen Salieri, der eifersüchtiger und mörderischer denn je ist.

War Franz Hofdemel Mozarts Mörder?

Mozart hatte Hofdemel kennengelernt, als dieser seine Aufnahme in die Freimaurerei beantragt hatte. Im April 1789 lieh Hofdemel Mozart 100 Gulden. Mozart gab Hofdemels Frau Magdalena Klavierunterricht.

Am 6. Dezember 1791, einen Tag nach Mozarts Tod, griff Hofdemel seine schwangere Frau mit einem Rasiermesser an, verletzte sie schwer und beging anschließend Selbstmord. Die Affäre wurde erst später in der »Wiener Zeitung« bekannt gemacht, und das Blatt gab den 10. Dezember zu Hofdemels Tod an. Aber dies war der Tag, an dem der Unglückliche an unbekanntem Orte begraben wurde.

Nach Wiener Gerüchten hätte Mozart Magdalena Hofdemel nicht nur Klavierunterricht gegeben, und das Kind, das am 10. Mai 1792 in Brno zur Welt kam und die Vornamen Johann von Nepomuk Alexander Franz erhielt, hätte Mozart zum Vater gehabt, dessen erster Vorname eben Johannes lautete.

Dies würde erklären, warum Mozart keine Auslandsaufträge mehr annahm und nichts gegen die Kuraufenthalte von Constanze in Baden einzuwenden hatte, auch wenn diese mit Süßmayr erfolgten, der nicht nur rein freundschaftliche Beziehungen zum Hause und besonders zu Frau Mozart unterhielt. Der lebende Beweis dafür sei Constanzes letzter Sohn, Franz Xaver Wolfgang, geboren am 26. Juni 1791. In der Tat trägt dieser den doppelten Vornamen von Süßmayr und einen der Vornamen Mozarts. Rechnet man zudem den Zeitpunkt der Zeugung des Kindes zurück, so kommt man zur Schlußfolgerung, daß es Wolfgang kaum zum Vater haben kann, da dieser erst gegen den 10. November von seiner letzten großen Auslandsreise nach Wien zurückkehrte.[244]

Ein weiterer Beweis für eine Liaison zwischen Mozart und Magdalena wird durch die Weigerung Beethovens geliefert, vor Frau Hofdemel zu spielen. Beethoven machte sie verantwortlich für Mozarts Tod. Ihr Verhältnis zu Mozart hätte Hofdemel dazu geführt, diesen aus Eifersucht zu vergiften, und sein Tod hätte die furchtbare Kettenreaktion ausgelöst[245].

War Süßmayr Mozarts Mörder und Constanze seine Komplizin?

Eine andere These besagt, Süßmayr, als Constanzes Geliebter, habe Mozart das Gift gegeben. Er, Salieri und Walsegg von Stuppach, der Besteller des »Requiems«, hätten sich gegen Mozart verschworen. Nachdem Constanze ihr letztes Kind am 24. Juli 1791 zur Welt gebracht hatte, sei sie in die Verschwörung eingeweiht worden und habe der Vergiftung zugestimmt. Süßmayr und Constanze haßten Mozart ebenso sehr wie Salieri, der ein glühender Verteidiger der italienischen Oper war und dem sich Mozart mit seiner deutschen Oper, der »Zauberflöte«, widersetzt hatte.[246]

Dies würde schließlich auch die nachträgliche Wut Constanze auf Süßmayr erklären, der, nachdem er Mozarts Requiem vollendet hatte, das Weite suchte und Salieris Schüler wurde. Er wollte mit der ganzen Sache nichts mehr zu tun haben.

Nur eine Bemerkung hierzu: Wenn Constanze Mitwisserin war, war sie denn so dumm, daß sie auch noch selbst von Mozarts Vergiftungsverdacht berichtete?

Waren die Freimaurer Mozarts Mörder?

Hofdemel, so heißt es, habe nicht nur Mozart vergiftet, er habe auch auf Anordnung der Freimaurer gehandelt. Diese hätten den Komponisten gehaßt, weil er ihre Geheimnisse verraten hatte: Mit den ersten Klängen der »Zauberflöte« werden nämlich die maurerischen Klopfzeichen verdeutlicht, und das Werk endet mit einer Hymne auf die großen symbolischen Grundsätze der Freimaurerei: »Es siegte die *Stärke*/ Und krönet zum Lohn/ Die *Schönheit* und *Weisheit* mit ewiger Kron'!«

Hierzu sei wieder eine Frage erlaubt: Warum wurde denn Schikaneder nicht auch ermordet, der ebenfalls Freimaurer war und verantwortlich zeichnet für das Libretto, das heißt, ebenso verantwortlich wie Mozart selbst für die Gestaltung und Verwirklichung der Oper war?

War Gottfried van Swieten der Mörder Mozarts?
Sein Vater, Gerard van Swieten, Leibarzt der Kaiserin Maria Theresia, war der erste, der in Wien Quecksilberbehandlungen gegen Geschlechtskrankheiten verordnet hatte. Gottfried van Swieten habe versucht, bei Mozart eine Syphilis zu kurieren, wurde sich aber bewußt, daß die verabreichten Dosen auf die Dauer tödlich seien. Also gab er Mozart den »Gnadenstoß« und ließ den Körper verschwinden. Diese Version erhielt ihre Glaubwürdigkeit durch die medizinische Tatsache, daß eine Quecksilbervergiftung nicht von einem Nierenversagen zu unterscheiden war: die Symptome waren die gleichen.
Diese These wurde noch 1963 von Dieter Kerner angeführt. Er stellte unter anderem fest, daß Mozarts Schrift auf dem 18. Blatt der Maurerkantate KV 623 kleiner wird (»Micrographie«). Dies läßt für ihn zweifelsfrei auf Giftmord schließen.[247] Seine Argumente wurden 1989 von Wolfgang Ritter wieder aufgegriffen und weiterentwickelt.
Andernorts sprechen sogenannte Forscher von einem Fememord, angestiftet durch die Geheimbünde, denen Mozart angehört hatte. Van Swieten hätte den Auftrag erhalten, den Mord auszuführen und die Leiche verschwinden zu lassen. Sie sei deswegen auch nicht auf dem St. Marxer Friedhof, sondern an unbekanntem Ort nach esoterischem Ritual begraben worden.[248] Das »Foucaultsche Pendel« schlägt aus!
Doch Spaß beiseite: Diese These geht auf die ungeheueren Behauptungen einer Mathilde von Ludendorff zurück, die 1936 geschrieben hatte: »Mozart wurde wie Lu-

ther, Lessing, Schiller und gar manche andere Gemordete zum Retter des Volkes vor der Pest der Geheimorden, die sich ein Recht anmaßen, zu morden, wenn ihre verbrecherischen Gesetze, die den Tempel Salomons, das heißt die Judenherrschaft errichten sollen, ihnen das erlauben!«[249] Hier begegnen wir ihr wieder, der berühmten Verschwörung von Juden und Freimaurern, von der schon der Feldherr Ludendorff, Mathildes späterer Mann, in den zwanziger Jahren immer wieder gesprochen hatte[250], und 1936 war das Jahr nach der Verkündung der Rassengesetze im Deutschland der Nazis.

Seit Jahren haben sich Mediziner und Wissenschaftler mit den Symptomen und Ursachen von Mozarts Tod nach nur fünfzehn Tagen Bettlägerigkeit auseinandergesetzt. Es gibt heute mehrere Thesen über dieses rasche Hinscheiden, von denen die bedeutsamsten von den Ärzten Carl Bär, Aloys Greither, Peter J. Davies, Hans Bankl und neulich Mary Weather stammen. Sie fußen im besonderen auf den Krankheiten, die Mozart seit seiner Kindheit zu schaffen gemacht hatten.

Die Ergebnisse führen einerseits in die Richtung rheumatische Entzündung. Schon in seiner Kindheit litt Mozart an Gelenkrheumatismus, der Ursache für seinen schlechten Herzzustand. 1784 befielen ihn andrerseits heftige Nierenkoliken. Sie waren, laut Dr. Davies, durch »eine Streptokokkeninfektion« bedingt, die erschwert wurde durch die Entwicklung eines »Schönlein-Hennoch-Syndroms«, einer Gefäßkrankheit, die sich über die kleinen Blutgefäße auf die Nieren, den Magen-Darm-Trakt, die Gelenke und die Haut auswirkte, wobei es zu Hausausschlag und einer Nierenerkrankung kam.[251]

Aufgrund einer Epidemie, die im November in Wien ausgebrochen war, nimmt Dr. Davies an, daß Mozart sich eine weitere Streptokokkeninfektion zuzog, als er am 18. November der Logenfeier beiwohnte.

So war die Diagnose von Dr. Closset die richtige, die damaligen Behandlungsweisen aber konnten den Zustand des Kranken nur verschlimmern. Diese bestanden aus »Brechweinstein, schweißtreibenden Mitteln, salzigen Getränken, Aderlaß.«

In der Regel wurden bei einem Aderlaß etwa zehn Unzen Blut entnommen, das sind 0,35 Liter; die Ärzte verordneten bei Mozart mindestens sieben Aderlässe: Ein enormer Blutverlust von insgesamt etwas mehr als zwei Liter wurde einem kranken Organismus zugemutet, »insbesondere wenn man bedenkt, daß bei einem rheumatischen Fieber praktisch auch immer das Herz als Zentralorgan des Blutkreislaufes durch eine Begleitentzündung geschädigt wird.«[252] Die Aderlässe können dazu das Nierenversagen verschärft und so zum Tod beigetragen haben.

Alle neueren medizinischen Forschungen, – ob sie sich nun eher auf eine rheumatische oder eine urämische Enderkrankung festlegen, – widerlegen die Thesen einer Vergiftung Mozarts. Eigentlich müßten deswegen alle wirren Spekulationen auch in sich zusammenfallen. Man darf dennoch davon ausgehen, daß sie weiterhin ein zähes Leben haben werden, wie es Veröffentlichungen der 80er Jahre zeigen, so die von Carr, in der Salieri davonkommt, nicht aber Hofdemel, oder die von Ritter, in der Hofdemel reingewaschen wird, nicht aber Salieri, Walsegg, Süßmayr und Constanze.

Alle schuldig, lautet schließlich die These des Filmes von Slavo Luther: »Vergeßt Mozart« (1985!): die Freimaurer, Deiner, van Swieten, Hofdemel, Constanze. Mozart selbst ist wegen seiner Liaison ebenfalls zum Teil verantwortlich für sein schlimmes Ende, so daß man sich sogar fragen muß, ob er sich nicht wegen einer venerischen Krankheit selbst töten wollte. Zu diesem Ergebnis kommt im Film der Polizeiminister Graf Pergen. In Wirklichkeit aber war dieser im März 1791, neun Monate vor Mozarts Tod, zurückgetreten[253]...

So wie dieser Film sind nun einmal Legenden: Erzählungen, in denen die Tatsachen der Fantasie weichen müssen. In Mozarts Fall genügen die Fakten und die nüchterne Wahrheit anscheinend nicht.

Begräbnis und unbekanntes Grab

Im XIX. Jahrhundert hatte ein Stich von P. R. Vigneron mit dem Titel »Armenbegräbnis«, der einen Leichenwagen nur von einem Hund begleitet darstellte, Beethoven derart berührt, daß er ihn in seinem Zimmer zu Ehren Mozarts an die Mauer heftete. Eine andere Legende, die des Armenbegräbnisses, war geboren. Die Wirklichkeit aber sah völlig anders aus.

Nach Wolfgangs Tod erlitt Constanze einen Hysterieanfall. Sie versuchte anscheinend, zu dem Toten ins Bett zu kriechen, in der Hoffnung, von der gleichen Krankheit angesteckt zu werden und ihm ins Grab folgen zu können, was aber, schon wegen des Gestankes, von dem ihr Sohn berichtet hat, zu bezweifeln ist.

Als erster wird Johann Georg Albrechtsberger (1736–1809), dem nach Mozarts ausdrücklichem Wunsch zuerst die Todesnachricht überbracht werden sollte, dem Toten die letzte Ehre erwiesen haben. Dieser blieb bis zur Einsegnung in einem offenen Sarg in der Wohnung aufgebahrt: »Mad. Mozart öfnete mir selbst die Thüre der Wohnung, u: führte mich in ein Kabinet linker Hand, wo ich den entseelten Meister aufgebahrt, in einem Sage liegend, mit einem schwarzen Habite angethan welcher m. Kapuzze das blonde Haupt bis zur Stirn einhüllt, die Hände über die brust gefaltet, erblickte!«[254]

Dr. Joseph Müller, alias Graf Deym von Strzitez, nahm die Totenmaske ab. Constanze sollte sie später brechen.

Mozart starb, ohne finanzielle Rücklagen gemacht zu haben. Er hinterließ etwa sechzig Gulden an Bargeld und, nach Constanzes Aussage, annähernd 3000 Gulden (rund

114000 DM) an Schulden[255]. Diese hohe Summe ist nicht zu erklären, wenn man nur Constanzes Nachlaßinventar in Betracht zieht. Hier geht die Rede von 918 fl. 16 kr. Man weiß aber auch, daß Mozart Puchberg noch über 1000 Gulden schuldete. Neulich nun wurden neue Dokumente über einen Prozeß bekannt, in den Prinz Carl Lichnowsky und Mozart verwickelt waren. Mozart wurde demzufolge am 12. November 1791 zur Rückzahlung einer Schuld von 1435 fl. 32 kr. an Lichnowsky sowie zu Gerichtskosten von 24 fl. verurteilt. Die Hälfte seines Gehaltes sollte dazu eingezogen und seine Möbel verpfändet werden. Zur Exekutierung des Urteils, das am 12. November 1791 der Hofkammer zugestellt wurde, sei es aber durch Mozarts Tod nicht mehr gekommen.[256] Solchen Angaben und Unterlagen zufolge wäre dann die von Constanze vorgegebene Schuldensumme sogar noch überschritten.

Welche Wirkung diese Verurteilung auf den angeschlagenen Gesundheitszustand des Komponisten hatte, kann man sich wohl ausmalen!

Gottfried van Swieten, der herbeigeeilt war, schlug vor, ein Begräbnis dritter Klasse mit dem kleinen Kondukt zu bestellen, nicht nur um Geld einzusparen, sondern weil ein solches Begräbnis ganz einfach dem sozialen Stande des Komponisten entsprach. Die Ausgaben beliefen sich auf 8 Gulden 56 Kreuzer (4 fl 36 x Pfarrgeld für Trauerkondukt und Einsegnung; 4 fl 20 x Kirchengeld, davon 30 Kreuzer für den Totengräber und 1 Gulden für die Grabstätte), plus 3 Gulden für einen eigenen Leichenwagen, der den Sarg vom Totenhaus zum Stefansdom führte. Das Begräbnis kostete demnach ein Fünftel des Geldes, über das die Familie verfügte.

Man hat vielerorts van Swieten für diesen Ratschlag kritisiert und die Gelegenheit benutzt zu behaupten, die Freimaurer hätten nichts für Mozart getan.[257]

In Wahrheit entsprach das Begräbnis »genau der damals in Wien geltenden Bestattungsordnung[258]«. Diese war hervorgegangen aus den Bestimmungen von Joseph II. vom 13. August 1784 und 27. Januar 1785 über die Regeln, die bei Begräbnissen einzuhalten waren und die mehrere bedeutsame Verordnungen enthielten: Friedhöfe mußten außerhalb der Stadtmauern angelegt werden, die Grabstellen sollten mehrere Leichen aufnehmen können, grundsätzlich vier Erwachsene und zwei Kinder. Die Leichen sollten »ganz blos, ohne Kleidungsstücke«[259] in die Leichentücher eingenäht werden.

Gegen diese Bestimmung gab es sofort heftigen Widerstand, so daß sie 1791 nur noch für die Armenbegräbnisse ihre Gültigkeit behielt. Sie waren unentgeltlich und erfolgten in Massengräbern.

Eine andere Bestimmung, die eng mit der Angst verbunden war, auch Scheintote zu begraben, verlangte, daß man zweimal vierundzwanzig Stunden warten mußte, bevor die Leichen in die Erde gelegt wurden.[260] Von dieser Bestimmung ausgehend, könnte die Totenfeier auch erst am 7. Dezember stattgefunden haben, wie Volkmar Braunbehrens annimmt.[261]

Es wäre ganz einfach unmöglich gewesen, Mozart ein Begräbnis erster Klasse zu gewähren; diese waren dem Adel und dem hohen Klerus vorbehalten und kosteten zu jenem Zeitpunkt zwischen 120 und 340 Gulden.[262]

Der Unterschied zwischen einem Begräbnis zweiter Klasse und dem Begräbnis, das Mozart – wie 85 Prozent der Bürger! – erhielt, lag in Details, aber auch schon hier stand der Preisunterschied zwischen den beiden Begräbnisklassen in keinem Verhältnis zum Mehrangebot. Ein Begräbnis zweiter Klasse kostete 37 Gulden. Dafür gab es sechs Sargträger und Meßdiener (Begleitknaben) statt vier, drei Geistliche statt einem, mehr Leuchten, sowie Musik.[263]

Mozart hatte einen Sarg, wenigstens bis zur Beerdigung. Es ist allerdings wahrscheinlich, daß die »Todtentruhe« weiterverwendet wurde, wie im Film »Amadeus« gezeigt wird, nur daß der Sarg sich unten und nicht an einem der Ende öffnete. Die Einsegnung der Leiche, nachdem sie vom Totenhause zum Dome in einem mit zwei Pferden bespannten Leichenwagen, überführt worden war, fand am 6. Dezember um 15 Uhr in der über dem Abgang zu den seit 1783 nicht mehr benützten Katakomben errichteten Kruzifixkapelle statt. Nach der Einsegnung erfolgte die Totenfeier, die gleichzeitig der Abschied der Familie und Freunde war. Sie geschah schnell, da aus den Katakomben ein unerträglicher Geruch hochstieg. Danach wurde die Leiche in der Totenkammer, die sich »in der einspringenden Ecke zwischen Frauenchor und Nordturm«[264] befand und in die man nur von außen gelangte, »beigesetzt«, das heißt: verwahrt bis zur Überführung auf den Friedhof.

Wie viele Familienmitglieder und Freunde beim letzten Abschied dabei waren, bleibt ungewiß. Man geht davon aus, daß es wenige waren, vielleicht sogar weniger noch, als die hier angegeben sind: Lange und Hofer, die beiden Schwager Mozarts, Deiner, der »Primus«, die Komponisten Albrechtsberger, Eybler, Freistädtler, Otto Hatwig, Salieri, Süßmayr sowie Emanuel Schikaneder, dessen Bruder Urban und Mitglieder seiner Theatertruppe: Roser, der Orchesterleiter, Orsler, der Cellist und der Tenor Schack, schließlich van Swieten und einige Freimaurer. Constanze war nicht dabei, aber dies war bei ihrem zerrütteten Nervenzustand verständlich.

Es war nach der josephinischen Begräbnisordnung verboten, vor sechs Uhr im Winter, neun Uhr im Sommer, also vor Einbruch der Dunkelheit, die Leichen einzusammeln und auf die Friedhöfe zu bringen. Mozarts Leiche wurde demnach erst zur Nachtzeit aus der Totenkammer im

Stephansdom geholt und auf den Friedhof vor der St. Marxer Linie geführt, der erst 1787 eingerichtet worden war und etwa fünf Kilometer vom Stefansdom, dreieinhalb Kilometer (4803 Schritte [265]) vom Stubentor, entfernt liegt. Keiner folgte dem Leichenwagen, denn man hatte Abschied genommen, und es war auch nicht der Brauch!

Für die Beerdigung selbst gibt es keine genaue Zeitangabe. Man geht davon aus, daß sie am andern Morgen, dem 7. Dezember, durch den Totengräber und seine Gehilfen vorgenommen wurde, ohne Präsenz eines Geistlichen oder von Familienangehörigen. Mozarts Leiche wurde in ein »allgemeines einfaches Grab [266]« gelegt, nicht in ein Massengrab. Er erhielt keinen Grabstein, was nicht ungewöhnlich war, aber angemessen gewesen wäre.

Für den 6. Dezember notierte Graf Zinzendorf in sein Tagebuch: »tems doux et brouillard fréquent« (mildes Wetter mit häufigem Nebel), und eine Temperatur zwischen +2,6 und +3, mit einem ›vent d'est faible‹ (schwachen Ostwind)« [267].

Am 7. aber war das Wetter abscheulich [268]. Die Legende vom einsamen Begräbnis bei Sturm und Schnee konnte ihren Ursprung nehmen.

Keine Erklärung gibt es hingegen dafür, warum Constanze sich erst 1808 dazu aufraffte, den Weg zum Friedhof zu nehmen, demnach, etwa siebzehn Jahre nach dem Tode ihres Gatten. Dort erfuhr sie dann, daß der damalige Totengräber, Joseph Rothmeyer, verstorben und die Gräber, gemäß der Tradition, umgegraben worden waren, was hieß, daß die verbliebenen Gebeine herausgenommen worden und für neue Tote Platz gemacht worden war. Die Reste wurden zusammengebracht und mit Erde überschüttet. Nur die Reihen, in denen 1791 die Gräber ausgehoben worden waren, konnten zu diesem Zeitpunkt noch angegeben werden: »nämlich die dritte und vierte, wenn man von dem Monumentalkreuze, welches mitten auf der Höhe des Gottesackers aufgerichtet ist, herankommt.«[269]

Haben die Freimaurer, wie vorwurfsvoll gesagt wird, nichts für Mozart getan?
Gewiß doch! Es war van Swieten, der am 5. Dezember Constanze zu Seite stand und sie beriet. Er tat dies, obwohl er am gleichen Tag ein Handbillett des Kaisers erhalten hatte, durch das ihm mitgeteilt wurde, daß er aus allen öffentlichen Ämtern entlassen worden sei, weil man ihn als notorischen Illuminaten verdächtigte, an einer maurerischen Verschwörung beteiligt zu sein[270].
Van Swieten und Puchberg kümmerten sich um Mozarts Söhne, ebenso Haydn. Puchberg verzichtete auf 1000 Gulden, die Mozart ihm noch schuldete und fuhr fort, Constanze Geld vorzustrecken.
Schon im Dezember 1791 hielten die Maurer eine Trauerfeier in der Loge ab, bezeichnenderweise anläßlich einer Meistererhebung. In seiner Rede unterstrich Friedrich Hensler Mozarts Verdienste: »Er war ein eifriger Anhänger unseres Ordens – Liebe für seine Brüder, Verträglichkeit, Einstimmung zur guten Sache – Wohlthätigkeit – wahres, inniges Gefühl des Vergnügens, wenn er einem seiner Brüder durch seine Talente Nutzen bringen konnte, waren Hauptzüge seines Charakters – er war Gatte – Vater – Freund seiner Freunde – Bruder seiner Brüder – nur Schätze fehlten ihm, um nach seinem Herzen Hunderte glücklich zu machen...«[271].
Diese Maurerrede wurde 1792 durch Ignaz Alberti zugunsten der Familie des Verstorbenen herausgegeben. Im Januar des gleichen Jahres veröffentlichte die »Wiener Zeitung« einen Aufruf zur Subskription (zum Preise von 15 fl.) der mauerischen Kantate, KV 623. Die Zeitung

sprach von einem »Schwanengesang«. Der Erlös kam Constanze und ihren Kindern zugute. Auf Anregung von Mozarts Logenbruder, Baron K. Ph. Wilhelm von Jacobi, Botschafter Friedrich Wilhelms II. von Preußen, kaufte dieser am 7. Februar 1792 Partituren von Mozart, darunter eine Abschrift des Requiems, die von Constanze als Original ausgegeben wurde, für die runde Summe von 800 Dukaten (3600 Gulden)[272]. Am 8. September 1792 führte Mozarts Loge die Kantate KV 623, auf einen eigens verfaßten Text von Gieseke, zu Ehren des neuen Kaisers und zugunsten der Familie Mozart auf. Ebenfalls 1792 rief die Loge zu einer Spendensammlung auf. Am 2. Januar 1793 veranstaltete van Swieten eine Darbietung des Requiems, die Constanze 1500 Gulden einbrachte. Auch nach dem Verbot der Freimaurerei riefen die Brüder noch in einem Rundschreiben vom 5. Juni 1796 zu einer Geldsammlung für Constanze auf.

»Die Maurer zeigten sich treu im Gedenken an Mozart und großzügig gegenüber seiner Witwe.«[273] Sie haben die ihnen durch ihr Engagement auferlegte mauerische Pflicht gegenüber der Witwe und den Kindern ihres toten Bruders Mozart voll wahrgenommen und erfüllt.

Schon 1797 war Constanze imstande, der Duschek in Prag 3500 Gulden zu leihen ...

So sehen also die Tatsachen über das Lebensende Mozarts aus. Sie sind dokumentarisch belegt und nachprüfbar. Nur muß man sich auch mit den Dokumenten abgeben und die nötigen Überprüfungen anstellen, was in allzu vielen Fällen auch weiterhin nicht geschieht. Das führt zu dem Bild, das man sich noch heute gerne von Mozart macht. Es besteht aus Mythen und Legenden, Irrtümern, Spekulationen und Verleumdungen.

Epilog

Die Problemstellung: »Mozart und die Freimaurerei« kann, wie die meisten Fragestellungen zu Mozart, wohl kaum erschöpfend behandelt werden. Schon die Art der Annäherung an das Thema hängt von dem Blickwinkel ab, von dem aus man die Maurerei betrachtet. Eine symbolische Annäherung wird grundverschieden sein von einer analytisch-kritischen.

Man kann Mozarts Zugehörigkeit zur Königlichen Kunst nicht hoch genug einschätzen, auch wenn dies vielfach unerwünscht bleibt. Es ist nun aber ganz einfach wichtig, ja unerläßlich, daß deutlich gemacht wird, warum Mozart, mit Herz und Verstand ein freier Maurer war, der das Engagement, das er mit seiner Aufnahme eingegangen war, tatsächlich gelebt hat.

Ich möchte wahrlich nicht behaupten, ich hätte dies erschöpfend getan, doch bescheiden sagen, wieviel mir daran lag, persönliche Nachforschungen mit dem zusammenzufügen, was an Informationen heute bekannt ist, die bestehenden Informationen zu vergleichen, untereinander in Beziehung zu bringen und aus maurerischer Sicht zu beleuchten, damit Mozarts Lebenshaltung, die in seinen sieben letzten Jahren durch die Freimaurerei stark beeinflußt, ja bestimmt wurde, auch für den Profanen einsichtig wird. Während anderthalb Jahrhunderten wurde Mozarts Zugehörigkeit zum Orden ignoriert, banalisiert, verschleiert, verharmlost, verschwiegen.

Während dieser Zeit wollten andere ihn für sich einnehmen, ihn nach ihrem Muster formen, ihn zu ihren Zwecken benutzen. Es ist ihnen nicht gelungen.

Mozart nur als Maurer zu sehen, wäre nun aber ebenso töricht wie es unehrlich ist, seine Zugehörigkeit zur Königlichen Kunst nicht in Betracht zu ziehen. Mozart war vom Grunde seines Herzens und seines Verstandes aus Freimaurer, und das ehrt die Maurerei.

Mozart war aber vor allem ein Mensch, mit seinen kleinen Schwächen und seiner großen Kraft. Deshalb ist er uns so nahe. Was bedeuten dann noch die Inkonsequenzen, die man in seinem Leben, und einige Widersprüche, die man in seinem Werk, insbesondere in seiner maurerischen Oper, ausfindig gemacht hat?

Nichts! Bei Mozart ist alles Menschlichkeit, ist alles Musik, ist alles Liebe ...

Anmerkungen

[1] Naudon: »La Franc-Maçonnerie«, Paris, 1988, SS. 18 ff.

[2] Alec Mellor: »Dictionnaire de la Franc-Maçonnerie et des Francs-Maçons«, Paris, 1979

[3] Heinrich Boos: »Geschichte der Freimaurerei«, Wiesbaden, S. 180.

[4] Aus einem alten französischen Regelbuch der Freimaurerei. Die Übersetzungen aus dem Französischen und Englischen ins Deutsche sind, wenn nicht anders vermerkt, vom Autor.

[5] cf. Boos, S. 181.

[6] cf. »Dix-huitième Siècle, La Franc-Maçonnerie«, Jahresrevue Nr. 19, Paris, 1987, SS. 43 ff. – H. Reinalter: »Freimaurer und Geheimbünde im 18. Jahrhundert«, Frankfurt, 1983, SS. 39 ff. – Bernard E. Jones: »Freemasons' Guide and Compendium«, London, 1988, SS. 175 ff.

[7] José A. Ferrer Benimelli: »Les Condamnations Papales«, in: »Dix-huitième Siècle«, SS. 12 ff.

[8] ibid. SS. 7 ff. Die Exkommunizierung wurde erst 1983 aufgehoben. Es bleibt Katholiken aber weiterhin untersagt, Freimaurer zu werden.

[9] Helmut Reinalter: »La Maçonnerie en Autriche«, in: »Dix-huitième Siècle«, SS. 43 ff.

[10] Jean-Pierre Bayard: »La Spiritualité de la Franc-Maçonnerie«, St. Jean-de-Braye, 1982, SS. 79 ff. – Jean Palou: »La Franc-Maçonnerie«, Paris, 1964, S. 174.

[11] cf. Reinalter, SS. 43 ff.

[12] Die Logen der Lombardei und aus Transsylvanien werden von H. C. Robbins Landon weder in der französischen noch in der englischen Fassung von »1791«, Paris, 1988, S. 62, London, S. 56, erwähnt, sondern nur in: »Mozart and the Masons«, New York, 1983, S. 8, Landon irrt auch, was die Gesamtzahl der Logen betrifft.

[13] Nicht aufgeführt ist im Verzeichnis des HHStA. die Brüsseler

Loge: »L'heureuse Rencontre« (cf. »Mozart... von der Wohl-thätigkeit«, Bruxelles, 1991, S. 25), sowie die Loge »La Par-faite Union«, 1770 in Luxemburg gegründet, 1776 von der »Großen Englischen Provinzialloge der Österreichischen Länder« anerkannt. 1786 von Joseph II. aufgelöst. (Romain Durlet, in: tageblatt, 31. 5. 1988, S. 5.) Eine erste Erwähnung der Freimaurerei in Luxemburg geschah schon 1729. Dreißig Jahre später taucht eine erste Militärloge auf. (cf. Bayard, S. 398, sowie die Forschungsergebnisse vom Th. A. Pescatore, Luxembourg, 1992).

[14] cf. »Bruder Wolfgang Amadeus Mozart«, SS. 11 ff.

[15] Vertrauliche Akte (= VA) 63 fol. 3–6, 7–10 et 78 fol. 55.

[16] Notat vom »9. 1. 1787« ins »Stammbuch« von Johannes Georg Kronauer (Österreichische Nationalbibliothek).

[17] Landon: »Masons« S. 36. Dieses Buch leistet einen entschei-denden Beitrag zum Thema Mozart und die Freimaurerei. Der Autor hat nicht nur die Loge, die auf einem anonymen Gemälde im Historischen Museum der Stadt Wien dargestellt ist, als die berühmte »Zur neugekrönten Hoffnung« identifi-ziert, sondern auch die meisten Logenbrüder, darunter Mo-zart selbst.

[18] in: Grande Encyclopédie Larousse, Paris, 1974, S. 6733.

[19] ibid.

[20] Wie es in der Kantate »Die Maurerfreude«, KV 471 von Mozart heißt. Die Perspektive ändert jedoch, wenn »Ält'sten« als Substantif betrachtet wird (cf. Irmen, p. 155). In diesem Fall bezieht man sich auf den Vater von Joseph II.

[21] KAP 35, 198.

[22] ibid. S. 264/265.

[23] Helmut Reinalter, S. 53.

[24] Wie Landon gehen wir davon aus, daß es zahlreiche »Versu-che gab, Leopold II. zu bewegen, den Orden zu reformieren – aber nicht, ihn abzuschaffen (»1791«, SS. 134 ff.).

[25] Helmut Reinalter, S. 56.

[26] cf. »Freimaurer um Joseph II«, Katalog des Museums von Rosenau, 1980, SS. 48 ff.

[27] cf. »Zaubertöne«, S. 444.

[28] cf. Alexander Giese: »Die Freimaurer«, Wien, 1991, S. 108 ff.

[29] Jacques Chailley: »La Flûte enchanté, opéra maçonnique«, Paris, 1974, SS. 64ff.

[30] Broschüre der Loge Mozart & Voltaire, Genève, 1976.

[31] Für weitere Details, cf. Ludwig Hammermayer: »La Crise de la Franc-Maçonnerie et le Convent de Wilhelmsbad (1782)« in: »Dix-huitième Siècle«, SS. 73ff.

[32] Jean et Brigitte Massin: »Wolfgang Amadeus Mozart«, Paris, 1970, S. 1185.

[33] ibid., S. 1186.

[34] ibid., S. 1187.

[35] cf. Massin, S. 1150.

[36] cf. ibid., SS. 1149/50.

[37] Reinalter, S. 52.

[38] cf. Georg Forster: »Werke«, Bd. XII, Berlin, 1973, S. 564.

[39] cf. Boos, SS. 263ff.

[40] Naudon, SS. 111ff.

[41] Boos, S. 281.

[42] Massin, SS. 1146/47 u. 1188/89.

[43] Mellor, S. 121.

[44] Bayard, S. 268.

[45] Francesca Vigni, in: »Dix-huitième Siècle«, SS. 212ff.

[46] Unrühmlich ist Borns Verhalten im sog. »Autodafé« gegen Logenbruder Franz Krattner, den er öffentlich bloßstellte, cf. Braunbehrens, SS. 266ff., und Hans-Josef Irmen: »Mozart. Mitglied geheimer Gesellschaften«, 1988, SS. 188ff.

[47] »Briefe«, Henschel, SS. 227ff.

[48] Zum gesamten Fragekomplex »Esterházy« cf. Landon: »1791«, SS. 114ff., »Mozart and the Masons«, SS. 29ff., »Dictionnaire Mozart«, Paris, 1990, SS. 58/59.

[49] cf. Francis Carr: »Mozart und Constanze«, Stuttgart, 1986, ein Buch, das mit Vorsicht zu genießen ist...

[50] cf. Heinz Schuler in: »Mitteilung der Internationalen Stiftung Mozarteum«, 36. Jhg. Heft 1–4, S. 8.

[51] »Dokumente«, S. 145. Viele Mozart-Biographen und -Kommentatoren beziehen diese Aussage auf Mozart selbst.

[52] cf. Stammbuch Kronauer, S. 41, und die diesbezüglichen Kommentare von Hans-Josef Irmen: »Mozart Mitglied geheimer Gesellschaften«, SS. 212ff.

[53] Eintragung im Stammbuch von Kronauer.

[54] Malcolm Boyd in: »Dictionnaire«, S. 40.

[55] Chailley, S. 18, irrt sich, was den Namen der Loge betrifft. Er spricht von »Karl zu den drei Schlüsse«. In Wirklichkeit handelt es sich um die Loge »Karl zu den drei Schlüsseln«. Die französische Übersetzung von Paul Nettl: »Mozart«, Paris, 1962, S. 157: »Charles aux trois Coupes«, ist ebenfalls falsch. Sie käme vom Logennamen: »Karl zu den drei Schüsseln«.

[56] Der »Fürchterliche Bruder« hatte die Aufgabe, den »Suchenden« vor seiner Aufnahme in den Orden zu befragen.

[57] cf. »Freimaurer um Joseph II«, SS. 39/40.

[58] Nach Autexier, in: »Dictionnaire«, S. 167, hätte Mozart an seiner Aufnahme teilgenommen.

[59] »... ich habe 14 Tage eine Liste herumgeschickt, und da steht der einzige Name *Swieten!*«, in einem Brief an Puchberg, Mitte 1789, cf. »Zaubertöne«, S. 444.

[60] Landon: »1791«, S. 43.

[61] VA 41, fol. 269–273. – cf. Landon: »Mozart. L'âge d'or de la musique à Vienne, 1781–1791«, Paris, 1989, Annexe 5, S. 258.

[62] VA 89, fol. 27. – Braunbehrens, S. 243 ff., verwechselt mit verschiedenen Arbeiten der Loge »Zur wahren Eintracht« im Tempel der Bauhütten »Zum hl. Joseph« u. »Zu den drei Adlern« am Bauernmarkt, im Hause von Baron Moser genannt »Zum silbernen Hut«, cf. »Freimaurerei um Joseph II«, S. 24.

[63] O. E. Deutsch/J. H. Eibl: »Mozart. Dokumente seines Lebens«, München, 1981, S. 128.

[64] Grande Encyclopédie Larousse, S. 5162.

[65] Anmerkung: ☐ bedeutet die Loge.
Die maurerische Zeitrechnung beginnt mit 5000 (i. e. 1000 + 4000 Jahre, der symbolischen Zeit, die seit der Schöpfung vergangen ist), cf. Jules Boucher: »La Symbolique Maçonnique«, Paris, 1981, SS. 71 ff.

[66] Massin, S. 428.

[67] Massin, S. 429.

[68] »Dokumente«, S. 128.

[69] »Dokumente«, SS. 128/129.

[70] ibid.

[71] Landon: »Masons«, S. 10. Aber schon 1932 (!) hatte Paul Nettl: »Mozart und die königliche Kunst«, SS. 21 ff., dies hervorgehoben, so auch Walter Deppisch 1956 in: »Ein Mozart-Brevier«, S. 12. Niemand hat davon Kenntnis genommen!

[72] Briefe III, S. 373.

[73] Jules Boucher: »La Symbolique Maçonnique«, Paris, 1981, S. 170, Ragon zitierend.

[74] »Dokumente«, S. 131.

[75] »Bruder Wolfgang Amadeus Mozart«, S. 74.

[76] ibid.

[77] Wahrscheinlich im »Freimaurer Casino« (Café Jünger, Praterstraße). – cf. »Bruder Wolfgang Amadeus Mozart«, S. 18.

[78] Philippe A. Autexier: »Mozart«, Paris, 1987, S. 55.

[79] Nettl: »Mozart«, S. 156.

[80] Roger Cotte: »La Musique Maçonnique et ses Musiciens«, Paris, 1987, SS. 91 ff. – Cotte: »Musique et Symbolisme«, St. Jean-de-Braye, 1988, SS. 174 ff.

[81] Autexier: »Œuvres«, SS. 45 ff. – id.: »Mozart«, S. 56 und S. 108. Autexier macht diese Angaben, ohne sich auf Cotte oder Nettl zu berufen, worüber Cotte sich bitter beschwert (»Musique et Symbolisme«, S. 175).

[82] Autexier: »Mozart«, S. 108. – Irmen, SS. 158 ff., gibt an, daß zwei weitere Gesellen während derselben Zeremonie zu Meistern erhoben wurden: Thomas Graf Bashegli von der Loge »Zur Freundschaft« aus Basel, und ein Mitglied der Loge »Zur Wahren Eintracht«, namens Czepelak.

[83] Nettl: »Mozart«, S. 156, meinte, sie seien zur Meister-Aufnahme von Leopold Mozart bestimmt gewesen. Autexier, der ebenfalls von diesen Gesängen spricht, ohne auf Nettl hinzuweisen, bringt sie in Verbindung mit der Aufnahme im 3. Grade von König (»Dictionnaire«, S. 166). Dies wird von Irmen bestätigt (SS. 159 ff.).

[84] »Dokumente«, S. 134.

[85] ibid., S. 135, Einladung der Loge.

[86] Massin, S. 1005. Handelt es sich um die gleichen Werke, auf

die sich Nettl und Autexier (cf. supra) beziehen und die von den Massin nur für eine andere Zeremonie bestimmt scheinen, oder handelt es sich um andere verlorengegangene Partituren?

[87] cf. Irmen, S. 182 – Der Empfänger war nicht Wenzel Graf Paar, wie meist angegeben wird.

[88] siehe im Anhang die Texte der maurerischen Gesänge.

[89] Brief an Gottfried Jacquin vom 14. Januar 1787.

[90] »Dokumente«, S. 145. Mozart gibt sich als mit den Asiatischen Brüdern verbunden zu erkennen (cf. Irmen, SS. 212f.).

[91] R. Haas: »Mozart«, Potsdam, 1933, S. 152.

[92] Autexier: »Mozart«, S. 69. Der Autor widerspricht sich selbst, denn in: »Œuvres«, S. 40, schreibt er, daß seit dem Weggang Borns, »Mozart nicht mehr an Logensitzungen teilgenommen habe«. Irmen, S. 183, behauptet dies auch, unterscheidet aber zwischen Logenbesuch und Eintragung in die Register der Loge.

[93] cf. u. a. »Zaubertöne«, S. 399.

[94] VA 72, Va 114: Die Listen der »Vertraulichen Akte« beweisen, daß Mozart bis zu seinem Lebensende an Maurerischen Arbeiten teilgenommen hat.

[95] Nettl in: »Zauberflöte«, ed. Csampai/Holland, Hamburg, 1982, S. 186.

[96] Landon: »Masons«, S. 57. Landon bestreitet, daß Schikaneder der Autor des Textes sei (ibid. S. 56). Er nennt Gieseke und hat dafür zwei Argumente: Bei der Veröffentlichung der Kantate gibt die Loge an, daß der Text von einem ihrer Mitglieder stamme. Schikaneder aber gehörte ihr nie an (»Masons«, S. 56). Andrerseits schrieb Gieseke einen neuen Text für die Aufführung der Kantate, am 8. September 1792, in Mozarts ehemaliger Loge. (»1791«., S. 70).

[97] Bayard, S. 128.

[98] Bayard, S. 144.

[99] ibid., S. 196.

[100] Zum Thema Freimaurermusik, cf. »Musik in Geschichte und Gesellschaft«, dtv-Bärenreiter, 1989, Autexier: »Œuvres«, SS. 41 ff., und ganz besonders das magistrale Buch von Roger Cotte: »La Musique Maçonnique«.

[101] Roger Cotte, SS. 92 ff. – Autexier: »Œuvres«, S. 107 – Hans Engel, in: »The Mozart Companion«, London, 1983, SS. 153 ff., aber schon 1932 hatte Paul Nettl auf den Ursprung des Cantus Firmus hingewiesen (»Mozart und die königliche Kunst«, S. 80).

[102] Autexier: »La Musique Maçonnique«, in: »Dix-huitième siècle«, SS. 97 ff.

[103] cf. dazu Irmen, S. 93 und S. 236.

[104] Roger Cotte, S. 31.

[105] Katalog: »Die Klangwelt Mozarts«, Wien 1991, S. 23.

[106] Autexier: »Œuvres«, S. 44.

[107] Autexier, in: »Dix-huitième siècle«, S. 104. Erwähnen wir, daß Cotte und Massin den Gebrauch der Orgel in den Wiener Logen bestreiten. Sie irren sich. Borns Loge »Zur wahren Eintracht« besaß eine, die im Inventar aufgeführt wird (VA 79, fol. 134). Wyzewa/Saint-Foix (in: »Wolfgang Amadeus Mozart«, Paris, 1986, Vol. II, S. 368), irren sich auch, wenn sie vom Gebrauch des Harmoniums in den Logen sprechen: dieses Instrument wurde erst Anfang des 19. Jahrhunderts erfunden.

[108] Roger Cotte, S. 36.

[109] Roger Cotte: »Musique et Symbolisme«, S. 217.

[100] Massin, p. 429.

[111] Alfred Einstein: »Mozart«, Frankfurt, 1985, S. 89.

[112] Autexier: »Œuvres«, SS. 42 + 96.

[113] Einstein, p. 335.

[114] Aloys Greither: »Mozart«, Reinbek, 1962, S. 109.

[115] cf. Autexier: »Œuvres«, p. 42.

[116] Stricker: »Mozart et ses opéras«, Paris, 1980, S. 317. Durch seine Behauptung will Stricker leider nur die »absurde Polemik« (Autexier: »Œuvres«, S. 53) um den freimaurerischen Inhalt der »Zauberflöte« wieder aufleben lassen. Um aber glaubwürdig zu sein, hätte Stricker nachprüfen müssen, ob die Angaben, die er als Fakten hinstellt, auch Fakten sind.

[117] Wyzewa/Saint-Foix, Fol. II., S. 825.

[118] Einstein, S. 336.

[119] Cotte: »La Musique Maçonnique«, S. 91.

[120] Massin, S. 1006.

[121] Autexier in: »Dictionnaire Mozart«, S. 167.

[122] Einstein, S. 336 – Massin, S. 1004.

[123] Von daher oder von anderswo allerdings den Schluß zu ziehen, daß der Lehrling das Licht der Erkenntnis nicht bei seiner Aufnahme, sondern erst im 2. Grade sieht, wie Autexier dies schreibt (»Œuvres«, SS. 52 et 95), ist reiner Unsinn.

[124] Einstein, p. 335.

[125] Autexier: »Mozart«, S. 108, »Œuvres«, SS. 48 ff. – Erich Valentin: »Mozart Lexikon«, Bergisch Gladbach, 1983, S. 126.

[126] Landon: »Masons«, SS. 18 ff.

[127] Autexier, in: »Dictionnaire«, S. 167.

[128] cf. Rudolf Klein in: »Bruder Wolfgang Amadeus Mozart«, SS. 18 ff.

[129] Cotte: »Musique Maçonnique«, S. 93.

[130] Autexier: »Mozart«, S. 108. Eine Aufnahme der Chorfassung erschien auf CD bei Harmonia Mundi France (HM 901393) mit der Chapelle Royale, dem Collegium Vocale und dem Orchestre des Champs Elysées unter Philippe Herreweghe; sie ist mit der C-Moll-Messe gekoppelt.

[131] Irmen, SS. 163 ff., bestreitet, daß die Chorfassung, wie sie Autexier (Breitkopf & Härtel, Nr. 5148) veröffentlicht hat, von Mozart stammt. Die Originalfassung sei rein orchestral gewesen und auch so am 12.8. und am 17.11.1785 aufgeführt worden. Auch die Zusatzfassung der NMA IV,11, mit zwei Hörnern und zwei Bassetthörnern stamme nicht aus Mozarts Feder.

[132] Autexier: »Mozart«, S. 58.

[133] cf. Boos, S. 186, und die Texte der maurerischen Gesänge im Anhang!

[134] Die Sätze in Anführung stammen von Mellor, S. 136.

[136] ibid.

[136] Brief von Wolfgang an seinen Vater vom 4. April 1787.

[137] Wolfgang Hildesheimer: »Mozart«, Frankfurt, 1980, S. 189. Es ist enttäuschend, ja ärgerlich festzustellen, daß ein so intelligenter Autor aber auch rein gar nichts von Mozarts maurerischem Engagement und von der Freimaurerei im allgemeinen verstanden hat, zu der er nur Klischees und veraltete Vorurteile anführt.

[138] Wyzewa/Saint-Foix, Vol. II, S. 389: »Die melodische Linie der Chöre bleibt sehr einfach und kann sofort von den Maureranhängern mit- und nach-gesungen werden.«

[139] Wyzewa/Saint-Foix, Vol. II, S. 352.

[140] Carl de Nys, Vorwort zu »Vie de Mozart«, Saint-Etienne, 1976, S. V.

[141] Wyzewa/Saint-Foix, Vol. II, S. 371.

[142] Jean-Victor Hocquard: »La Flûte enchantée«, Paris, 1979, S. 204.

[143] Dr. William B. Ober: Kommentar zur Schallplattenaufnahme der »Kompletten Freimaurermusik«, FSM 33006/7.

[144] Massin, S. 1133.

[145] Wyzewa/Saint-Foix, Vol. II, S. 736.

[146] Lessing: »Ernst und Falk«, in: »Freimaurerisches Lesebuch«, Hamburg, 1951, S. 147.

[147] in: »Dictionnaire«, S. 447 – cf. biographische Hinweise zu Schikaneder.

[148] Hocquard: »La Pensée de Mozart«, Paris, 1958, S. 645.

[149] »Dictionnaire«, S. 496.

[150] Massin, S. 1169.

[151] Massin, SS. 986/87.

[152] ibid., S. 987.

[153] Alex Hyatt King: »La Musique de chambre de Mozart«, Arles, 1988, S. 42.

[154] Wiederholen wir, daß es irrig ist zu behaupten, wie Autexier dies tut, daß das Licht der Erkenntnis nicht vom Lehrling, sondern erst vom Gesellen erlebt wird: die Offenbarung des Lichtes ist Seinsgrundlage der Maurerinitiation im ersten Grade.

[155] Einstein, S. 255.

[156] Massin, S. 1034.

[157] Autexier: »Œuvres«, S. 57.

[158] Michel Parouty in: »Guide de la Musique symphonique«, Paris, 1987, S. 520.

[159] Hocquard: »Mozart«, Solfèges, Seuil, 1964, S. 153 ff.

[160] Massin, S. 1061/62.

[161] »Don Giovanni«, atto I, scena XX.

[162] Textzitate nach der Slevogt-Edition, Insel, 1990.

[163] »... eine infantile Fabel von erbärmlicher Logik« (Hildesheimer: »Wer war Mozart?«, Frankfurt 1966, S. 61), »... ein stupides Textbuch von Schikaneder« (»L'Initiation à la Musique«, 1935, S. 263).

[164] cf. A. Csampai, ed.: »Die Zauberflöte«, Nr. 7476 Hamburg, 1982, SS. 115 ff.

[165] Mozart: »Briefe«, IV. S. 137, »Briefe«, Insel, S. 158.

[166] Massin, S. 860. Erwähnen wir in diesem Zusammenhang, daß das Hohelied geistiger Toleranz: »Nathan der Weise« des Freimaurers Lessing im selben Jahre wie »Zaïde« erschien.

[167] cf. Chailley, S. 41 – Nettl: »Mozart und die königliche Kunst«, S. 104.

[168] cf. dazu Nettl, SS. 104 ff.

[169] cf. u. a. Nettl, SS. 102 ff.

[170] Helmut Reinalter, in: »Zaubertöne«, S. 443.

[171] cf. Massin, S. 1147.

[172] cf. Egon Komorzynski: »Emanuel Schikaneder«, Wien, 1990, S. 99.

[173] cf. hierzu Braunbehrens, S. 402.

[174] cf. dazu Braunbehrens, S. 402/3: »Ich schreibe diesen Brief in dem kleinen Zimmer im Garten bei Leitgeb, wo ich letzte Nacht ausgezeichnet geschlafen habe, und ich hoffe, daß meine liebe Frau eine so gute Nacht wie ich hatte, ich werde die kommende Nacht auch dort verbringen, denn ich habe Leonore Urlaub gegeben, und ich wäre allein zu Hause, was nicht angenehm ist.«

[175] »Briefe«, Insel, S. 157.

[176] »Briefe«, Insel, SS. 162 ff.

[177] Massin: »Genèse de l'œuvre«, in: »La Flûte enchantée«, Avant-Scène, S. 7.

[178] Letzteres ist eine Anspielung auf Sarastros Worte im Terzett Nr. 19 der »Zauberflöte«.

[179] Catarina Cavalieri (Franziska Helena, Appolonia Kavalier, 1755–1801), berühmte Sängerin, Schöpferin der Rolle der Konstanze in der »Entführung«, Mätresse von Salieri.

[180] i. e. Ouvertüre.

[181] Massin, S. 564.

[182] Dieser Satz muß auch in Verbindung gebracht werden mit einem andern Vers des letzten von Mozart vollendeten Werkes, der Kleinen Freimaurer-Kantate KV 623: »Verbannt sei auf immer Neid, Habsucht und Verleumdung / Aus unserer Maurerbrust.«

[183] Nettl in: »Die Zauberflöte«, ed. Csampai/Holland, S. 185.

[184] Übersetzung ins Deutsche vom Autor, dem eine Kopie des Schreibens durch einen Wiener Maurerfreund zugestellt wurde. – cf. auch Irmen, SS. 270 ff.

[185] VA 41.

[186] Braunbehrens, S. 269.

[187] Brief vom 27. November 1799, cf. »Zaubertöne«, S. 296.

[188] Brief vom 21. Juli 1800, cf. Braunbehrens, S. 269.

[189] cf. Chailley, S. 152.

[190] »Zaubertöne«, S. 324 ff.

[191] Braunbehrens, S. 273.

[192] cf.: Chailley, ein Leitwerk für alles, was die maurerische Bedeutung der »Zauberflöte« betrifft.

[193] Franz Xaver Niemetschek: »Leben des K.K. Kapellmeisters Wolfgang Gottlieb Mozart«, Saint-Etienne, 1986, S. 233, deutscher Original-Text und französische Übertragung.

[194] Friedrich von Schlichtegroll: »Nekrolog auf das Jahr 1791. II. Teil«, Gotha, 1793, deutscher Original-Text und französische Übertragung in supra, S. 327.

[195] Niemetschek, SS. 231/233.

[196] »A Mozart Pilgrimage, Being the Travel Diaries of Vincent and Mary Novello in the year 1829«, transcribed and composed by Nerina Medici di Marignano, London, 1955.

[197] Mozart. (Nekrol. 1791, II, 82.) in: »Vie«, op. cit. S. 329.

[198] Nachruf für Benedikt Schack in: Allgemeine Musikalische Zeitung, Leipzig, 25. Juli 1827, zitiert in: Hartmut Gagelmann: »Mozart hat nie gelebt…«, Freiburg, 1990, S. 66.

[199] Sophie Haibel, Mozarts Schwägerin am 7. 4. 1825, in: O. E. Deutsch: »Mozart. Die Dokumente seines Lebens«, Kassel 1965, SS. 449 ff.

[200] cf. »Zaubertöne«, S. 523 – Reproduktion des Dokumentes in: Rheinischer Merkur, 20. Dezember 1991, S. 18.

[201] Brief Constanzes an Abbé Maximilian Stadler vom

31.5.1827, zitiert von Landon in: Begleitheft zur Requiem-Aufnahme, Nimbus Records NI 5241, 1990.

[202] Heinz Gärtner: »Mozarts Requiem und die Geschäfte der Constanze M.«, München/Wien, 1986.

[203] »Gaulimauli«, wortwörtlich »Pferdemaul«. In seinem Brief vom 14.1.1878 an Gottfried van Swieten schreibt Mozart, daß er seinen Gefährten auf der Reise nach Prag Spitznamen verliehen hatte: Punkititi = Mozart, Schabla Pumsa = Constanze, Rozka Pumpa = Hofer, Notschibikitschibi = Stadler, Jacquin = Hikkiti Horky. Man muß dies auch als eine ironische Anspielung auf die Namensänderungen bei den Illuminaten sehen: Weishaupt = Spartacus, Knigge = Philon, Goethe = Abaris, Nicolai = Lucien, Herder = Damasus Pontifex, Born = Furius Camillus, Gemmingen = Antonius, Sonnenfels = Fabius, Cobenzl = Numa Pompilius Romanus... cf. u.a. Massin, S. 458. Erwähnen wir auch, daß die Familie Mozart eine Geheimsprache in ihrem Briefverkehr benutzte, bei der sie die Vokale a-e-i-o-u mit den Konsonanten m-l-f-s-h austauschte.

[204] Landon: »1791«, S. 233: »Es ist der Graphologe Herbert Peter, der die Unterschriftenfälschung durch Süßmayr herausgefunden hat« – cf. ibid., S. 163.

[205] Gärtner, S. 63.

[206] In diesem Zusammenhang ist es sogar unerheblich, ob es Mozart selbst komponiert hat oder sein Logenbruder Johann Holzer, wie Alexander Weinmann (cf. GEO spezial: Österreich, 1991) angibt.

[207] Georges Favier in Einführung zu: »Vie«, S. 111.

[208] Massin, S. 1163.

[209] in: Landon: »1791«, op. cit., S. 156.

[210] Franz Zoglauer: »Das Schloß des vermummten Herrn«, in: PARNASS: »Mozart«, Linz, 1990, SS. 86 ff.

[211] Hartmut Gagelmann: »Mozart hat nie gelebt...«, Freiburg, S. 108, erwähnt den Briefkopf eines Schreibens Mozarts vom 23.5.1789 »à Madame Constance de Mozart/née de Weber/auf dem hohen Markt/im Walseckischen Hause/bei Hrn v Puchberg« – cf. auch »Dictionnaire«, S. 70.

[212] David Humphreys: »Dictionnaire«, S. 431.

[213] »Mozart Lexikon«, S. 212 – Katalog: »Zaubertöne«, Wien 1991, S. 521.

[214] Carl de Nys: »La musique religieuse de Mozart«, Paris, 1982, S. 114, die Nachforschungen von Otto Schneider zitierend.

[215] »Mozart Lexikon«, S. 93. (»Als Luise« KV 520, »Das Traumbild« KV 530 und KV 436–439).

[216] Autexier bleibt aber den Beweis für seine Behauptung schuldig, Mozart hätte Walsegg ein *komplettes* (er selbst unterstreicht!) Requiem lange vor seinem Tode abgeliefert! (»Mozart«, S. 127; »Œuvres«, S. 112).

[217] Massin, S. 1164.

[218] cf. Massin, SS. 1144 u. 1166.

[219] ibid., S. 1167.

[220] Niemetschek: »Vie«, S. 232. Wir unterstreichen. Sieben Jahre nach Mozarts Tod wagte man nicht einmal mehr, die Freimaurerei beim Namen zu nennen!

[221] Gagelmann: »Mozart hat nie gelebt«, SS. 20 ff.

[222] O. Biba in: »Mozart«, Bundespressedienst, Wien, 1990, S. 26.

[223] Sophie Haibel an Nissen, am 7.4.1825, cf. .u. a. »Dictionnaire«, S. 174 und Volkmar Braunbehrens: »Mozart in Wien«, S. 426.

[224] Georg Nikolaus Nissen: Biographie W. A. Mozarts, 1972 (Nachdruck), S. 572.

[225] Sophie Haibel, ibid.

[226] cf. Braunbehrens, S. 427 ff.

[227] Erich Schenk: »Mozart«, S. 578.

[228] Jean Victor Hocquard: »Mozart«, S. 608.

[229] Massin, S. 573, Schenk, S. 577.

[230] Sophie Haibel, cf. Landon, S. 166, Braunbehrens, S. 428.

[231] SS. 44 sq. 220.

[232] cf. Landon, S. 167.

[233] Landon: »1791«, SS. 178/179 – Gagelmann, SS. 72/74.

[234] cf. Landon, S. 158.

[235] cf. Landon, S. 166, Nissen zitierend.

[236] cf. u. a. Braunbehrens, S. 429.

[237] Niemetschek, S. 232.

[238] Georg Nikolaus Nissen: »Biographie W. A. Mozarts nach Originalbriefen«, Hildesheim, 1955, S. 563 ff.

239 Novello, SS. 124–128.

240 Briefe IV, S. 100.

241 … vielleicht auch er Freimaurer: »sein Werkverzeichnis enthält jedenfalls verschiedene maurerische Musiken…« (Chailley, S. 330).

242 Landon: »1791«, SS. 113+119. Nach der Rekonstruktion des Musikprogrammes dieser Krönungsfeierlichkeit durch Martin Haselböck (NOVALIS, CD 150 087–2) sollen von Mozart die »Missa Aulica«, C-Dur K 337 und der Hymnus »Splendente te, Deus« K. Anh. 121, aufgeführt worden sein.

243 Gagelmann, S.S. 35-43 – Braunbehrens, S. 431.

244 Joseph Heinz Eibl: »Chronik eines Lebens«, München, 1977, S. 108.

245 cf. Carr, SS. 205 ff.

246 cf. Wolfgang Ritter: »Wurde Mozart ermordet?«, SS. 77 ff.

247 cf. Dieter Kerner: »Krankheiten großer Meister«, Bd. 1, Stuttgart, 1963, S. 46.

248 cf. Dalchow, Duda, Kerner: »Mozarts Tod. 1791–1971«, S. 50 ff.

249 cf. Mathilde Ludendorff: »Mozarts Leben und gewaltsamer Tod«, München, 1936, zitiert von Michael Winter, in: »Mozart«, VITA 1, Hamburg, 1990, SS. 78 ff.

250 Braunbehrens, S. 433: »eine der furchtbarsten Rassenfantikerinnen«.

251 Dr. Davies, zitiert von Landon in: »1791«, S. 176 – cf. Gagelmann, S. 70 ff.

252 Hans Bankl, in: »Zaubertöne«, SS. 538 ff., und PARNASS 6, SS. 91 ff.

253 Landon: »1791«, S. 134.

254 Bericht von Mozarts Schüler Ludwig Gall, zitiert in »Zaubertöne«, S. 542.

255 Landon: »1791«, S. 182.

256 cf. Landon: »Mozart et les francs-maçons«, S. 8, »Zaubertöne«, S. 399.

257 Annette Kolb: »Mozart«, Frankfurt, 1985, S. 180: »Sie ihrerseits taten nichts für ihn, weder als er in Not geriet, noch als er starb, nichts, um ihn würdig zu bestatten.« – cf. auch SS. 308 ff.

[258] Biba, S. 26.

[259] »Zaubertöne«, S. 207, Braunbehrens, S. 438.

[260] cf. Braunbehrens, SS. 436 ff., eine unschätzbare Dokumentation, cf. auch Gagelmann, SS. 24 ff.

[261] Braunbehrens, SS. 441 ff.

[262] cf. Walther Brauneis in: »Zaubertöne«, S. 547 und Braunbehrens, SS. 440 ff.

[263] Diese Hinweise verdanke ich Frau Dr. Waltraud Herzog, Mitautorin des bemerkenswerten Filmes: »Mozart. Ein Kopf mit vielen Gesichtern«. – cf. auch »Zaubertöne«-Katalog, S. 534.

[264] »Zaubertöne«-Katalog, S. 542.

[265] »Zaubertöne«, S. 544.

[266] Ein allgemeines Grab war eines, auf dem kein Eigentumsrecht bestand, das demzufolge nach zehn Jahren umgegraben werden konnte.

[267] »Dokumente«, Addenda u. Corrigenda, S. 73 – cf. Chailley, S. 79 (dies schon 1968!).

[268] Braunbehrens, S. 441, Gagelmann, S. 21.

[269] G. A. von Griesinger, zitiert in »Zaubertöne«, S. 546.

[270] Landon: »Mozart«, S. 229.

[271] Nationalbibliothek Wien.

[272] Landon: »1791«, S. 184.

[273] ibid., S. 71.

Anhang

Literaturempfehlung

Die Entdeckung von Mozarts Musik ist eine Offenbarung, die so stark ist, daß man sie mit andern teilen möchte. Sie ist eng mit dem Leben verbunden und gibt ihm seinen schönsten Ausdruck.

Wer sie hört, möchte daher auch dieses Erlebnis andern vermitteln. Wer sie verstehen will, will mehr darüber wissen, will ihren Schöpfer kennenlernen und wissen, wie er eine solche Musik zu schreiben vermochte. Es ist daher nur selbstverständlich, daß derjenige, der eine Plattensammlung mit Musik Mozarts hat, auch eine Büchersammlung mit Werken über ihn besitzt.

Mozart und seine Werke sind Weggefährten für die Lebensreise, die man wie Freunde besser kennen möchte und die man verstehen möchte, um sie besser zu kennen. Ich möchte daher das Glück, das Mozart und seine Musik mir seit mehr als dreißig Jahren geschenkt haben, auch mit andern teilen und ihnen sagen, was mir die Menschen und Werke bedeuten, die versucht haben, festzuhalten, wie Mozart gehört, empfunden und verstanden werden kann.

In erster Linie gilt es, sich mit den *Briefen und Aufzeichnungen* Mozarts, oder vielmehr der Mozart, vertraut zu machen. Sie beginnen mit den Schreiben Leopold Mozarts an seinen Verleger Lotter in Augsburg von 1755 und schließen mit den Briefen von Wolfgangs Sohn Carl Thomas von 1857: Schriftliche Zeugnisse aus hundert Jahren wurden so in Betracht gezogen in einer Gesamtausgabe, die in sieben Bänden erschien (Bärenreiter, 1962/75). Herausgegeben durch die »Internationale Stiftung Mozarteum Salzburg«, mit Kommentaren und Erläuterungen von Wilhelm A. Bauer, Otto Erich Deutsch und Joseph Heinz Eibl versehen, stellt diese Ausgabe das unschätzbare Dokument schlechthin dar, das aus einem mythischen Namen eine Familie und aus einem Genie einen Menschen macht.

Eine ausgezeichnete Auswahl besorgte Horst Wandrey (Hen-schelverlag, 1964). Sie wurde ebenfalls als Taschenbuch (Dioge-nes, detebe-Klassiker 21610, 1988) veröffentlicht und stellt eine Fundgrube dar. Die von Wolfgang Hildesheimer vorgenom-mene und als Taschenbuch veröffentlichte Auswahl (Insel, it 128, 1975) entspricht den Ansichten, die Hildesheimer zu Mozart hat. Hildesheimer spricht von »Subjektivität«. Sein Vorwort zur Aus-gabe der »Bäsle-Briefe« (dtv/Bärenreiter Nr. 4323, 1978), das heißt, der Briefe, die Wolfgang Mozart seiner Kusine Maria Anna Thekla Mozart nach Augsburg schickte, ist von wundervol-ler Subjektivität, und die Kommentare von Joseph Heinz Eibl und Walter Senn sind an Qualität kaum zu übertreffen.

Brennend aktuell: die *Werkausgabe* in 20 Bänden (Bärenreiter/dtv, 5910, März 1991). 23 000 Seiten an Originalpartituren Mo-zarts wurden durch sie endlich Berufsmusikern und Musikfreun-den, die des Notenlesens kundig sind, zugänglich gemacht.

Sieht man den Stapel mit Veröffentlichungen zu Mozarts Leben und Werk, kann einem angst und bange werden. Die Wahl aber ist leichter als man befürchten könnte, denn es gibt Bücher zu Mozart und über Mozart, die sich ganz einfach aufdrängen.

Das *Dictionnaire Mozart* ist bisher auf Englisch und Französisch erschienen und wurde von H. C. Robbins Landon herausgege-ben. Die französische Fassung wurde von J. C. Lattès (Paris, 1990) veröffentlicht. Das Werk stellt eine Summe an Wissen zu Mozart dar, die Synthese der Forschungsarbeiten der besten Spezialisten, die klar und präzis aufzeichnen, was man über Mozart wissen muß, über sein Leben, die Einflüsse, die er aufnahm, das politische, soziale und weltanschauliche Umfeld, das seinen Weg und sein Werk bestimmt hat, die Musikgattun-gen, zu denen er Entscheidendes beitrug. Dies alles erfolgt ohne Vorurteil und Dogmatismus, geprägt von dem stetigen Bemühen, klar in den Überlegungen und im Ausdruck zu sein. Das Kapitel »Freimaurerei« wurde von Philippe A. Autexier verfaßt. Wie schade nur, daß in der Ikonographie das berühmte Bild der Loge »Zur gekrönten Hoffnung« seitenverkehrt dargestellt ist . . ., und dies in einem Buch, das der Mozartforscher herausgegeben hat, der gerade dieses Bild »entziffert« hat!

Mozart von Jean und Brigitte Massin (Fayard, 1958) war für mich persönlich das Buch, das meinen Weg zu Mozart am stärksten bestimmt hat, zusammen mit *La Pensée de Mozart* von Jean-Victor Hocquard (Seuil, 1958). Später habe ich mich von Hocquards Gedankenwelt entfernt, hatte aber immer wieder Freude, diese Summe an Wissen und Überlegungen zu durchforschen. Hocquard, als integerer und intelligenter Wissenschaftler, beharrte auch nicht auf einigen sehr umstrittenen Behauptungen von vor über dreißig Jahren, als er dieses Werk als Doktorarbeit verfaßte. Der Beweis: Seine Bücher *Mozart, l'Amour, la Mort* und das Kompendium *Mozart l'Unique* (Séguier, 1990, resp. 1988), die frühere Stellungnahmen nuancieren und verfeinern, und seine klare, meisterliche Analyse der maurerischen Kantate KV 623 die Modellcharakter hat.

Jean und Brigitte Massin waren die ersten, die Mozart als Mensch der Aufklärung vorgestellt haben, die deutlich machten, wie revolutionär seine Daseins- und Denkweise waren, wie sehr er ein Wegbereiter für den »Sturm und Drang« und die Romantik gewesen ist. Durch sie ist mir der freimaurerische Geist, nicht nur im Werk des Komponisten, deutlich gemacht worden. Daß Brigitte Massin im Gedenkjahr eine verbesserte und erweiterte Paperback-Ausgabe, die somit verbilligt und die mit einem großzügigen Namens- und Sachwortregister versehen ist, vorstellte, kann als einer der wenigen Glücksfälle des Mozart-Jahres angesehen werden, vor allem, weil die von den Massin eröffneten Perspektiven gültiger denn je sind.

Nicht weniger faszinierend und beeindruckend, besonders was die Darstellung des privaten und sozialen Lebens des Komponisten betrifft, ist *Mozart in Wien* von Volkmar Braunbehrens (Piper, 1986, Taschenbuch 1991). Was Braunbehrens an Angaben und Präzisionen zusammengebracht hat, erhellt das Leben und die Epoche Mozarts auf ganz neue Art. Besonders erfreulich ist, daß der Autor, nur auf Dokumente und Fakten gestützt, den irrsinnigen Legenden und Anschuldigungen, die das Ende Mozarts umgeben, den Garaus macht. Seine Ausführungen zur Freimaurerei und zu Mozarts Verhältnis zur Königlichen Kunst sind im allgemeinen sehr sachkundig, ohne daß er aber das Thema auslotet, was allerdings nur selbstverständlich ist, da er eine andere Zielsetzung verfolgt hat.

Ähnlich in der Konzeption, voll spannender Details ist auch *Mozart. L'âge d'or de la musique à Vienne, 1781–1791* von H. C. Robbins Landon (Lattès, 1989), diesem großen Detektiv der Musikwissenschaft. Da Landon anders an die gleiche Epoche der Geschichte herangeht, wird sein Buch komplementär zu dem von Braunbehrens, das mir noch präziser erscheint. Landon kann aber mit einer prachtvollen Ikonographie aufwarten und mit einem bedeutsamen Beitrag zur Zugehörigkeit berühmter Zeit-Persönlichkeiten zur Freimaurerei und zum Illuminismus.

In *1791, la dernière année de Mozart* (Lattès, 1988) fasziniert Landon durch sein Wissen und die Eleganz eines Stiles, der sowohl den großen Überblick als die Leidenschaft zum Detail meistert. Landon hat das Verdienst, das bekannte Bild einer Logensitzung, das im »Historischen Museum« gezeigt wird, entziffert zu haben. Seine Revelationen, die er 1982 in *Mozart and the Masons. New Light on the Lodge »Crowned Hope«* (Thames and Hudson, 1982, und auf Französisch *Mozart et les francs-maçons*, Thames and Hudson, Paris, 1991) veröffentlichte, sind ein Meilenstein in der Erforschung der Wiener Freimaurerei.

In diesem ersten Mozartbuch Landons wurde der Irrtum noch weitergeführt, daß Mozart seine »Maurerische Trauermusik« ursprünglich für den Tod seiner zwei Maurerbrüder schrieb. Philippe A. Autexier gibt dazu neue Aufschlüsse in *Les Œuvres Témoins de Mozart* (Leduc, 1982), die er in seinem *Mozart* (Champion, 1987) noch verfeinert hat. Autexiers Arbeiten sind ebenso faszinierend wie sie umstritten bleiben. Ich kann auf keinen Fall mit ihm einig gehen, was seine Überlegungen zu den maurerischen Initiationen betrifft und muß ihm ebenfalls den Vorwurf machen, daß er mit seinen Quellenangaben sehr knauserig ist.

Daß die »Maurerische Trauermusik« ursprünglich eine »Meister-Musik« war, hat Erich Valentin ebenfalls in seinem kostbaren und sehr nützlichen *Mozart Lexikon* (Lübbe, 1983) festgehalten. Aber auch die Massin haben schon 1958 eine solche Bestimmung für das Werk angenommen, ebenso Roger Cotte in *La Musique Maçonnique* (von 1974, Borrégo, 1987), der die beste Analyse dieses Werkes gibt. Cottes Buch, genauso wie seine *Musique et Symbolisme* (Danglès, 1988) ist ein unschätzbarer

Beitrag zu einer esoterischen Untersuchung des musikalischen Schaffens.

Das gleiche gilt für das magistrale Buch *La Flûte enchantée, opéra maçonnique* von Jacques Chailley (Laffont, Erstausgabe 1968). Auch wenn einige Hypothesen und Interpretationsvorschläge von Chailley heute nicht mehr gültig sind, so behält dieses Buch seine volle Bedeutung und Aktualität für eine freimaurerische Annäherung an Mozart. Chailley ist ein ehrlicher, ernsthafter Musikwissenschaftler, genau wie Abbé Carl de Nys, dem insbesondere mit *La Musique religieuse de Mozart* (PUF, 1982) eine brillante Synthese geglückt ist.

Schließlich gibt es eine Anzahl von »Klassikern« der Mozart-Literatur. Hier gilt es zuerst die Veröffentlichungen von Paul Nettl *Mozart und die königliche Kunst* (Wunder, 1932) und *Mozart* (Payot, 1962) hervorzuheben. Nettl war der erste, der Mozart als Freimaurer Gerechtigkeit widerfahren ließ. Er hat eine einzigartige Pionierarbeit geleistet. Magistral ist das Werk *Mozart* von Hermann Abert (Breitkopf & Härtel), sind die Veröffentlichungen von Alfred Einstein *Mozart. Sein Charakter – sein Werk* (Fischer, 1968), von Erich Schenk *Mozart. Eine Biographie* (Amalthea, 1954, 1974, Goldmann, 1977, Piper, 1989), ein Werk von einer stupenden Genauigkeit. Bernhard Paumgartners *Mozart* (Atlantis, 1969, 1986, Piper, 1991) und Ulrich Dibelius' *Mozart-Aspekte* (dtv, 802, 1972) sind mit dem Herzen geschrieben. Wirklich aktuell bleibt auch *Mozart* in zwei Bänden von Wyzewa/Saint Foix (Laffont, 1986, neue Ausgabe nach 50 Jahren!), und auch heute noch lesenswert, sowie *Mozart*, das Alexandre Oulibicheff Mitte des XIX. Jahrhunderts veröffentlichte und nun neu aufgelegt wurde (Séguier, 1991).

Ach, hätte man sich doch nur auf diese Meister bezogen, ganz besonders auf Nettls *Mozart und die königliche Kunst*, das 60 Jahre maurerische Vision mit Leichtigkeit trägt, so wäre eine ganze Anzahl von Legenden zu Mozart, die ebenso perfide wie gefährlich sind, vielleicht in der Versenkung verschwunden. Ich sage: vielleicht, denn man weiß, daß Legenden ein zähes Leben haben.

Ich liebe auch André Tubeufs *Mozart, Chemins et Chants* (Arthaud, 1990), eine sanfte Annäherung, prachtvoll bebildert, und die feinfühligen Analysen mehrerer Musikwissenschaftler in *Mozart* (Génie et Réalités, Chêne, 1985).

Mehrere rezente Veröffentlichungen geben neue, oft faszinierende, oft auch aus der Fassung bringende Deutungen der Persönlichkeit Mozarts oder von besonderen Aspekten seines Lebens und Schicksals. Hervorgehoben seien hier die Bücher von Gunthard Born *Mozarts Musiksprache. Schlüssel zu Leben und Werk* (Kindler, 1985), gleichzeitig schwierig und faszinierend, von Hartmut Gagelmann *Mozart hat nie gelebt...* (Herder, 1990), der Mozarts Leben vom Ende her aufrollt. Das wenige, was er zur Freimaurerei sagt, ist stimmig. Heinz Gärtners Buch *Mozarts Requiem und die Geschäfte der Constanze M.* (Langen Müller, 1986) ist ein regelrechter »Kriminalroman«, genau wie das von Francis Carr *Mozart und Constanze* (Reclam, 1986), das mit äußerster Vorsicht zu genießen ist, aber gut gemacht ist. Zwei herausragende Neuveröffentlichungen erschienen kürzlich in englischer Sprache. *Mozart and the Enlightenment* von Nicholas Till (Faber and Faber, 1992), das mit Sachkenntnis und Feinfühligkeit Mozarts aufklärerisch bedingte Geisteshaltung beleuchtet und in seinem Musikschaffen aufspürt, sodann *Mozart's Death* von William Stafford (Macmillan, 1991), das einen gekonnten Überblick zu allen Fragen gibt, die sich um das frühe Ende des Komponisten ranken.

Inzwischen konnte ich auch das Werk von Hans-Josef Irmen *Mozart. Mitglied geheimer Gesellschaften* (Prisca, 1988) einsehen, das die bisher am besten recherchierte Forschungsarbeit darstellt. Ich sehe sie als unumgänglich an, was Mozarts Beziehung zur Freimaurerei und zum Illuminismus betrifft, auch wenn ich nicht in allen Punkten mit dem Autor einig gehe. Ich kann vor allem den »Zahlenzauber«, den Irmen seiner Analyse der »Zauberflöte« unterlegt, nicht nachvollziehen. Ich glaube ganz einfach nicht, daß Mozart, als er seine Oper schrieb, materiell die Zeit gehabt hätte, sich auch noch mit solchen »Geistesspielereien«, wie Irmen sie ausübt, abzugeben.

Ausgezeichnet recherchiert ist auch der Beitrag *Mozart von der Wohlthätigkeit* von Heinz Schuler (Mitteilungen der Internationalen Stiftung Mozarteum, 36. Jahrgang, Heft 1–4). Vom gleichen Autor erschien 1992 im Florian Noetzel Verlag *Mozart und*

die Freimauerei. Daten – Fakten – Bibliographien, eine wissenschaftliche Abhandlung, von der ich kurz vor Drucklegung dieser
Ausgabe erfuhr und die ich leider nicht einsehen konnte. Wenn
sie aber mit derselben Akribie gestaltet wurde wie sie sein Beitrag
für die ISM, so dürfte sie mehr als lesenswert sein. Vor kurzem
erschien auch ein kleiner Band von Jacques Henry *Mozart Frère
Maçon* (Alinéa, 1991), der eine klare und kluge Analyse der
»maurerischen Symbolik im Werke Mozarts«, darstellt, wie es im
Untertitel des Buches heißt. Henrys Annäherung an das Thema
ist brüderlich komplementär zu meiner eigenen.

Der hochgelobte *Mozart* von Wolfgang Hildesheimer (Suhrkamp, 1977), irritiert mich mehr als er mich anregt, trotz oder
vielleicht wegen der eindringlichen Gestaltungsweise und der
Qualität des Stils, die dem Autor eigen sind. Ich muß leider
feststellen, daß Hildesheimer, dem es hervorragend geglückt ist,
die Person des Komponisten zu beschreiben, nur ein einseitiges
Bild seiner Persönlichkeit gibt: Wolfgang bleibt Hildesheimer, er
wird nicht Mozart! Annette Kolb beweist in ihrem *Mozart* (Fischer, 1985, Erstausgabe: 1937) soviel Talent, daß es ihr gelingt,
aus Mozart die »Glorie des Katholizismus« (sic!) zu machen. Sie
steht denn auch als stellvertretend für alle jene, die Mozart nach
seinem Tode für sich einzunehmen versuchten. Schlecht geschrieben, schludrig strukturiert, sich in ganzen Abschnitten
wiederholend (cf. SS. 86 u. 101), wäre Wolfgang Ritters *Wurde
Mozart ermordet?* (Haag + Herchen, 1989) nicht einmal erwäh-
nenswert, würde es nicht unter dem Deckmantel der Wissen-
schaftlichkeit die peinliche und traurige Tradition jener weiter-
führen, die unbedingt meinen, beweisen zu müssen, daß Mozart
ermordet wurde. Rémy Stricker gibt in *Mozart et ses opéras*
(Gallimard, 1980) brillante Analysen der lyrischen Werke des
Komponisten, aber seine Angriffe gegen die Massin und Chailley
sind nur ein billiges Nachhutgefecht. Schlimmer als Strickers
Angriffe auf die Freimaurerei sind die im Essay von Attila
Csampai, der als Einleitung zur Veröffentlichung der *Zauberflöte*
(Rowohlt, 1982) dient und eine Anhäufung reaktionärer Vorur-
teile darstellt gegen alles, was die Freimaurerei betrifft. Es darf
Csampai aber zugute gehalten werden, daß er auch eine freimau-

rerische Analyse des Werkes durch Paul Nettl in diesem Band veröffentlicht. René Dumesnil häuft in *Mozart présent dans ses œuvres lyriques* (Renaissance du livre, 1965) so viele Irrtümer und Nachlässigkeiten an (Sarastro wird sogar zu Zorastro, S. 191), daß man gezwungen ist festzustellen: auch die Mitgliedschaft im »Institut« verhindert nicht, daß man Unsinn schreibt. Maria Publigs Buch *Mozart, ein unbeirrbares Leben* (Langen Müller, 1991) ist flüssig geschrieben, die Autorin hat aber leider wenig Ahnung von dem, was die Freimaurerei betrifft.

Einspielungen

DECCA hat glücklicherweise (425 722-2) das musikalische Dokument wiederveröffentlicht, das die *Masonic Music* in der Deutung des leider zu früh verstorbenen Istvan Kertesz darstellt, mit dem prachtvollen LSO, mit Werner Krenn und Tom Krause als einfühlsamen und engagierten Solisten und mit Georges Fischer am Klavier und an der Orgel. Arthur Oldham studierte den Edinburgh Festival Chorus ein, der einige geringfügige Ausspracheprobleme hat. Die Aufnahme umfaßt alle Vokalwerke, die für die Loge bestimmt sind, und die Maurerische Trauermusik in einer besonders ergreifenden Deutung. Diese Interpretation ist in meinen Augen bisher unübertroffen. Die Kommentare stammen von H. C. Robbins Landon. Die Texte sind auf deutsch und englisch abgedruckt.

Auf TURNABOUT (0015), finden wir unter dem Titel *Freimaurermusik* ein Album mit 2 CD. Der Verleger zieht zur eigentlichen freimaurerischen Musik auch noch den Psalm 129 KV 93, Sancta Maria KV 273, Adagio und Fuge KV 546, die Musik für Glasharmonica KV 617, und das Ave Verum KV 618, hinzu! Glücklicherweise veröffentlicht er auch die beiden Adagios KV 410 et 411, die authentische Maurermusiken sind, sowie die Trauermusik. Schöne Leistungen gibt es von Kurt Equiluz, Rudolf Resen, Leo Hoppe (als Vokalsolisten), von Kurt Rapf (Klavier, Orgel), vom Chor und Orchester der Wiener Volksoper unter der Leitung von Peter Maag. Mein Exemplar enthielt kein Begleitbüchlein, hingegen war die Originalausgabe auf LP (FSM 33006/7) mit einer ausgezeichneten Studie von William B. Ober versehen.

Viersprachig sind die Kommentare der Neuausgabe der *Masonic Music* in der berühmt gewordenen PHILIPS Edition. Die freimaurerische Musik Mozarts wird gemeinsam mit seinen Oratorien: *Betulia Liberata* und *Davidde Penitente* veröffentlicht. Peter Schreier ist Solist und Dirigent. Es ist eine besonders in der Chorgestaltung sehr eindrucksvolle Neuaufnahme, die aber als

Gesamtleistung nicht an Kerteszs Vision heranreicht. Die französischen Kommentare von Jacques Chailley sind ebenso klug wie die deutschen von Alfred Beaujan süffisant und dümmlich sind. Was heißt: »Man mag in der Rückschau der Ansicht sein, die Zeit, die er daran (i. e. Kantate KV 623) verwendete, besser der Komplettierung des Requiem oder wenigstens des ›Lacrymosa‹ zugute gekommen wäre. Aber das sind nur Spekulationen, die zu nichts führen«? Eben... Hätte Mozart das *Requiem* schreiben wollen, hätte er es getan. Für ihn aber war die Kantate KV 623 wichtiger.

ARION hat auf CD (ARN 68134) die *Musiques rituelles maçonniques au XVIIIe siècle (Rituelle maurerische Musiken des XVIII. Jahrhunderts)* unter der ebenso klugen wie erfahrenen musikalischen Leitung Roger Cottes wiederveröffentlicht. Roger Cotte hat ebenfalls das Begleitbüchlein zu dieser Aufnahme geschrieben, das allein schon den Kauf dieser Edition rechtfertigen würde. Neben maurerischen Werken von François Giroust, Beethoven, Himmel, Taskin, sind von Mozart veröffentlicht: »Gesellenreise«, KV 468, »Laßt uns mit geschlungnen Händen«, KV 623 a, »O heiliges Band«, KV 148, die Tenorarie der Kantate »Dir Seele des Weltalls«, KV 429, und die Kleine deutsche Kantate, KV 619. René Terrasson (Baß), Schuyler Hamilton (Tenor), Christian Ivaldi (Klavier), Jean ver Hasselt (Pianoforte) sind bemerkenswert. (Ich beschränke mich hier auf die Mozart-Interpreten!)

Die interessanteste aller rezenten Neuaufnahmen zu Mozart stammen von Martin Haselböck und seiner Wiener Akademie. Haselböck ist ein Musikforscher, der zugleich ein herausragender Musikkenner ist. Seine Veröffentlichung der *Freimaurermusiken* (NOVALIS, CD 150081-2) auf historischen Instrumenten läßt diese Musiken in einem ganz neuen Klanggewand erscheinen, läßt sie viel »menschlicher« erklingen, vor allem, weil die Aufnahme hervorragend ist, voll Feingefühl und Inspiration gesungen und gespielt: Christoph Prégardien und Helmut Windhaber, Tenor, Goffried Hornik und Peter Schneyder, Baß, der Chorus Viennensis und die Wiener Akademie vereinen sich unter der klugen Leitung von Martin Haselböck zu einer überzeugenden Neudeutung. Mit der Fertigstellung der Kantate »Dir

Seele des Weltalls, o Sonne«, KV 429, durch Rainer Bischof (Textergänzung: Alexander Giese) kann ich mich allerdings wenig anfreunden. Exzellenter Kommentar von Walther Brauneis.

Seit über zwei Jahrzehnten gilt mir Otto Klemperers Deutung der letzten Symphonien Mozarts als unübertroffen. Keinem gelang es wie ihm, die kosmischen Dimensionen dieser Musik, die Synthese zwischen formaler Erneuerung und geistiger Transzendenz, durch die Mozart die Tore zu zukünftigen Horizonten weit aufstieß, derart eindrucksvoll zu verdeutlichen. Nun erschien eine Neuausgabe (EMI, 4 CD, 7.63272.2), die uns den legendären Klang des Philharmonia Orchestra und die Unerbittlichkeit Klemperers in den *Symphonien Nr. 25, 29, 31, 33, 34, 35, 36, 38, 39, 40, 41* neu zu Gehör bringt. Diese Aufnahmen lassen einen nicht mehr los.

Die Klarinette, ach, die Klarinette! Franz Brüggen und sein Orchester des XVIII. Jahrhunderts haben geschickt eine »Fin-de-Siècle«-Atmosphäre eingefangen für eine Traumaufnahme und eine (Wieder)entdeckung der so brüderlichen Partitur des *Klarinettenkonzerts A-Dur, KV 622*. Sie ist gekoppelt mit einer exzellenten Einspielung des ergreifenden *Klarinettenquintetts A-Dur, KV 581*. Eric Hoeprich spielt die Bassettklarinette und läßt uns hören, wie diese Musik zur Zeit klang, als ihr Schöpfer noch lebte. (PHILIPS, CD, 420242-2)

Meine Lieblingsaufnahme des *Requiem* ist eine der rezentesten geworden, die der Hannover Band and Chorus unter der Leitung von Roy Goodman (NIMBUS, CD, NI 5241). Sie findet die geeignete »Klangfarbe«, zwischen der von den »Barockspezialisten« hervorgezauberten (insbesondere ist hier Ton Koopman, ERATO, CD, 2292. 45472.2 zu erwähnen) und den großen alten sinfonischen Deutern (wie etwa Hermann Scherchen, WESTMINSTER, LP, CLS 99203), sie kann ein besonders homogenes Solistenquartett aufbieten: Gundula Janowitz, Julia Bernheimer, Martyn Hill, David Thomas, vor allem aber eröffnet sie neue Perspektiven zur Verständigung des Werkes. Die Aufnahme fußt in der Tat auf den sinnigen Nachforschungen von Landon.

Daß Mozart ein Werk wie *Thamos* schreiben konnte, macht deutlich, daß er das freimaurerische Geistesgut begriffen hatte, noch bevor er Mitglied des Ordens wurde. Dieses »heroische Drama« kündet die »Zauberflöte« an. Nikolaus Harnoncourt hat die Schallplattenaufnahme schlechthin von Thamos verwirklicht mit erstklassigen Solisten: Janet Perry, Anne-Marie Mühle, Thomas Thomaschek, Marius van Altena, mit dem Collegium Vocale aus Gent (dem von Herreweghe dirigierten Vokalensemble) und dem Concertgebouw-Orchester, das die geistige Strenge des Chefs bestens umzusetzen weiß. Ewiger Dank an TELEFUNKEN für die Wiederveröffentlichung einer unentbehrlichen Aufnahme. (TELDEC, CD, 8.42702)

Die *Zauberflöte* macht den geistigen Weg deutlich, den Mozart nach »Thamos« infolge seiner Initiation zurückgelegt hat. Eine Aufnahme des Werkes muß das Gleichgewicht zwischen der Transzendenz des Märchens und der geistigen Licht-Suche, zwischen dem einfachstmöglichen Spiel und dem ergreifendsten Gesang herstellen. Man kann sich zu Recht fragen, ob es je eine ideale Darbietung geben wird. Persönlich gebe ich letztendlich der Einspielung von Colin Davis den Vorzug vor denen von Marriner und Solti, weil er den größten Respekt vor den Dialogen hat, die für Mozart so wichtig waren. Seine Interpreten sind echte Mozartkenner: Kurt Moll, Peter Schreier, Margaret Price, Theo Adam, der Rundfunkchor Leipzig und Staatskapelle Dresden, eines der besten Orchester der Welt. (PHILIPS, 3 CD 411.459.2)

Das Talich Quartett hat eine wundervoll reine und klare Aufnahme der sechs *Haydn-Quartette* verwirklicht, deren Eindringlichkeit kaum zu überbieten ist. Die tschechischen Künstler beweisen ein Verständnis für das Klang-Gestalten Mozarts, das es so überzeugend nur sehr selten gibt. Ihre Einspielung muß als eines der großen Dokumente bewertet werden, wie man sich dem intimen Mozart mit Ehrfurcht und Vertrauen nähert. Wenn die Interpretationen der Quartette *Nr. 18 KV 464 und Nr. 19 KV 465* mir besonders am Herzen liegen, weiß man warum. Das Spiel der wunderbaren Musiker aus der Tschechischen Republik offenbart ihre innere Wahrheit. (CALLIOPE, 3 CD, CAL 9341/3)

Die neue geistige Dimension des *Klavierkonzertes Nr. 20 in D-Moll*, das Mozart am selben Abend erstmals spielte, an dem Haydn das maurerische Licht erhielt, wird von der großen Annie

Fischer durch ihre außergewöhnliche Phrasierungskunst besonders eindringlich vorgestellt. Annie Fischer hat uns leider nur wenige Plattenaufnahmen hinterlassen. Diese vereint die *Concerti Nr. 20 und Nr. 23 in A-Dur*, ein weiteres Werk Mozarts mit symbolischer Dimension. Die Pianistin, die deutlich macht, was musikalische Ehrlichkeit und Werktreue heißt, wird feinfühlig von Sir Adrien Boult und einem meisterlich aufspielenden Philharmonia begleitet. (PRICE-LESS, CD, D13167, jetzt auch EMI, CD, 7 76020 2)

Der schönste Beweis für die brüderliche Freundschaft zwischen Mozart und der Familie Jacquin ist das *Trio in E-Dur KV 498, das »Kegelstatt«-Trio*, ein Werk der Intimität, durch das Mozart zwanzig Minuten musikalisches Glück vermittelt. Das Trio, bestehend aus Gervase de Peyer (Klarinette), Lamar Crowson (Klavier) und Cecil Aronowitz (Bratsche), versteht es, diesem Glück Ausdruck zu verleihen. Auf dieser Sonderedition zu den 200-Jahrfeiern sind ebenfalls das *Quintett Es-Dur KV 452* und das *Klaviertrio E-Dur KV 542* eingespielt. (EMI, CD, 7 67026 2)

Daß Mozarts Eintritt in die Maurerei auch seine Früchte in der »Erforschung seines Gefühlslebens« trug, wurde schon von den Massin erstmals verdeutlicht. Man braucht, wie schon erwähnt, nur die *Fantasie C-Moll KV 475* und die *Sonate C-Moll KV 457* zu vergleichen, um zu ermessen, welche Selbstbeherrschung Mozart in wenigen Monaten erreichen konnte, genauer zwischen Oktober 1784 und Mai 1785 –, zwei Monate vor der Maurerischen Trauermusik, die in derselben Tonart steht. Maria Joao Pires spielt die beiden Partituren mit einer Intensität, die die Stille reden läßt. Eine ganz außergewöhnliche Aufnahme mit zudem einer perlenden Einspielung der *Sonate A-Dur KV 331* und der *Fantasie D-Moll KV 397*. (DGG, CD, 429 739-2)

EMI veröffentlichte Mozarts *Kammermusik mit Klarinette* mit Sabine Meyer, Reiner Wehle et Wolfgang Meyer, sowie dem Wiener Streichsextett in einer leuchtenden Darstellung des *Klarinettenquintetts KV 581*. Besonders wichtig wird diese Ausgabe von 3 CDs durch die Tatsache, daß sie zudem alle *Divertimenti für drei Bassetthörner KV 439 b*, die *Adagios für Bassetthörner und Klarinette KV 580 et 439 b*, aber auch die beiden maurerischen *Adagios in B-Dur KV 410 und in F-Dur, KV 411* und zudem das

»Kegelstatt«-Trio vereint: Sie stellt über 170 Minuten musikalischen Glücks dar... (EMI, 3 CDs, CMS 7 638102) Die Integrale der *Streichquintette KV 174, 406, 515, 516, 593, 614* mit dem Budapester Quartett und Walter Trampler als zweitem Bratschisten ging in die Schallplattengeschichte ein. Diese außergewöhnlichen Musiker offenbaren die Intimität der Tragik, wie nur Mozart sie ausdrücken konnte. Kein Pathos, nur ganz einfach die Wahrheit des musikalischen Ausdrucks. Die Abgeklärtheit, die von der Interpretation des letzten Quintetts *Es-Dur KV 614*, ausgeht, grenzt an ein Wunder. (CBS, 3 LP, M3P 39663) Augustin Dumay, Gérard Caussé und Gary Hoffman sind die Interpreten einer der neuesten Einspielungen des *Divertimento Es-Dur KV 563*. Sie verdeutlichen erst einmal, wie es Mozart gelang, eine typisch »galante« Form mit einem völlig neuen Gehalt zu erfüllen und wie diese Form ihm ermöglichte, eines seiner ausdrucksstärksten und konzentriertesten Werke zu schreiben. Die Form dient dazu, die Tiefe des Gefühls zu kaschieren. Die Tonart Es-Dur läßt uns den Weg erkennen. Die Widmung an Bruder Michael Puchberg, den ausdauernden Gönner, sagt uns, daß wir auf mehr als eine Modetändelei gefaßt sein sollen, und drei wunderbare französische Musiker helfen uns, das Geheimnis dieser Musik zu verstehen. (EMI, CD, 7 540092)

Texte zu den Maurer-Musiken

O heiliges Band, KV 148/125 h
Lobgesang auf die feierliche Johannisloge
Ludwig Friedrich Lenz (1717–1780)
Lied für Tenor und Klavier

O heiliges Band der Freundschaft treuer Brüder,
Dem höchsten Glück und Edens Wonne gleich,
Dem Glauben freund, doch nimmermehr zuwider
Der Welt, bekannt und doch geheimnisreich.

Auf, Maurer! singt; laßt heut den Erdkreis hören,
es sei der Tag, dem dieses Lied geweiht,
ein herrlicher, ein großer Tag der Ehren,
ein hohes Fest der Treu' und Einigkeit.

Sie macht uns groß; sie bringt uns hoch zu Ehren,
daß unser Preis vom Nord- zum Südpol blüht,
und Phöbus' Aug' auf beiden Hemisphären
nichts Herrlicher's als unsre Logen sieht.

Ist's Eitelkeit? sagt, oder ist es gründlich,
das stille Glück, dem sich die Maurer weih'n?
Kann ein Gesetz, das töricht oder sündlich,
so fest besteh'n, von solcher Dauer sein?

Nein! Denn ist's wahr, daß Gott selbst in uns allen
den edlen Trieb, sich zu gesellen nährt,
so muß gewiß ihm ein Gesetz gefallen,
das Freundschaft heißt und Menschen lieben lehrt.

Dir, Seele des Weltalls, KV 429
Lorenz Leopold Haschka (1749–1827)
Kantate für Tenor, Männerchor und Orchester

Chor
Dir, Seele des Weltalls, o Sonne, sei heut'
Das erste der festlichen Lieder geweiht!
O Mächtige! ohne dich lebten wir nicht;
Von dir nur kommt Fruchtbarkeit, Wärme und Licht!
O Sonne! O Mächtige!
O Seele des Weltalls, etc.

Arie/Tenor
Dir danken wir die Freude,
Daß wir im Frühlingskleide
Die Erde wieder seh'n,
Daß laue Zephiretten
Aus süßen Blumenketten
Uns Duft entgegenweh'n,

Dir danken wir,
Daß alle Schätze spendet
Und jeden Reiz verschwendet
Die gütige Natur,
Daß jede Lust erwachet
Und alles hüpft und lachet
Auf segensvoller Flur.
(...)
Dir Seele des Weltalls, o Sonne,
Ist heut' in Ehrfurcht die festliche Hymne geweiht.
O Gütige, ohne dich liebten wir nicht,
Von dir kommt Zuversicht, Liebe und Licht.
O Sonne, Gütige, o Seele des Weltalls,
Dir ist heut' in Ehrfurcht die festliche Hymne geweiht.
Dir sei's heut' bezeugt:
Von dir nur kommt Fruchtbarkeit, Wärme, Licht.
Dir Seele des Weltalls ...
Von dir kommt Zuversicht, von dir nur kommt Fruchtbarkeit,
Nur kommt Heiterkeit, Liebe und Licht.

Die ihr einem neuen Grade, KV 468
Lied zur Gesellenreise
Franz Joseph Ratschky (1757–1810)
Für Tenor und Klavier

Die ihr einem neuen Grade
Der Erkenntnis nun euch naht,
Wandert fest auf eurem Pfade,
Wißt, es ist der Weisheit Pfad.
Nur der unverdroß'ne Mann
Mag dem Quell des Lichts sich nah'n.

Nehmt, o Pilger, zum Geleite
Eurer Brüder Segen mit!
Vorsicht sei euch stets zur Seite;
Wißgier leite euren Schritt!
Prüft und werdet nie dem Wahn
Träger Blindheit untertan!

Rauh ist zwar des Lebens Reise,
Aber süß ist auch der Preis,
Der des Wandrers harrt, der weise
Seine Fahrt zu nützen weiß.
Glücklich, wer einst sagen kann:
Es ist Licht auf meiner Bahn!

Zur Eröffnung der Meisterloge
Gottlieb von Leon (1757–1830)*

Des Todes Werk, der Fäulnis Grauen,
Kann nur ein Meister ruhig schauen
Ihn schröcket die Verwesung nicht;
Er sieht mitten in dem Modern
Des beßren Lebens Flamme lodern
Und hoffet auf der Wahrheit Licht.

---

* Die Musik von Mozart ging verloren.

In dunkle Schatten eingehüllet
Vom Schmerz und reinem Sinn erfüllet
Umringen wir dein heilig Grab
O Adoniram! Großer Meister
Send' einen deiner weisen Geister
In diesen Brüderchor herab.

Damit sie dein Werk ganz erkennen,
Nicht deine Schüler nur sich nennen,
Und Gabaons durch Taten sind.
O selig, wer an Geist und Stärke
Dir gleicht, und deiner großen Werke
Unendlich reichen Lohn gewinnt.

Mit dieser Hoffnung gehn wir wieder
An unsre Arbeit, teure Brüder!
Die Arbeit, die den Meister freut;
Und heben so mit frohem Mute
Aus des Verderbens trüben Blute
Den Bruder, zum Lichte eingeweiht.

Zum Schluß der Meisterarbeit
Gottlieb von Leon (1757–1830)*

Vollbracht ist die Arbeit der Meister
Der Tote ist wieder erwacht;
Wir haben dem Vater der Geister
Ein würdiges Opfer gebracht.

In Bildern, doch nur noch verborgen,
In Zeichen und Worte versteckt;
Noch rötete sich nicht der Morgen,
der uns das Leben erweckt.

Erst wenn die Posaune zum Sehen
Des Lichtes im Osten uns ruft,

---

* Die Musik von Mozart ging verloren.

Wenn Körper aus Stäubchen entstehen
Und Menschen aus Gräbern und Gruft:

Dann fällt von dem Auge die Binde,
Dann ist die Versicherung wahr:
»Den Ich in dem Meisterschmuck finde
Dem wird auch das Meisterwort klar«.

Bis hin zu der seligen Stunde,
Laßt Brüder, uns täglich erneun
Die Zeugen vom ewigen Bunde,
Dem wir uns durch drei mal drei weihn.

Und Wohltun und Liebe vertreiben
Und Segen erflehen herab.
Nur wen solche Zeugen begleiten,
Der gehet als Meister ins Grab.

Sehen, wie dem starren Forscherauge, KV 471
Kantate: Die Maurerfreude
Franz Petran
Für Tenor, Männerchor und Orchester

Solo
Sehen, wir dem starren Forscherauge
Die Natur ihr Antlitz nach und nach enthüllet;
Sehen, wie sie ihm mit holder Weisheit
Voll den Sinn und voll das Herz mit Tugend füllet –
Das ist Maureraugenweide,
Wahre, heiße Maurerfreude.

Rezitativ
Sehen, was die Weisheit und die Tugend
An den Maurer, ihren Jünger,
Hold sich wenden, sprechen:
Nimm, Geliebter, diese Kron'

Aus unsers ält'sten Sohn (Ält'sten Sohn?*),
Aus Josephs Händen.
Das ist das Jubelfest der Maurer,
Das, das der Triumph der Maurer.

Solo
Drum singet und jauchzet, ihr Brüder!
Laßt bis in die innersten Hallen
Des Tempels den Jubel der Lieder,
Laßt bis an die Wolken ihn schallen!
Singt, singt, singt!
Lorbeer hat Joseph der Weise zusammengebunden,
Mit Lorbeer die Schläfe dem Weisen der Maurer umwunden.

Chor
Lorbeer...

Zerfließet heut', geliebte Brüder, KV 483
Zur Eröffnung der Freimaurerloge
August Veith Edler von Schittlersberg (1751–1811)
Lied für Tenor, Männerchor und Orgel

Solo
Zerfließet heut', geliebte Brüder,
In Wonn- und Jubellieder,
Josephs *Wohltätigkeit*
Hat uns in deren Brust
Ein *dreifach Feuer* brennt,
Hat unsre *Hoffnung neu gekrönt***.

Chor
Vereinter Herzen und Zungen
Sei Joseph dies Loblied gesungen,
Dem Vater, der enger uns band.

---

* cf. Irmen, p. 155
** Man erkennt die Namen von drei fusionierten Logen.

Wohltun ist die schönste der Pflichten;
Er sah sie uns feurig verrichten
Und krönt uns mit liebevoller Hand.

Solo
Dank euch der Schar, die eh uns wachte,
Der Tugend Flamm' anfachte
Und uns zum Beispiel war,
Aus deren jedem Tritt
Auf ihrem Maurergang
Ein Quell des Bruderwohls entsprang.

Chor
Das innigste, tätigste Streben
Zu ihnen empor sich zu heben,
Ist allen der herrlichste Dank.
Drum laßt uns, verdreifacht die Kräfte,
Beginnen die hohen Geschäfte
Und schweigen den frohen Gesang.

Ihr, unsre neuen Leiter, KV 484
Zum Schluß der Freimaurerloge
Augustin Veith Edler von Schittlersberg (1751–1811)
Lied für Tenor, Männerchor und Orgel
_____

Solo
Ihr, unsre neuen Leiter,
Nun danken wir auch eurer Treue;
Führt stets am Tugendpfad uns weiter,
Daß jeder sich der Kette freue,
Die ihn an bess're Menschen schließt
Und ihm des Lebens Kelch versüßt.

Chor
Beim heiligen Eide geloben auch wir,
Am großen Gebäude zu bauen wie ihr.

Solo
Hebt auf der Wahrheit Schwingen
Uns höher zu der Weisheit Throne,
Daß wir ihr Heiligtum erringen
Und würdig werden ihrer Krone,
Wenn ihr wohltätig für den Neid
Profaner selbst durch uns verscheut.

Chor
Beim heiligen Eide geloben auch wir,
Am großen Gebäude zu bauen wie ihr.

Die ihr des unermeßlichen Weltalls Schöpfer ehrt, KV 619
Kleine deutsche Kantate
Franz Heinrich Ziegenhagen (1753–1806)
Für Tenor und Klavier

Rezitativ
Die ihr des unermeßlichen Weltalls Schöpfer ehrt,
Jehova nennt ihr, oder Gott, nennt Fu ihn, oder Brama,
Hört, hört Worte aus der Posaune des Allherrschers!
Laut tönt durch Erden, Monden, Sonnen ihr ew'ger Schall.
Hört, Menschen, hört, Menschen, ihn auch ihr!

Andante
Liebt mich in meinen Werken!
Liebt Ordnung, Ebenmaß und Einklang!
Liebt euch, euch selbst und eure Brüder!
Körperkraft und Schönheit sei eure Zierd',
Verstandeshelle euer Adel!
Reicht euch der ew'gen Freundschaft Bruderhand,
Die nur ein Wahn, nie Wahrheit, euch solang entzog.

Allegro
Zerbrechet dieses Wahnes Bande,
Zerreißet dieses Vorurteiles Schleier,
Enthüllet euch vom Gewand,

Das Menschheit in Sektiererei verkleidet!
In Kolter schmiedet um das Eisen,
Das Menschen-, das Brüderblut bisher vergoß!
Zersprenget Felsen mit dem schwarzen Staube
Der mordend Blei ins Bruderherz oft schnellte!

Andante
Wähnt nicht, daß wahres Unglück sei auf meiner Erde!
Belehrung ist es nur, die wohltut,
Wenn sie euch zu bessern Taten spornt,
Die, Menschen, ihr in Unglück wandelt,
Wenn töricht blind ihr rückwärts in den Stachel schlagt,
Der vorwärts euch antreiben sollte.
Seid weise nur, seid kraftvoll, und seid Brüder!
Dann ruht auf euch mein ganzes Wohlgefallen,
Dann netzen Freudenzähren nur die Wangen,
Dann werden eure Klagen Jubeltöne,
Dann schaffet ihr zu Edens Tälern Wüsten,
Dann lachet alles euch in der Natur.

Allegro
Dann ist's erreicht,
Des Lebens wahres Glück!

Laut verkünde unsre Freude, KV 623
Eine kleine Freimaurer-Kantate
Emanuel Schikaneder (1748–1812)?
Karl Ludwig Giesecke (1761–1833)?
Für Soli, Männerchor und Orchester

Chor
Laut verkünde unsre Freude
Froher Instrumentenschall,
Jedes Bruders Herz empfinde
Dieser Mauern Widerhall.

Solisten
Denn wir weihen diese Stätte
Durch die goldne Bruderkette
Und den echten Herzverein
Heut' zu unsrem Tempel ein.

Chor
Laut verkünde ...

Rezitativ / Tenor II
Zum ersten Male, edle Brüder,
Schließt uns dieser Sitz
Der Weisheit und der Tugend ein.
Wir weihen diesen Ort
Zum Heiligtum unserer Arbeit,
Die uns das große Geheimnis entziffern soll.
Süß ist die Empfindung des Maurers
An so einem festlichen Tage,   .
Der die Bruderkette neu und enger schließt;
Süß der Gedanke, daß nun die Menschheit
Wieder einen Platz unter Menschen gewann;
Süß die Erinnerung an die Stätte,
Wo jedes Bruderherz
Ihm, was er war,
Und was er ist,
Und was er werden kann,
So ganz bestimmt,
Wo Beispiel ihn belehrt,
Wo echte Bruderliebe seiner pflegt,
Und wo aller Tugenden heiligste, erste,
Aller Tugenden Königin,
Wohltätigkeit,
In stillem Glanze thront.

Arie / Tenor II
Dieser Gottheit Allmacht ruhet
Nicht auf Lärmen, Pracht und Saus,
Nein, im Stillen wiegt und spendet

Sie der Menschen Segen aus.
Stille Gottheit, deinem Bilde
Huldigt ganz des Maurers Brust,
Denn du wärmst mit Sonnenmilde
Stets sein Herz in süßer Lust.

Rezitativ / Tenor I
Wohlan, ihr Brüder, überlaßt euch ganz
Der Seligkeit eurer Empfindungen, da ihr nie,
Daß ihr Maurer seid, vergeßt.

Bariton
Diese heut'ge Feier sei ein Denkmal
Des wieder neu und fest geschloss'nen Bunds.

Tenor I
Verbannt sei auf immer Neid, Habsucht und Verleumdung
Aus unsrer Maurerbrust.

Bariton
Und Eintracht knüpfe fest das teure Band,
Das reine Bruderliebe webte.

Duett / Tenor I, Bariton
Lange sollen diese Mauern
Zeuge unsrer Arbeit sein,
Und damit sie ewig daure,
Weiht sie heute Eintracht ein.

Laßt uns teilen jede Bürde
Mit der Liebe Vollgewicht,
Dann empfangen wir mit Würde
Hier aus Osten wahres Licht.

Diesen Vorteil zu erlangen,
Fanget froh die Arbeit an.
Und auch der schon angefangen,
Fange heute wieder an.

Haben wir an diesem Orte
Unser Herz und unsre Worte
An die Tugend ganz gewöhnt,
O dann ist der Neid gestillet
Und der Wunsch so ganz erfüllet,
Welcher unsre Hoffnung krönt.

Chor mit Soli
Laut verkünde unsre Freude ...

Laßt uns mit geschlungnen Händen, KV 623 a
Kettenlied
Schikaneder? Gieseke?
Musik: Mozart? Johann Holzer?
Für Männerchor und Orgel
_____

Chor
Laßt uns mit geschlungnen Händen,
Brüder, diese Arbeit enden
Unter frohem Jubelschall.
Es umschlinge diese Kette,
So wie diese heil'ge Stätte,
Auch den ganzen Erdenball.

Laßt uns unter frohem Singen
Vollen Dank dem Schöpfer bringen,
Dessen Allmacht uns erfreut.
Seht, die Weihe ist vollendet;
Wär' doch auch das Werk geendet,
Welches uns're Herzen weiht!

Tugend tut die Menschheit ehren;
Sich und andern Liebe lehren
Sei uns stets die erste Pflicht.
Dann strömt nicht allein im Osten,
Dann strömt nicht allein im Westen,
Auch im Süd und Norden Licht.

Bibliographie

Freimaurerei, Symbolismus, Geschichte

AMBELAIN, ROBERT: Franc-Maçonnerie d'autrefois. Laffont, Paris, 1988.

BAIGENT, MICHAEL / LEIGH, RICHARD: The Temple and the Lodge. Corgi Books, London, 1990.

BAYARD, JEAN-PIERRE: La Spiritualité de la Franc-Maçonnerie. Dangles, Saint-Jean-de-Braye, 1982.

BEIGBEDER, OLIVIER: Le Symbolisme. Presses Universitaires, Paris, 1987.

BENOIST, LUC: Signes, Symboles et Mythes. Presses Universitaires, Paris, 1977.

BERENDSOHN, WALTER A.: Die Idee der Humanität in Vergangenheit und Gegenwart. Akazien-Verlag, Hamburg, 1961.

BOOS, HEINRICH: Geschichte der Freimaurerei. Sändig, Wiesbaden, (1906), 1979.

BOUCHER, JULES: Le Symbolisme maçonnique. Dervy, Paris, 1973.

BRAULT, ELIANE: Psychanalyse de l'Initiation Maçonnique. Dervy. Paris, 1975.

CHEVALIER, JEAN: Dictionnaire des Symboles. Laffont, Paris, 1982.

CHEVALLIER, PIERRE: Histoire de la Franc-Maçonnerie Française. Fayard, Paris, 1974.

COOPER-OAKLEY, ELIS.: Masonry & Medieval Mysticism. Theosoph. Publishing House, London, 1977.

FORSTER, GEORG: Werke: Schriften, Tagebücher, Briefe. Akad. d. Wissenschaft, DDR, Berlin, 1978.

GIESE, ALEXANDER: Die Freimaurer. hpt-Verlagsgesellschaft, Wien, 1991.

HAMILL, JOHN / GILBERT R. A.: World Freemasonry. An Illustrated History. Aquarin / Thorson, London, 1991.

HOLTORF, JÜRGEN: Die verschwiegene Bruderschaft. Heyne, München, 1983.

HORNEFFER, AUGUST: Das Brauchtum der Freimaurer. Die Loge und ihr symbolischer Hausrat. Bauhütten Verlag, Münster, 1990.

HORNEFFER, AUGUST: Die Aufnahmehandlung. Bauhütten Verlag, Münster, 1976.

JONES, BERNARD E.: Freemason's Guide and Compendium. Harrap, London, 1950.

KNIGHT, STEPHEN: The Brotherhood. Granada, London, 1985.

LAGUTT, JAN K.: Grundstein der Freimaurerei. Origo, Zürich, 1963.

LEMAITRE, JACQUES: Les Origines françaises de l'Antimaçonnisme, 1744–1797. Université, Bruxelles, 1985.

LIGOU, DANIEL: Da Postérité d'Hiram, Histoire et devenir de la Franc-Maçonnerie. Dervy, Paris, 1933.

MARIEL, PIERRE: Les Francs-Maçons en France. Marabout, Paris, 1969.

MELLOR, ALEC: Dictionnaire de la Franc-Maçonnerie et des Francs-Maçons. Belfond, Paris, 1979.

MELLOR, ALEC: Les Mythes Maçonniques. Payot, Paris, 1974.

MITTERRAND, JACQUES: La Politique des Francs-Maçons. Roblot, Paris, 1976.

NAUDON, PAUL: La Franc-Maçonnerie. Presses Universitaires, Paris, 1967.

ORVAL, JOSÉ: La Maçonnerie du XVIIIe siècle à nos jours. Labor, Paris, 1988.

PALOU, JEAN: La Franc-Maçonnerie. Payot, Paris, 1966.

PEYREFITTE, ROGER: Les Fils de la Lumière (Roman). Flammarion, Paris, 1961.

PLANTAGENET, EDOUARD: Causeries Initiatiques (3 Bd.). Dervy, Paris, 1957.

RAGACHE, JEAN-ROBERT (ed): Les Constitutions d'Anderson. Romillat, Paris, 1933.

REINALTER, HELMUT (Hg.): Freimaurer und Geheimbünde im 18. Jahrhundert in Mitteleuropa. Suhrkamp, Frankfurt, 1983.

SCHMIEDER, MAURICE: La Franc-Maçonnerie. Histoire d'une grande frarernité. Collet, Braine, 1992.

SCHURE, EDOUARD: Les Grands Initiés. Perrin, Paris, 1960.

SHAPIRO, MAX S. / HENDRICKS, RHODA A.: A Dictionnary of Mythologies. Paladin, London, 1984.

SOCIETE FRANÇAISE D'ÉTUDE DU 18E SIÈCLE: La Franc-Maçonnerie, PUF, No. 19, Paris, 1987. Beiträge von BENIMELI, REVAUGER, RANDOUYER, REINALTER, BEAUVOIS, HAMMERMAYER, AUTEXIER, BRENGUES, PORSET, CHEVALLIER, COUTURA, LIGOU, BERTRAND, VIGNI u. a.

STAEHLIN, ELISABETH: Zum Motiv der Pyramiden als Prüfungs- und Einweihungsstätten, in: Studies in Egyptology-Festschrift, Lichtheim, 1990.

TOURRET, FERNAND: Clefs pour la Franc-Maçonnerie. Seghers, Paris, 1975.

TRISTAN, FRÉDÉRICK (ed): La franc-Maçonnerie: documents fondateurs. L'Herne, Paris, 1992.

VERDUN, JEAN: La Réalité Maçonnique. Flammarion, Paris, 1982.

WIRTH, OSWALD: La Franc-Maçonnerie rendue intelligible à ses adeptes (3 Bd.). Dervy, Paris, 1980.

WIRTH, OSWALD: Le Symbolisme occulte de la Franc-Maçonnerie. Dervy, Paris, 1975.

Musik (Allgemeines)

BAUER, RUDOLF: Das Konzert. Safari, Berlin, 1955.

BLUME, FRIEDRICH (ed): Die Musik in Geschichte und Gegenwart. Bärenreiter/dtv, München, 1989. Vol. 4: NETTL, COTTE: Freimaurermusik.

BIBLIOGRAPH. INSTITUT: Meyers Handbuch über die Musik (ed): Mannheim, 1961.

CHAILLEY, JACQUES: 40000 ans de Musique. Plon, Paris, 1961.

CHAILLEY, JACQUES: La Musique et le Signe. Rencontre, 1967.

CHAILLEY, JACQUES: Parsifal de Richard Wagner, opéra initiatique. Buchet-Chastel, Paris, 1979.

CHAILLEY, JACQUES: Le Voyage d'Hiver de Schubert. Leduc, Paris, 1975.

COTTE, ROGER J. V.: La Musique Maçonnique et ses Musiciens. Borrégo, Paris, 1987.

COTTE, ROGER J. V.: Musique et Symbolisme. Dangles, Saint-Jean-de-Braye, 1988.

DA PONTE, LORENZO: Mein abenteuerliches Leben. Diogenes, Zürich, 1991.

EHRINGER, HANS: Klassiker der Musik. Amersbach, Basel, 1946.

EMMANUEL, MAURICE/HAHN, REYNALDO e. a.: L'Initiation à la Musique. Tambourinaire, Paris, 1935.

GEFEN, GÉRARD: Les musiciens et la franc-maçonnerie. Fayard, Paris, 1993.

HERZFELD, FRIEDRICH: Das Musiklexikon. Ullstein, Berlin, 1965.

KAUT, JOSEF: Festspiele in Salzburg. Residenz, Salzburg, 1969.

KOMORZYNSKI, EGON: Emanuel Schikaneder. Der Vater der Zauberflöte. Neff, Wien, 1990.

KUPFERBERG, HERBERT: Classical Music List. Ward Lock, London, 1986.

MASSIN, BRIGITTE/JEAN: Histoire de la Musique. Fayard, Paris, 1988.

MATZKE, HERMANN: Musikgeschichte der Welt. Ullstein, Berlin, 1961.

MELLERS, WILFRID: Musik und Gesellschaft. Fischer, Frankfurt, 1965.

NEF, KARL: Einführung in die Musikgeschichte. Atlantis, Zürich, 1945.

PAHLEN, KURT: Opern Lexikon. Heyne, München, 1981.

PRIEBERG, FRED K.: Musik im NS-Staat. Fischer, Frankfurt, 1982.

ROSENTHAL, HAROLD/WARRACK, JOHN: Guide de l'Opéra. Fayard, Paris, 1986.

SCHREIBER, ULRICH: Schallplatten Jahrbuch I. Braun, Karlsruhe, 1973.

SCHUH, OSCAR FRITZ: Salzburger Dramaturgie. SN Verlag, Salzburg, 1969.

SCHUMANN, OTTO: Meyers Opernbuch. Bibliograph. Institut, Leipzig, 1938.

TERRASSON, RENÉ: Pelléas et Mélisande ou: L'Initiation. Edimaf, Paris, 1982.

TRANCHEFORT, FR.-RENÉ (dir.): Guide de la Musique de Chambre. Fayard, Paris, 1989.

TRANCHEFORT, FR.-RENÉ (dir.): Guide de la Musique de Piano. Fayard, Paris, 1987.

TRANCHEFORT, FR.-RENÉ (dir.): Guide de la Musique Symphonique. Fayard, Paris, 1986.

ZENTNER, WILHELM: Opernführer. Reclam, Stuttgart, 1962.

Mozart

MOZART, WOLFGANG A.: Briefe und Aufzeichnungen, Gesamt-
ausgabe. (Herausgabe: Wilhelm A. Bauer, Otto Erich Deutsch,
Joseph H. Eibl). Bärenreiter, Kassel, 1971. – Briefe (Auswahl:
Horst Wandrey). Henschelverlag, Berlin, 1984. – Briefe (Aus-
wahl: Horst Wandrey). Diogenes, Zürich, 1988. – Briefe (Aus-
wahl: Hildesheimer). Insel, Frankfurt, 1975. – Bäsle-Briefe
(Einl.: Hildesheimer). dtv/Bärenreiter, München, 1980. –
Verzeichnis aller meiner Werke & Verzeichnis der Jugend-
werke (Leopold Mozart). Doblinger, Wien, 1956. – Requiem.
Faksimile-Ausgabe. Günter Brosche (Hg. & Kommentar).
Akad. Druck- u. Verlagsanstalt, Graz, 1990.

ABERT, HERMANN: W.A. Mozart 1. + 2.Teil & Register. VEB
Breitkopf & Härtel, Leipzig, 1983.
AUTEXIER, PHILIPPE A.: Les Œuvres Témoins de Mozart. Leduc,
Paris, 1982.
AUTEXIER, PHILIPPE A.: Mozart. Champion, Paris, 1987.
BAER, CARL: Mozart. Krankheit – Tod – Begräbnis. Int. Stiftung
Mozarteum, Salzburg, 1972.
BANKS C.A./TURNER J RIGBIE: Mozart – Prodigy of Nature.
Pierpoint, New York, 1991.
BLOM, ERIC: Mozart. Dent, London, 1935.
BORN, GUNTHARD: Mozarts Musiksprache. Kindler, München,
1985.
BRANSCOMBE, PETER: W.A. Mozart – Die Zauberflöte. Cam-
bridge Opera Handbooks, 1991.
BRAUNBEHRENS, VOLKMAR: Mozart in Wien. Piper, München/
Wien, 1986.
BROPHY, BRIGID: Mozart the Dramatist. The Value of his Operas
to Him, to His Age and to Us. Libris, London, 1989.
BURGESS, ANTHONY: Mozart & the Wolf Gang. Vintage, London,
1992.
CARR, FRANCIS: Mozart und Constanze. Reclam, Stuttgart, 1986.

CHAILLEY, JACQUES: La Flûte enchantée, opéra maçonnique. Ed. d'aujourd'hui, Paris, 1975.

CSAMPAI, ATTILA/HOLLAND, DIETMAR, Hg.: Die Zauberflöte. Rowohlt, Hamburg, 1982.

CSAMPAI, ATTILA/HOLLAND, DIETMAR, Hg.: Die Hochzeit des Figaro. Rowohlt, Hamburg, 1982.

CSOBADI, PETER (Hg.): Wolfgang Amadeus Mozart: Summa Summarum. Neff, Wien, 1990.

DEPPISCH, WALTER: Ein Mozart-Brevier. Akazien-Verlag, Hamburg, 1956.

DEUTSCH, OTTO-ERICH: Mozart. Dokumente seines Lebens. Bärenreiter, Kassel, 1961.

DIBELIUS, ULRICH: Mozart-Aspekte. dtv, München, 1972.

DIECKMANN, FRIEDRICH: Orpheus, eingeweiht. Der Morgen, Berlin, 1983.

DIECKMANN, FRIEDRICH (Hg.): Die Zauberflöte. Max Slevogts Randzeichnungen zu Mozarts Handschrift. Mit dem Text von Emanuel Schikaneder. Insel Verlag, Frankfurt, 1990.

DUMESNIL, RENÉ: Mozart présent dans ses œuvres lyriques. Renaissance du Livre, Bruxelles, 1965.

EIBL, JOSEPH HEINZ: Mozart. Chronik eines Lebens. Bärenreiter, Kassel, 1965. dtv-Bärenreiter, München, 1977.

EIBL, J. H.: Mozart. Dokumente seines Lebens. dtv, München, 1981.

EINSTEIN, ALFRED: Mozart. Sein Charakter und sein Werk. Fischer, Frankfurt, 1985.

ELIAS, NORBERT: Mozart. Zur Soziologie eines Genies. Suhrkamp, Frankfurt, 1991.

ENGERT, RÜDIGER: Hier hat Mozart gespielt. SN Verlag, Salzburg, 1968.

FISCHER, HANS CONRAD/BESCH, LUTZ: Das Leben Mozarts. Residenz, Salzburg, 1968.

GAGELMANN, HARTMUT: Mozart hat nie gelebt... Eine kritische Bilanz. Herder, Freiburg, 1990.

GALL, HANNES: Wolfgang Amadeus Mozart. Wien, 1953.

GÄRTNER, HEINZ: Mozarts Requiem und die Geschäfte der Constanze M. Langen Müller, München, 1986.

GREITHER, ALOYS: Wolfgang Amadé Mozart. Rowohlt, 1962.

GRUBER, GERNOT: Mozart und die Nachwelt. Piper, München, 1987.

GUEULETTE, ALAIN: Mozart retrouvé. Temps actuels, Paris, 1982.

FARMER, HENRY GEORGE / SMITH, HERBERT: New Mozartiana. Jackson, Glasgow, 1935.

HASE, HELLMUTH VON: Der kleine Köchel. Breitkopf & Härtel, Wiesbaden, 1988.

HENRY, JACQUES: Mozart Frère Maçon. Alinea, Aix-en-Provence, 1991.

HILDESHEIMER, W.: Mozart. Suhrkamp, Frankfurt, 1980. Presses Pocket, Lattès, Paris, 1991.

HILDESHEIMER, W.: Wer war Mozart? Frankfurt, 1966.

HOCQUARD, J.-VICTOR: Mozart. Seuil, Paris, 1958.

HOCQUARD, J.-VICTOR: La Pensée de Mozart. Seuil, Paris, 1958.

HOCQUARD, J.-VICTOR: La Flûte enchantée. Aubier, Paris, 1979.

HOCQUARD, J.-VICTOR: Mozart, l'unique. Séguier, Archimbaud, Paris, 1989.

HOCQUARD, J.-VICTOR: Mozart, l'Amour, la Mort. Séguier, Archimbaud, Paris, 1990.

HYATT KING, ALEC: La Musique de chambre de Mozart. Actes Sud, Arles, 1988.

IRMEN, HANS-JOSEF: Mozart. Mitglied geheimer Gesellschaften. Prisca, Neustadt/Aisch, 1988.

JOHN, NICHOLAS: The Magic Flute. Opera Series, Calder, London, 1983.

JUNCA, JACQUES: La Flûte enchantée ou Amour et Initiation ou Les Sexes tempérés. Typocript, Rouen, Bordeaix.

KOLB, ANNETTE: Mozart. Fischer, Frankfurt, 1985.

KRÖPLIN, HILDIGUND: Mozart-Chronik. Breitkopf & Härtel, Wiesbaden, 1990.

KUNZE, STEFAN: Mozarts Opern. Reclam, Stuttgart, 1989.

KUPFERBERG, HERBERT: Amadeus. A Mozart Mosaic. Robson Books, London, 1987.

LABIE, J.-FR. (coord.): Wolfgang Amadeus Mozart. (Beiträge von BOURGEOIS, GUIOMAR, GOLEA, KERN, LABIE, LIEBERT, NYS, SAMUEL). Chêne, Paris, 1983.

LANDON, H. C. ROBBINS: Mozart and the Masons. Thames and Hudson, New York, 1982.

LANDON, H. C. ROBBINS: Mozart et les Maçons. Thames and Hudson, Paris, 1991.

LANDON, H. C. ROBBINS: 1791, Mozart's Last Year, Thames and Hudson, London, 1988.

LANDON, H. C. ROBBINS: 1791, La dernière année de Mozart. Lattés, Paris, 1988.

LANDON, H. C. ROBBINS: Mozart. L'âge d'or de la musique à Vienne, 1781–1791. Lattès, Paris, 1989.

LANDON, H. C. R. (ed.): Dictionnaire Mozart. Lattès, Paris, 1990.

LANDON, H. C. R. & MITCHELL, DONALD (ed.): The Mozart Companion. Faber and Faber, London, 1983.

LANDON, H. C. ROBBINS: The Mozart Essays. Thames and Hudson, London, 1995

LANDON, H. C. ROBBINS: Mozart. Une journée particulière (12 novembre 1791). Lattès, Paris, 1993.

McLEAN, IAN: Mozart. Gründ, Paris, 1990.

MARCEAU, RUBINSTEIN, BLUWAL: Mozart. Heyne, München, 1982.

MASSIN, JEAN/BRIGITTE: Mozart. Fayard, Paris, 1970.

id. (Revidierte Fassung) Fayard, Paris, 1990.

MASSIN, BRIGITTE (ed.): Guide des Opéras de Mozart. Fayard, Paris, 1991.

MORRIS, JAMES M. (ed): On Mozart. Cambridge University Press, 1994.

NAGEL, IVAN: Autonomie und Gnade. Über Mozarts Opern. Hanser, München, 1988. dtv, Bärenreiter, 1991.

NETTL, PAUL DR.: Mozart und die königliche Kunst. Die freimaurerische Grundlage der »Zauberflöte«. Franz Wunder, Berlin, 1932.

NETTL, PAUL: Mozart. Payor, Paris, 1962.

NIEMETSCHEK, FR. X.: Vie de W. A. Mozart (Vorw.: C. DE NYS)

PAROUTY, MICHEL: Mozart aimé des dieux. Gallimard, Paris, 1993.

NYS, CARL DE: La Musique religieuse de Mozart. Presses Universitaires, Paris, 1982.

PAHLEN, KURT: Die Zauberflöte. Goldmann-Schott, München, 1981.

PAHLEN, KURT: Die Hochzeit des Figaro. Goldmann-Schott, München, 1979.

PAUMGARTNER, BERNH.: Mozart. Leben und Werk. Piper Schott, München, 1991.

PETER, CHRISTOPH: Die Sprache der Musik in Mozarts »Zauberflöte«. Freies Geistesleben, Stuttgart, 1983.

PRINZ, WILMA & FRANZ: Wolfgang Amadeus Mozart 1756–1791. Mensch, Musiker, Freimaurer. Prinz/Rösinger, Zwettl, 1991.

PUBLIG, MARIA: Mozart, ein unbeirrbares Leben. Langen Müller, München, 1991.

QULIBICHEFF, ALEX.: Mozart. Présent.: J.-V. Hocquard. Séguier, Paris, 1991.

REICH, WILLI: Bekenntnis zu Mozart. Stocker, Luzern, 1945.

REMY, YVES & ADA: Mozart. Hachette, Paris, 1970.

RITTER, WOLFGANG: Wurde Mozart ermordet? Eine psychographische Studie. Haag + Herchen, Frankfurt, 1989.

SCHENK, ERICH: Mozart. Eine Biographie. München, 1983. (id.) Piper, München, 1989.

SCHLICHTEGROLL, FR. V.: Nécrologie. Saint-Etienne, 1976.

SCHULER, HEINZ: Mozart und die Freimaurerei. Daten – Fakten – Biographien. Noetzel, Wilhelmshaven, 1992.

SHAFFER, PETER: Amadeus (A Play). Penguin, London, 1982.

STAFFORD, WILLIAM: Mozart's Death. Macmillan, London, 1991.

STRICKER, RÉMY: Mozart et ses Opéras. Fiction et vérité. Gallimard, Paris, 1980.

THOMSON, KATHARINE: The Masonic Thread in Mozart. Lawrence & Wishard, London, 1977.

TILL, NICHOLAS: Mozart and the Enlightenment. Faber & Faber, London, 1992.

TUBEUF, ANDRÉ: Mozart, Chemins et Chants. Arthaud, Paris, 1990.

VALENTIN, ERICH: Mozart Lexikon. Lübbe, Bergisch Gladbach, 1985.

WAGNER, GUY: Frère Mozart. Ed. du Phare, Luxembourg, 1991.

WERNER-JENSEN, ARNOLD: Wolfgang Amadeus Mozart. Instrumentalmusik. Reclam, Stuttgart, 1989.

WERNER-JENSEN, ARNOLD: Wolfgang Amadeus Mozart. Vokalmusik. Reclam, Stuttgart, 1990.

WYZEWA, THÉODORE DE, SAINT-FOIX, GEORGES DE: Wolfgang Amadeus Mozart (Vol. I & II). Laffont, Paris, 1986.

XXX Mozart von der Wohlthätigkeit. R. L. Anderson, Bruxelles, 1991 (tir. privé).

Kataloge, Broschüren

MUSEEN DER STADT WIEN: Zaubertöne. Mozart in Wien 1781–1791. Tino Erben (Gestaltung). Agens-Werk, Geyer + Reisser, Wien, 1990. Beiträge von: BRUSATTI, VON PLESSEN, AULENTI, MANCAL, ZEMAN, KRAPF, KAMPITS, BANKL, RIEDL-DORN, DÜRIEGL, REINALTER, EDEL, SCHÖNY, KRETSCHMER, GREISENEGGER, GROTHAUS, WITZIGMANN, PASS, LANDON, HAIDER, BRAUNEIS
MUSEEN DER STADT WIEN: Mozart-Wohnung (Figarohaus). Wien 1, Domgasse 5, 1987. – Beiträge von: DEUTSCH, WAISSENBERGER.
MUSEUMSVEREIN ROSENAU: Bruder Wolfgang Amadeus Mozart. Agens-Werk, Geyer + Reisser, Wien, 1990. Beiträge von: HAUSNER, ZÖRRER, KLEIN, GALLOB.
MUSEUMSVEREIN ROSENAU: Freimaurerei um Joseph II. Die Loge Zur Wahren Eintracht. Seitenberg KG, Wien, 1980. Beiträge von: GIESE, WAGNER.
KUNSTHISTORISCHES MUSEUM WIEN: Die Klangwelt Mozarts. Eigenverlag, 1991. Beiträge von: STRADNER, HARNONCOURT, STEBLIN, MAHLING, HUBER, FOINTANA, RAMPE, HUBEK, KOWAR, PIRKER, VOIGT, SEIPEL, DEUTSCH, FÖDERMAYR, JÜNGER.
INTERNATIONALE STIFTUNG MOZARTEUM: Mitteilungen, 36. Jahrgang, Heft 1–4: SCHULER Heinz: »Mozart von der Wohlthätigkeit«. Die Mitglieder der gerechten und vollkommenen St.-Johannis-Freimaurer-Loge »Zur Wohlthätigkeit« im Orient von Wien.

Zeitschriften

Mozart. Bundespressedienst, Wien, 1990.
Mozart. Parnass Sonderheft 6, Grosser, Linz, 1990.
Mozart. Vita. Merian, Hamburg, 1990.
Mozart. Télérama, hors série, Paris, 1990.
Amadeus. FNAC, Paris, 1990.

Vienne à l'heure de Mozart. GEO, Prisma Presse, Paris, 1991.
Mozart – Vernunft und Sinnlichkeit. Aufrisse 11. Jg. No. 4, 1990.
Verlag für Gesellschaftskritik, Wien.
Mozart. Un Franc-Maçon très engagé. Historama, LOFT,
Nr. 85, Mars 1991.
Mozart. The Mysteries That Lie Behind His Genius. Newsweek,
May 6, 1991.
W. A. Mozart, 200th Anniversary. Time International, July 22,
1991.

Artikel

LESLI BODI: Ein Modell für Glasnost. Öffentlichkeit und Politik
im Österreich Josephs II. Die Zeit, Hamburg, Nr. 12,
15. 3. 1991.
JACQUES CHAILLEY: L'action de la Zauberflöte. Salzburger Festspiele. Off. Programm, 1968.
MEHMET YASAR ISCAN: Rise of Forensic Anthropology. Yearbook
of Physical Anthropology, 1988.
HELMUT KARASEK: Sarastros totalitärer Sonnenstaat zu Ivan Na-
gels Veröffentlichung (s. o.). DER SPIEGEL, Nr. 27 1985.
GILLES MERMET/WALTRAUD HERZOG: Nous avons retrouvé le
crâne du divin Mozart. Le Figaro Magazine, 4. 10. 1986.
PIERRE-FRANÇOIS PUECH, BERNARD PUECH/GOTTFRIED TICHY
e. a.: Case Report. Craniofacial Dysmorphism in Mozart's
Skull. Journal of Forensic Sciences V. 2/3, 3.1989.
PIERRE-FRANÇOIS PUECH, BERNARD PUECH, ANDREAS ROMMELSPA-
CHER/REGINE SCOURTELIS: Identification of the Cranium of
W. A. Mozart. Unser ehrenwerter Bruder. Mozart als Freimau-
rer. Große Komponisten Nr. 27, MCI, Hambg., 1983.
ANDREAS ROMMELSPACHER/ELVIRA SCHNEIDER: Mozart. Der
Menschenfreund. Die Zauberflöte. Cosi fan tutte. Große
Komponisten Nr. 54, MCI, Hambg., 1985.
HERBERT SCHNEIBER: Nichts als Märchen. Salzburger Festspiele.
Off. Programm, 1967.
OSCAR FRITZ SCHUH/TEO OTTO: Notizen zur Zauberflöte. Salz-
burger Festspiele. Off. Programm, 1967.

Lynn Snook: Theatrum Mysticum – Gedanken zu Mozarts »Zauberflöte«. Salzburger Festspiele. Off. Programm, 1970.

Gottfried Tichy: Forensic Science International, 41.1989. Elsevier Scientific Publishers.

Klaus Umbach: Amadeus in der Giftküche. Über Mozarts Tod in Film, Wissenschaft und Literatur. der spiegel, Nr. 51, 1984.

Klaus Umbach: Amadeus – das Ferkel, das Feuer speit. Über den multimedialen Mozart-Kult. der spiegel, Nr. 38, 1985.

Guy Wagner: Mozarts Lebensende. Legenden und Tatsachen. tageblatt, Luxemburg, 5. 12. 1991.

Danksagung

Mein besonderer Dank geht an meine Gattin Ariel, die mich in den langen Zeiten der Nachforschungen und der Niederschrift dieses Buches mit Rat und Tat unterstützt hat.
Dank an:
Dr. Waltraut Herzog, Wien, Luxembourg
Drs. Renate & Marco Hoffmann, Wien
H. Josef Bulva, München
Haus-, Hof- und Staatsarchiv, Wien
Historisches Museum, Wien
Bundesdenkmalamt, Wien
Österreichische Nationalbibliothek, Wien
Musiksammlung der Österreichischen Nationalbibliothek, Wien
den Schwestern und Brüdern, die mir Rat und Hilfe gaben und anonym bleiben möchten

Personenregister

Abert, Hermann 226, 251
Adam, Theo (*1926) 233
Adamberger, Valentin
(1743–1804) 51, 84, 88,
111 f., 114
Alberti, Ignaz († 1802) 51,
157, 201
Albrechtsberger, Johann
Georg (1736–1809) 174,
196, 199
Altena, Marius van 233
Ambelain, Robert 248
Amman, Basil von 161
Anderson, James
(1680–1739) 14, 96
André, Johann Anton
(1775–1842) 71, 177
Andreae, Johann Valentin
(1586–1654) 42
Apponyi, Anton Georg Graf
von (1751–1817) 27, 52
Arco, Karl Joseph Maria Felix
(1743–1830) 161
Aronowitz, Cecil (1916–1978)
234
Artaria, Pasquale
(1755–1785) 26, 52, 83 f.
Ashmole, Elias (1617–1692)
14, 42
Ashmole, Vaughan 42
Autexier, Philippe A. 85, 101,
107, 223, 225, 252

Bach, Johann Sebastian
(1685–1750) 67
Baigent, Michael 248
Bankl, Hans 193
Bär, Carl 193, 252
Bashegli, Thomas Graf von
209
Bashy, Joseph 84
Bauer, Rudolf 250
Bauer, Wilhelm A. 222
Bauernfeld, Joseph Edler von
(† 1790?) 141
Bauernjöpel, Joseph Anton
von (1738–1801) 52
Bayard, Jean-Pierre 248
Beethoven, Ludwig van
(1770–1827) 52, 63, 67 f.,
70, 189 f., 196, 231
Beigbeder, Olivier 248
Benoist, Luc 248
Benedikt XIV, Prospero
Lambertini (1675–1758)
16
Berendsohn, Walter A. 248
Bernheimer, Julia 232
Biba, Otto 217
Blumauer, Aloys (1755–1798)
53
Blume, Friedrich 250
Bluwal, Marcel 254
Bode, Verleger 44
Bodi, Lesli 257

Bildnachweis

Alle Abbildungen aus dem Archiv der Buchverlage Langen Müller Herbig, außer:
Seite 11, 12 (l. o.), 74 (l. u.), 92 (M. r.), 168 (u. r.) aus der Sammlung C. Weber